육식 제국

KB192099

"인류의 육식문화를 다시 생각하다"

육식 제국

Every Twelve Seconds

티머시 패키릿 지음 | 이지훈 옮김

애플북스

| 감사의 글 |

　　이 책을 만드는 동안 죽어나간 가축에 대한 이야기로 서두를 떼고
자 한다. 미국에서만 매년 3,300만 마리의 소들이 도살되어 고기로 판
매된다. 실태 조사를 위해 도축장에 위장취업했던 약 6개월 동안 나 역
시 최소 24만 마리의 소의 죽음에 관여했다. 이 소들은 매년 미국에서
마구잡이로 도살되는 85억 마리 이상의 가축들 중 일부에 지나지 않는
다. 미국이라는 한 나라에서 이토록 많은 가축들이 마구 죽어나간다는
사실은, 지각 있는 존재를 순식간에 음식 재료로 전락시키는 산업화된
식품생산 시스템의 끔찍한 효율성과 용납 불가한 것을 가능한 것으로
변모시키고 비정상적인 것을 정상적인 것으로 둔갑시키는 거리두기와
감추기의 위력을 입증해 보여준다. 이 책은 동물의 권리에 관한 주장과
직접적인 연관은 없지만, 이 책에 담긴 도축 과정에 대한 자세한 설명을
계기로 독자들이 지구에서 함께 살아가는 인간 이외의 존재들과 좀 더
바람직한 관계를 모색하고자 노력했으면 하는 게 내 솔직한 바람이다.

　　이 책을 준비하면서 나는 도축장 킬 플로어의 많은 동료들에게 큰
신세를 졌다. 그들의 인내심과 유머감각이 없었다면 도축장에서 단 며
칠도 버텨내지 못했을 것이다. 특히 내가 처음 배정받은 작업장인 냉각
실에서 함께 일했던 여러 동료들에게 특별한 감사를 드린다. 현장 책
임자들과 감독관들에게도 고마움을 전한다. 그들이 베푼 작은 친절 덕

5

분에 나는 도축장에서 잘리지 않고 소기의 목적을 달성할 수 있었다.

한편 아내 줄리 제이Julie Jay와 두 딸 파커Parker와 미아Mia가 네브래스카 주로 생활터전을 옮기는 데 동의해주지 않았다면 이 연구는 불가능했을 것이다. 내 가족은 내 몸에서 풍기는 악취와 덥수룩한 턱수염을 잘 참아주었고, 도축과는 무관한 즐겁고 보람 있는 일상을 꾸려나갔다. 도축장 밖에서 우리가 함께 보낸 많은 시간과 이 책을 집필하는 내내 보여준 지속적인 격려와 지지에 마냥 고마울 따름이다.

이 프로젝트의 지적 토양이 다져진 계기는 제임스 스콧James C. Scott과 마이클 도브Michael Dove, 로버트 함스Robert Harms가 주도한 농업연구 세미나Agrarian Studies Seminar였다. 그리고 제임스 스콧과 아룬 아그라왈Arun Agrawal이 강연했던 '창의와 방법Creativity and Methods'에 관한 세미나에서 씨앗을 뿌릴 수 있었다. 이후 그 씨앗은 예일대 농업연구학회Agrarian Studies Colloguiums에서 풍부한 햇볕과 비를 맞으며 무럭무럭 자랐다. 제임스 스콧은 이 프로젝트가 시작될 때부터 열성적인 지지를 보내주었고, 그의 영감과 창의 정신은 크고 작은 방식으로 이 연구에 생기를 불어넣어 주었다. 드보라 야노우Dvora Yanow는 방법론적인 문제를 일일이 의논할 수 있는 대화상대가 되어주었고, 내 생각과 민족지학적 인식을 다듬는 데 큰 도움을 주었다. 세일라 벤하비브Seyla Benhabib, 폴린 존스 루옹Pauline Jones-Luong, 이안 샤피로Ian Shapiro, 데이비드 스미스David H. Smith, 엘리자베스 우드Elisabeth Wood는 결정적인 순간마다 지식을 나눠주고 조직적 지원을 아끼지 않았다. 아칸소 주에 위치한 양계장에 위장취업해 그 경험을 토대로《닭: 미국에서 가장 인기 있는 음식의 위험스런 변형(Chicken: The Dangerous Transformation of America's Favorite Food, 2005)》을 집필한 스티브 스트리플러Steve Striffler는 도축장에서 일하기 전과 그 이후, 일하는 동안에 소중한 조언을 제공해주었다.

또한 토론토대학에서 열린 에드워드 샤츠Edward Schatz의 정치적 민족지학 워크숍Political Ethnography Workshop, 암스테르담 자유대학교Vrije Universiteit에서 열린 드보라 야노우의 조직적 민족지학Organizational Ethnography 세미나, 파슨스-뉴스쿨Parsons-New School의 소셜 리서치 비주얼 컬처 워크숍Social Research Visual Culture Workshop, 클라리사 헤이워드Clarissa Hayward 주최로 세인트루이스 주 워싱턴대학에서 열린 정치학, 윤리학 및 사회에 관한 정치이론 워크숍 참가자들도 이 책의 내용에 많은 도움을 주었다. 내가 주도한 세미나 '더럽고 위험한 일Dirty and Dangerous Work'과 '정치적 민족지학' 등에 참여한 내 제자들과 휴 래플스Hugh Raffles의 강의 '자연의 정치학Politics of Nature'에 참석한 학생들, 에마누엘 카스타노Emanuele Castano의 세미나 '인간성의 말살Dehumanization'에 참여한 학생들에게도 고맙다는 말을 전한다. 내 원고를 읽고 분에 넘치는 소중한 조언을 건네준 주디스 그랜트Judith Grant, 난디니 더Nandini Deo, 리 앤 푸지Lee Ann Fujii, 클라리사 헤이워드, 커트니 정Courtney Jung, 캐서린 레치포드Kathleen Letchford, 마벨 케이 맨스필드Marvel Kay Mansfield, 모니크 미로네스코Monique Mironesco, 케리 월레트Kerri Willette에게도 감사드린다. 제시카 앨리나-피사노Jessica Allina-Pisano, 재스키란 딜론Jaskiran

Dhillon, 빅키 하탐Vicky Hatta, 캐리 하워튼Carrie Howerton, 마라 튼Mala Htun, 다케시 이토Takeshi Ito, 로버트 제이와 메리 제이, 노미 라자르Nomi Lazar, 릴리 링Lily Ling, 짐 밀러Jim Miller, 리처드 파인Richard Payne, 조이 로-패키릿Joy Roe-Pachirat, 멜빈 로저스Melvin Rogers, 산제이 루퍼렐리아Sanjay Ruparelia, 노이 드러프캐Noy Thrupkaew, 도리안 워렌Dorian Warren, 리사 웨딘Risa Wedeen, 애슐리 우디위스Ashley Woodiwiss의 우정과 동지애, 조언과 지지도 큰 도움이 되었다.

예일대학 출판부의 진 톰슨 블랙Jean E. Thomson Black은 프로젝트 전반을 능수능란하게 이끌어주었고, 수잔 레이티Susan Laity는 원고를 다듬으면서 날카로운 시각과 독자에 대한 배려를 덧입혀주었다. 빌 넬슨Bill Nelson과 조너선 매튜 호이Jonathan Matthew Hoye는 내가 손으로 그린 그림들을 반듯하고 멋진 그림으로 완성해주었다. 또한 그림 작업을 도와준 타렉 마소우드Tarek Masoud와 마지막까지 자료 조사와 편집을 도와준 아시프 아크타Asif Akhtar, 알렉산드라 세킹어Aleksandra Sekinger, 카를로스 예스카스Carlos Yescas, 토머 제이거먼Tomer Zeigerman에게도 감사의 마음을 전하고 싶다. 자료를 사용할 수 있도록 흔쾌히 허락해준 시카고대학 출판부에도 감사드린다.

나의 두 딸과 어머니 제인 카렌 파네스 패키릿Jane Karen Pharnes Pachirat에게 이 책을 바친다.

CONTENTS

1장
감쪽같이 숨겨진 세계

도살장은 세상으로부터 격리된 저주받은 곳이다. 콜레라가 창궐하는 배와 같이.

– 조르주 바타유(Georges Bataille)

2004년 미국 네브래스카 주 오마하의 한 도축장에서 소 여섯 마리가 우리 밖으로 탈출했다. 이 사건을 1면 기사로 보도한 지역신문 〈오마하 월드 헤럴드Omaha World Herald〉에 따르면, 소 네 마리는 인근 성 프란체스코 수도원 주차장으로 돌진했다가 생포되어 도축장으로 이송되었다. 다섯 번째 소는 한때 오마하 가축시장이 붐을 이루는 데 큰 기여를 했던 기차역으로 가는 대로로 향했다. 다섯 번째 소와 동행하던 여섯 번째 크림색 소는 도중에 또 다른 도축장 쪽으로 뚫려 있는 골목으로 방향을 틀었다.

여섯 번째 소를 찾아 골목 안 추격전을 벌이던 도축장 인부들과 무장 경찰들은 철망울타리 쪽으로 소를 몰았다. 그러나 고집불통 소를 대기 중인 트레일러에 집어넣는 일은 쉽지 않았다. 경찰들은 인부들에게 뒤로 물러나라고 수신호를 한 뒤 소를 향해 총을 쐈다. 소는 몇 걸음 움직이는가 싶더니 푹 고꾸라졌다. 이내 일어나려고 버둥거리는 소에게 총알이 쏟아졌다.

이 추격전은 도축장의 오후 휴식시간 10분 동안 벌어졌다. 인부들은 바람도 쐴 겸 밝은 데서 담배를 피우려고 밖으로 나왔다가 이 장면을 목격했다. 이튿날 이 소식은 삽시간에 도축장 안으로 퍼져나갔다. 도축장 경영진은 사건의 전모를 파악하기 위해 품질관리부 직원들을 현장에 급파했다. 무차별 사격에 의한 벽체 손상도 확인해야 했다. 품질관리부 직원들이 그 사건을 언급하자 도축장 인부들은 다시 흥분했다.

"총을 열 발쯤은 쏜 것 같아요." 분노에 찬 여자의 얼굴은 붉으락푸르락했다. 그리고 무능한 경찰과 부당한 총격에 관한 성토가 이어졌다. 그녀는 최근 오마하 경찰이 무기를 소지하지 않은 한 멕시코인에게 총격을 가했던 일을 거론했다. "그들은 마치 소에게 총을 쏘듯이 그 남자에게 총질을 해댔어요." 많은 동료가 수긍한다는 듯 고개를 끄덕이자 그녀는 이렇게 단언했다. "백인이었다면 그렇게 총을 쏘지는 못했을 거예요. 이 나라 경찰이 멕시코인들에게 함부로 하는 거 당신도 알죠?"

나는 오마하 남쪽 총격 사건 현장으로 핸들을 돌렸다. 인근에 이르자 자동차 틈새로 파고든 고약한 냄새가 코를 찔렀다. 옷에 배어든 악취는 내 속을 뒤집어놓더니 급기야 목구멍으로 신물이 넘어오게 했다. 나는 어릴 적 태국 북동부의 장터에서 이와 비슷한 경험을 한 적이 있다. 뉴저지의 초콜릿 공장을 지나갈 때도 그랬다. 냄새가 너무나 자극적이어서 코로 맡는 즉시 혀로도 그 역겨운 맛이 느껴질 정도였다.

고속도로를 빠져나오자 냄새는 더 심해졌다. 시 당국이 세워놓은 표지판에는 "분뇨 유출 혹은 악취를 신고하려면 444-4919로 전화하세요."라고 적혀 있었다. 하지만 바람에 실려 제멋대로 퍼져나가는 악취에 공권력은 속수무책인 듯 보였다. 이것은 대량도축, 그리고 물리적·윤리적으로 살균된 고기에 대한 우리 사회의 욕망이 충돌한 결과다. 우리는 눈길이 미치지 않는 곳에서 고기가 가공되고, 싼값에 공급되길 원한다.

분뇨와 냄새. 표지판에 적혀 있는 이 두 가지는 방부 처리된 포장육들이 가정으로 팔려나가는 이 시대에 식품위해요소로 당국에 보고될 수밖에 없다. 도살자나 도살, 심지어 도살 대상 없이도 고기를 먹을 수 있게 할 것, 이것이 산업화된 도축장의 구조를 결정하는 논리다. 미국 도축장에서는 2009년 한 해 동안 닭 85억 2,022만 5,000마리, 칠면조 2억 4,576만 8,000마리, 돼지 1억 1,360만 마리, 소 3,330만 마리, 오리 2,276만 7,000마리, 양과 새끼양 276만 8,000마리, 송아지 94만 4,200마리가 죽어나갔다. 모두 고기를 얻기 위해서였다.

이 책은 거리두기와 감추기라는 권력 메커니즘에 대한 반성적 인식을 유도하기 위해 쓰인 것이다. 매일 수많은 사람이 고기를 먹고 있지만 정작 도축장은 눈에 잘 띄지 않는다. 도축장은 높은 벽에 가려 눈에 띄지도 않을뿐더러 사회적으로도 베일에 싸여 있다. 우리는 살아있는 동물의 도살, 박피, 해체라는 잔인하고 께름칙한 일을 일군의 노동자들에게 떠넘겨졌다. 나는 이 책에서 현대의 도축장을 예로 들어 거리두기와 감추기가 우리 사회에서 어떤 방식으로 이루어지고 있는지 살피고자 한다. 도축장의 존재를 숨기려고 애쓰는 사회를 위해 날마다 대량 학살에 나서는 하층민들에 관해 그들과 같은 입장의 노동자로서 이야기하려고 한다.

현대의 도축장은 폐쇄 공간이라는 점에서 감옥, 병원, 양로원, 정신병동, 난민캠프, 강제수용소, 취조실, 처형장, 가스실 등과 정치적으로 동일하다. 사회학자 지그문트 바우만Zygmunt Bauman은 격리되고 고립된 이들 공간을 '보이지 않는 곳, 보통 시민이 접근할 수 없는 곳'이라고 했다. 그러므로 현대사회에서 도살이 어떻게 이루어지는지 면밀히 살피는 일은 동물을 죽이는 끔찍한 작업을 거리낌 없이 해낼 수 있게 만드는 방법이 무엇인지, 거리두기와 감추기가 사회의 다른 영역에서 어떻게 이루어지고 있는지 밝히는 일이 될 것이다. 자원입대자들로 치러지는 전쟁, 용병들에 의한 조직적 청부 테러, 일상용품들의 생산을 위해 사용되는 폭력들이 그 예다. 나는 이 보고서가 사회학자 피에르 부르디외Pierre Bourdieu가 이야기한 것처럼 "우리가 이미 알고 있다고 생각하는 것들에 대해 획기적으로 새로운 접근을 촉구할 것"이라고 믿는다.

오마하의 소동은 물리적 이탈을 넘어 시스템으로부터의 도망, 체제에 대한 저항이라는 상징적 의미를 갖고 있었다. 매년 소 수천만 마리가 희생되고 있음에도 주목받은 것은 그날 탈출을 감행한 여섯 마리의 소들뿐이었다. 인간의 거리로 뛰쳐나온 소 여섯 마리는 그 상징성 때문에 신문 1면에 대서특필되었다. 소들의 위험한 탈주는 감금, 격리, 은폐 전략에 기반한 사회, 도살 대상의 분뇨와 악취조차 용납할 수 없는 사회의 표면적 권력관계를 뒤흔들어놓았다. 도축장이라는 감옥을 탈출한 소들은 '있어야 할 곳에 있지 않았기 때문에' 인류학자 메리 더글러스Mary Douglas가 정의한 것처럼 '더러운' 것이 되었다. 메리 더글러스는 '제자리에 있는 것'을 당연히 여기는 사회를 문제 삼기 위해 '제자리에 있지 않은 것'을 연구했다. 마찬가지로 나는 오마하의 대탈주가 거리두기와 감추기에 근거한 우리 사회에 시사점을 줄 것으로 보고 산업화된 도축장 내부를 상세히 들여다보기로 했다.

산업화된 도축장에서 직접적으로 이익을 챙기는 사람들은 도축장의 존재를 숨기고자 거리두기와 감추기 전략을 적극적으로 활용하고 있다. 2011년 3월 17일 아이오와 주 하원은 찬성 66표, 반대 27표로 HF589 법안을 통과시켰다. 이 법안은 농업기업의 이익 침해에 대한 처벌 및 보상에 관한 것으로 플로리다 주에서도 이와 유사한 법안이 입법 예고 중이다.

다국적 농업기업 몬산토와 아이오와 주 농협, 아이오와 주 축협, 양돈협회, 양계협회, 낙농협회가 고용한 로비스트들의 지지를 받고 있는 이 법안은 업주의 동의 없이 도축장과 농축산물 가공시설에 접근하는 것을 엄금하고 있다. 또한 시설에서 벌어지는 일을 기록할 경우 경범죄로 처벌한다. 사실 HF589의 처벌 수위와 범위는 지나친 감이 없지 않다. 업주들은 HF589의 '사육 및 육가공시설 접근과 업무방해'와 '사육 및

육가공시설 위장취업'이라는 두 항목을 통해 도축 과정 등 육가공 과정
을 대중에게 공개하지 않겠다는 의사를 노골적으로 드러냈다. 이와 같
은 의도는 이전 법안인 HF431에도 잘 드러나 있다.

업무방해죄 _ 육가공 업체 등에서 이루어지는 일을 방해하는 것은 불법
이다. 시설 안팎을 촬영하고 녹음한 시청각 자료를 제작하거나 소유, 유
포하는 행위도 금지된다. 출입통제 중임을 알면서도 시설에 접근했다면
처벌된다. 이전에 동일한 행위를 한 적 있다면 처벌 수위는 높아진다. 초
범은 가중처벌 경범죄이며 재범 이상은 'D'급 경범죄다.

위장취업 _ 업주의 허락을 받지 않은 행위를 할 목적으로 구직자를 사
칭하거나 신분을 위조하면 처벌된다. 이전에 동일한 행위를 한 적이 있
다면 처벌 수위는 높아진다. 초범은 가중처벌 경범죄이며 재범 이상은
'D'급 경범죄다.

법 위반에 따른 벌은 엄중하다.

위반에 따른 형벌 _ 'D'급 경범죄는 5년 이하의 금고 및 최소 750달러
(한화 약 75만 원) 최대 7,500달러(한화 약 750만 원)의 벌금을 내야 한다.
가중처벌 경범죄는 2년 이하의 금고 및 최소 625달러 최대 6,250달러
의 벌금을 내야 한다.

금전적 처벌 _ 침입 행위로 손해를 본 업주는 형벌과 상관없이 침입자를 상대로 현재 및 미래의 예상 손실액의 세 배, 그리고 재판 비용과 변호사 선임 비용을 요구하는 손해배상 청구소송을 해당 지방법원에 제기할 수 있다. 또 법원은 피고에게 적정 금액을 지불하도록 명령하여 원고인 업주를 구제할 수도 있다.

이 법안은 산업화된 도축장에 허가 없이 접근하여 촬영하고 녹음하고 문서를 작성하는 것, 그리고 원제작자가 누구든지 이런 자료를 소유하고 배포하는 것 모두를 범죄로 규정하고 있다. 법률적으로 도축장 및 기타 육가공 업체의 경계를 침범했다는 것은 외부인에게 개방되지 않았음을 알고도 시설을 떠나지 않은 상태를 일컫는다. 업주가 구두 또는 문서로 출입금지 사실을 알렸을 경우에도 접근은 허락되지 않는다. 동물들을 가두거나 아무나 들어오지 못하게 하려고 울타리와 담을 둘러친 경우에도 접근하면 안 된다. 주의를 환기할 목적으로 접근금지 표지판을 설치한 경우 역시 마찬가지다.

이렇게 원천 봉쇄된 도축장에 '침입'하기란 만만찮은 일이다. 도축장 담장이 여느 사회적 장벽보다 높기 때문이다. 업주들은 '위장취업' 조항을 방패 삼아 도축장에 잠입하려는 모든 시도를 막아낸다. 한마디로 도축장의 벽은 특별한 법적 보호를 누리고 있는 것이다. 도축장 내부의 작업 또한 일반적 고용 형태에서는 찾아볼 수 없는 금지 및 제재 조항을 갖고 있다. 도축장 내부 실태에 관한 사진 및 음성 자료의 제작, 소유, 배포를 금지한 것은 그런 자료들이 여타 기록물들과 다르다는 것을 스스로 인정한 것과 같다. 특별한 사회적 의미를 가진 도축장의 벽, 내부 작업, 기록물 등은 이렇듯 특별한 대우를 받고 있다.

HF589의 과도한 처벌기준으로 볼 때 도축산업의 수혜자들은 현대 도축장에서 일어나는 일들을 일반 대중에게 알리고 싶어하지 않는 듯하다. 이들은 탈주극을 벌인 소들을 과잉 진압했던 것처럼 진실을 찾는 사람들에게 과민 반응을 보이고 있다. 이들의 경계심에서 우리는 감금, 격리, 은폐를 둘러싼 권력관계를 유추할 수 있다.

그러므로 도축장 내부의 일상적 작업을 조명하는 것은 도륙행위의 은폐와 격리 양상을 밝히는 일이 될 것이다. 역설적이지만 진실은 도륙행위에 가담한 노동자들에게도 숨겨져 있다. 그들은 오마하 경찰이 소 한 마리를 쓰러뜨린 것에 분개했지만 실상 그들은 아무렇지도 않게 매일 소 2,400마리를 죽이고 있었다. 그러던 어느 날 총알 세례를 받은 소 한 마리 때문에, 그들은 12초마다 소 한 마리가 죽어나가는 도축장 안에서는 결코 느낄 수 없었던 혐오감을 느꼈다. 진실은 명백히 드러나야 할 곳에서조차 은폐되고 외면당했던 것이다.

이 책은 도축장 내부라는 매우 유리한 조건에서 기록되었다. 나는 우선 벽과 철제 대들보 위의 좁은 길, 울타리, 보안검색대, 지리적 격리와 감금이 만들어낸 물리적 '거리'에 주목하고자 한다. 그리고 사회가 인종, 성별, 국적, 교육 수준으로 그 구성원을 분류하여, 폭력적인 일들을 하층민에게 떠넘겨왔음을 폭로하고자 한다. 한마디로 우리는 모두 계급체계의 수혜자였던 것이다. 사회는 또 직설적인 어휘 대신 순화된 용어를 채택함으로써 언어적 거리를 만들어왔다. 나는 많은 사회학자가 대상의 묘사, 분석, 설명을 위해 전문적 지식이 필요하다는 이유로 대상에게서 떨어져 있었음을 지적하고자 한다. 학자들 또한 대상과 자신 사이에 '거리'를 두었던 것이다. 나는 이상의 네 가지 측면, 즉 물리적·사회적·언어적·방법론적 측면에서 산업화된 도축장을 조명하고자 한다.

나는 이런 네 가지 '거리'를 분석하는 한편, 권력과 시선sight의 관계에 관한 유명한 이론 두 가지를 소개하고자 한다. 첫 번째는 사회학자 노르베르트 엘리아스Norbert Elias의 기념비적인 저서 《문명화과정》에서 언급된 '격리, 눈앞에서 치워버리는 것, 문명화의 중요한 도구인 은폐' 문제다. 엘리아스는 서구 국가들의 형성과 예법의 변천 과정을 살펴보면서 권력과 시선의 현대적 관계가 은폐와 격리를 통해 드러난다고 주장했다. 즉 "우리가 문명화라고 부르는 모든 과정은 끔찍한 것을 보이지 않게 감추어버리는 은폐, 그리고 격리로 특징지어진다"는 것이다.

엘리아스는 격리와 은폐가 진행된 과정을 광범위하게 조사했다. 알몸 노출, 무단방뇨, 대변보기, 침 뱉기, 코 풀기, 성관계, 동물 죽이기 등과 같은 신체 행위들이 추한 것으로 인식된 것은 근대국가 출현 이후 권력집중화가 진행된 다음부터였다. 엘리아스는 16~19세기 서양 예법서에 나타난 신체의 기능적 행위, 노출, 성관계, 식사예절, 자녀양육태도, 동물을 다루는 법 등에 관한 예절개념의 변화를 통해 심리적·물리적으로 용인되던 행동들이 점차 혐오스러운 것으로 분류되어 추방되었음을 밝혀냈다. 그 좋은 예로 육류소비를 들 수 있다. 엘리아스에 의하면 수세기에 걸쳐 식탁에 올라올 수 있는 고기의 부위는 점점 줄어들었다. 동물의 발과 머리 등 그 몸뚱이를 떠올리게 하는 부위들이 식용부적합 판정을 받았던 것이다. 도축 장면을 연상시킬 수 있는 날카로운 칼은 무딘 것으로 교체되었다. 동물의 사체를 먹고 있다는 생각을 떠올리게 하는 모든 도구는 최대한 배제되었다. 오늘날 스테이크를 먹을 때 사체를 뜯어먹고 있다고 생각하는 사람은 거의 없을 것이다. 모두 요리 기술과 육가공 방법이 발달한 덕분이다.

현대 산업사회의 도시인들은 '문명'을 이미 만들어진 어떤 것으로 생각한다. 하지만 문명은 아직도 진행 중인 기나긴 역사의 과정일 뿐이다. 그리고 그 정치적 함의는 아직 충분히 밝혀지지 않았다. 나는 도덕적, 물리적으로 구역질나는 일들을 근절하거나 바꾸지 않고 단지 은폐하고 격리하는 사회, 그 과정의 핵심적인 특징을 규명함으로써 그 정치적 함의를 밝히고자 한다.

나는 이 책에서 현대적 도축장의 일상, 엘리아스가 적시한 행위들과 유사한 것들을 자세히 다룰 것이다. 많은 사람이 근절 혹은 변화시키기보다 외면하고자 하는 도덕적·물리적 혐오행위들을 자세히 묘사하려고 한다.

한편 격리와 은폐에 관한 엘리아스의 견해와 다소 상반된 또 다른 입장도 있다. 사회학자이자 철학자인 미셸 푸코Michel Foucault는 현대 사회에서 권력은 시야를 가로막는 장벽을 없애고 은폐를 조장하는 암흑을 제거함으로써, '지속적이고도 영구적인 감시체계'를 만들어낸다고 말했다. 푸코는 철학자 제러미 벤담Jeremy Bentham이 고안한 새로운 형태의 감옥 '팬옵티콘Panopticon'을 통해 권력의 메커니즘을 밝혀냈다.

원리는 이렇다. 반지 모양의 원형 빌딩이 있다. 중앙 탑에 큰 창문이 달려 있고, 창문으로 반지 안쪽 면을 들여다볼 수 있다. 반지 바깥 면에는 건물 두께만큼의 감방들이 병렬로 늘어서 있다. 이 감방들에는 창문이 두 개 있다. 빌딩 안쪽으로 나 있는 창문으로는 중앙 탑을 볼 수 있고 빌딩 밖을 향한 창문으로는 햇빛이 들어온다. 이제 중앙 탑에 감시자를 두고 각 방에 정신병자, 환자, 죄수, 노동자, 학생을 집어넣는다. 감시자의 등 뒤에서 빛을 비추면 감방에 있는 사람들은 감시자의 흐릿한 실루엣만 볼 수 있다. 감옥의 구조는 지하 동굴과 정반대의 원리로 구축되었다. 감시자의 그림자만 어른거릴 뿐, 감옥 안은 밝다. 그러나 수인들은 어둠 속에 있을 때보다 훨씬 더 잘 통제된다.

벤담의 원형감옥에서 지배적인 통제 수단은 신체적 형벌이 아니라 눈에 보이지 않는 감시다. 수인들은 감시를 내면화하여 감시하는 수준에까지 이른다. 전방위적인 시선은 현대 감시 권력의 핵심적 요소로 감옥, 정신병원, 군대, 학교, 공장 등 다양한 종류의 사회형태에 존재한다.

권력은 모든 것에 감시의 불빛을 비춘다. 은폐된 채 방치되는 것은 아무것도 없다. "팬옵티콘에서 모든 사람은 어디에 있든지 누군가에 의해, 혹은 모든 사람에 의해 감시당한다. 절대적 관점이란 존재하지 않는다. 죄수들은 총체적 불신의 악순환을 경험한다. 완벽한 감시는 서로가 서로를 믿지 못하는 적대적 감정의 총합 덕분에 가능하다."

상징적 건축물인 팬옵티콘 대신 국가의 관점에서 권력과 시선의 관계를 분석한 제임스 스콧James C. Scott은 권력은 항상 더 많은 것을 보고 싶어한다고 말한다. 총체적 가시성을 확보하기 위해 사람과 사물을 재배치하고 싶어한다는 것이다. 완벽한 시야를 원하는 권력자는 개발을 미끼로 사람들을 유혹한다. 예를 들어 제멋대로 들쭉날쭉 자란 나무들이 있다고 하자. 권력자는 벌목과 수량 계산에 유리하도록 나무를 한 줄로 심기를 권한다. 여러 가지 작물을 재배하던 땅에는 한 작물만 집중 재배하라고 권유한다. 불분명한 관할 때문에 소속감도 충성심도 없는 사람들에게 자로 잰 듯 정확한 국경과 시민권을 들이대는가 하면, '발전'을 명목으로 성씨를 부여하고 정착을 유도한 다음 세금을 부과한다. 이 모든 행위는 '시야의 확장', 즉 총체적 가시성과 투명성을 저해하는 요소를 '제거'하려는 권력의 논리에서 나온 것이다. 이는 근본적으로 팬옵티콘의 작동 원리와 동일하다.

그런데 스콧의 이러한 이론은 1950년대 동남아시아 산악지대에 살았던 소수민족 때문에 반박될 뻔했다. 지리적 · 문화적 · 언어적 · 농업적으로 자급자족에 유리한 조건을 갖고 있었던 조미아Zomia 사람들이 무정부적 공동체를 이루어 살아가고 있었던 것이다. 하지만 오늘날 조미아 같은 지역은 존재하지 않는다. 이른바 '거리를 허무는 기술들' 때문이다. 조미아 지역은 도로, 교량, 철도, 현대식 무기, 전신, 전화, 비행기, 헬리콥터, 정보통신기술, 전세계위성항법시스템Global Navigation Satellite System 등의 최신 무기를 지닌 신생 독립국들 때문에 완전히 초토화되었다.

'거리를 허무는 기술'들은 더 큰 팬옵티콘을 창조해낸다. 감시자의 시야는 기술의 발달로 더욱 넓어진다. 총체적 투명성, 은폐 제거라는 이상적 목표에 근접할 만큼 확대되는 것이다. 확실히 권력은 거리를 파괴하는 데 성공했다. 기술은 암벽 많은 고원지대에서 감자와 고구마를 먹으면서도 노동 집약적인 벼농사 위주의 저지대 국가들의 유혹을 뿌리칠 수 있게 했던 그 거리를 제거했다. 전반적으로 볼 때 권력과 시선의 관계에 관한 푸코의 입장은 의심할 여지없이 옳다. 권력은 분명 거리를 단축시키고 감추어진 공간을 드러낸다.

그렇다면 권력과 시선과의 관계에 관한 엘리아스와 푸코의 서로 다른 생각을 어떻게 이해하면 좋을까? 엘리아스는 권력이 거리를 창조하고 은폐를 조장한다고 했다. '진보' 혹은 '문명'은 도덕적 · 물리적으로 혐오스런 행위를 제거하는 것이 아니라 은폐하는 과정이었다는 분석이었다. 푸코는 이와 반대로 권력이 거리를 파괴하고 은폐된 것을 드러낸다고 했다.

나는 이 책에서 생생한 현장 경험을 토대로 얼핏 상반된 것처럼 보이는 이 두 가지 주장이 모두 옳다는 것을 보여주려고 한다. 또 은폐와 격리를 일삼는 사회 속에서 도축장 인부로 산다는 것이 어떠한 것인지, 드러내기와 감추기가 어떻게 동시에 이루어지는지, 격리는 어떤 방식으로 가능하고, 총체적 가시성은 어떻게 확보되는지 설명하려고 한다.

내가 도축산업의 일상적 현실을 자세히 묘사하는 까닭은 '시선의 정치학Politics of Sight'을 정립하기 위해서다. 이 책은 폐쇄된 공간의 문을 활짝 열어젖힐 것이다. 날마다 육류를 소비하면서도 도륙 장면 앞에서는 눈을 감아버리는 사람들, 현대 도축산업에서 경제적 이익을 취하는 사람(그래서 모든 침입과 시청각 자료 제작을 불법화한 사람)들은 불쾌해할지도 모른다. 그러나 나는 오래전부터 이 일을 해야겠다고 마음먹고 있었다.

2004년 6월부터 12월까지 약 5개월 반 동안 나는 오마하의 한 도축장에서 일했다. 킬 플로어kill floor에서 평일 아침 5~7시부터 오후 4시~6시 30분까지 하루 9~12시간 근무했다. 나는 취직할 때 내가 정치학 교수란 사실도, 도축장에 관한 책을 계획하고 있다는 것도 알리지 않았다. 맨 처음 나는 냉각실Cooler에서 시간당 8달러 50센트를 받고 간 매다는 일을 했다. 그리고 나서 살아있는 소들을 '노킹박스Knocking Box' 안으로 이동시키는 활송 장치 앞으로 자리를 옮겨 시간당 9달러 50센트를 받고 일했다. 활송 장치 앞에서 나는 킬 플로어의 면면을 자세히 관찰할 수 있었다. 운 좋게도 짧은 시간 내에 여러 가지 일을 두루 경험하며 거리두기와 감추기의 작동 방식을 자세히 살필 수 있었던 것이다. 도축장을 통해 우리 사회의 면면을 들여다보고자 했던 나의 본래 의도를 생각할 때 이보다 더 좋은 기회는 없었다. 오들오들 온몸이 떨리는 냉각실에서 간을 매달 때 나는 도축장 전체로부터 격리된 느낌이었지만 활송 장치 앞에서는 그렇지 않았다. 그곳에서는 살아있는 동물들의 숨소리를 들을 수 있었다. 나는 품질관리업무를 하면서 도축장 내부의 위계질서를 파악할 수 있었지만, 농무부 검사관들과 껄끄러운 관계가 되기도 했다.

도축장 내에서 업무가 바뀔 때마다 내가 보는 대상은 달라졌고, 대상을 보는 관점과 대상에 의미를 부여하는 방식이 바뀌었다. 나는 인부 하나에 불과했고, 권력의 네트워크, '내부 관계의 그물망'에 갇혀 있었다. 사람들은 나의 외모, 이력, 버릇, 업무내용 등을 종합하여 나에 관한 이미지를 하나 만들어냈다. 물론 그 이미지에 가장 결정적인 영향을 끼친 것은 외모였다. 나는 동남아시아 태국 출신 혼혈인으로 짙은 갈색 피부에 검은 머리, 밤색 눈동자의 가느다란 눈을 갖고 있다. 이런 외모는 도축장 취업에 큰 도움이 되었다. 하지만 도축장의 많은 동료는 중국인도 베트남인도 아닌 내가 아시아인이라고 말하는 것을 잘 이해하지 못했다. 나는 유창한 영어와 태국어, 그리고 더듬거리는 스페인어로 어느 정도 자신감 있게(아마도 수년간 대학교육을 받은 결과이겠지만) 내 의견을 말했다. 이 때문에 나는 동료, 상사, 농무부 검사관과 가끔 불편한 사이가 되기도 했지만 대체로 원만한 관계를 유지했다. 나는 남성 중심의 일터에서 근무하는 남자였기 때문에 도축장에서 일하는 여성 노동자 15~16명과는 그다지 가깝게 지내지 못했다. 어찌 되었든 나의 이러한 모습들이 어

우러져 어떠한 이미지를 형성했을 것이고, 그 이미지가 내가 볼 수 있는 것들을 결정했다.

나는 근무시간 이외의 많은 시간을 인부들 혹은 농무부 검사관들과 보냈다. 그들에게 집필 계획을 알리고 그들이 제공하는 정보를 실어도 좋은지 동의를 구했다. 2004년 12월 나는 품질관리부업무와 관련된 윤리적 문제 때문에 회사를 그만두었다. 하지만 이후로도 도축장 인부들을 인터뷰하고 도축장과 관련된 지역단체 설립을 돕느라 1년 6개월 정도를 오마하에 더 머물렀다.

나는 현대의 산업화된 도축장에 대해 알고 싶어서 그곳에 취직했다. 특정 장소를 대중에 널리 알리기 위해서 접근했던 것이 아니다. 만약 내 목표가 폭로였다면 그렇게 할 기회는 많았다. 실제로 농무부 검사관이 도축장 내 식품안전성 여부에 대해 증언해 달라고 요청했을 때(실제로 나는 이 일 때문에 양심상 회사를 사직했다) 수락했을지도 모른다. 하지만 이 보고서에 특정 장소나 특정인을 암시하는 내용을 담지 않기로 마음먹고 있었기 때문에 나는 증언을 거부했다. 이 책에 등장하는 업체와 이름은 모두 실명이 아니다.

내가 일했던 도축장은 지금도 성업 중이다. 노동자 약 800여 명이 노조 없이 일하고 있다. 그들 대다수는 중남미, 동남아시아, 동아프리카에서 건너온 이민자 또는 난민이다. 도축장에서 생산되는 소고기는 미국과 해외에서 유통되는데 연간 매출액이 8억 2,000만 달러에 육박한다. 생산량으로 볼 때 미국 내 도축 및 소고기 가공시설 상위 10위권에

꼽힌다. 도축 속도는 한 시간에 약 300마리, 하루에 2,200~2,500마리 정도다. 일주일이면 약 1만 마리, 연간 50만 마리 이상이 죽어나간다.

나는 이 책을 이야기 형식으로 써내려갈 것이다. 모든 대화를 날 것 그대로 기록할 것이며 자극적인 부분을 애써 가리지 않을 것이다. 깔끔하게 절단된 부분육들에 대한 해부학적 접근에는 관심이 없다. 나는 전체적인 맥락을 놓치지 않으면서도 작은 일들, 다양한 목소리들, 불분명한 일들을 모두 기록했다. 한마디로 글 전체의 일관성을 유지하려 하기보다는 호기심 유발에 초점을 맞추었다.

사실 이러한 서술방식은 인문학적 글쓰기와 거리가 멀다. 보통 학술서적은 직설적인 논거 나열의 연역적 형식을 취하기 마련이다. 하지만 그런 글에서는 민족지학적(ethnographic, 인간의 행동을 특정 문화적 맥락에서 살피는 연구방법-역주) 현장성이나 생생한 대화를 찾아보기 어렵다. 학자들은 날것 그대로 기술하지 않고 자기 검열을 통해 취사선택된 자료들만 제시하기 때문이다. 그렇게 전략적으로 배치된 인용구와 한 번 걸러진 표현들은 분석적인 주장을 돕는 한편 저자의 권위를 높여준다. 그러나 나는 그런 분석적 서술 대신 스토리텔링을 택했다. 다소 애매모호하게 보이더라도 여러 가지 목소리를 담고자 했으며 침묵의 의미 또한 전달하고자 했다. 덕분에 독자들은 도축장 인부가 된 듯한 착각 속에서 이 글을 읽게 될지도 모른다.

"내 모든 작품은 내가 몸으로 헤쳐 나온 시간과 공간의 축소판이다. 나는 책상 위에서 연필과 자를 들고 대지를 측량하지 않았다. 비바람을 맞으며 오체투지로 한 걸음씩 전진하며 탐험했다." 소설가 헨리 밀러Henry Miller는 《글쓰기에 관한 단상Reflections on Writing》에서 이렇게 말한 적이 있다. 나도 헨리 밀러처럼 연필과 자를 내던지려 한다. 산업화된 도축장에서 벌어지는 일들, 끔찍한 비명, 유혈이 낭자한 사체 등을 있는 그대로 보여주려고 한다. 도축장에 대한 묘사는 분명 자극적일 것이다. 하지만 일부러 의도한 것은 아니다. 그런 면에서 나는 이언 밀러Ian miller가 말한 "뭔가 끔찍하고 혐오스러운 것을 찾길 좋아하는 인류학"과도 분명한 선을 긋고 싶다.

이 책에는 도덕적 · 물리적으로 혐오스런 것들에 대한 묘사도 담겨 있다. 그러나 거부감이 들어 페이지를 건너뛰고 싶다면, 당신은 도축장을 사회로부터 격리시키려고 애쓰는 저들과 똑같은 부류라고 할 수 있다. 도축작업의 은밀한 부분을 속속들이 파헤치지 않고 추상적인 논의만을 원한다면, 동물을 죽이는 일을 직접 담당하는 사람조차 무감각하게 만들어버리는 저들 무리와 다를 게 없다.

이 책의 상세한 설명들은 조금 더 중요한 이론적 주장, 즉 거리두기와 감추기가 현대사회의 권력 메커니즘임을 밝히기 위한 부수적인 작업이 아니다. 묘사와 설명 자체가 주장이다.

2장
피가 흐르는 곳

작업 114번, 소 발톱 제거반

손으로 동물의 발을 기계에 고정시킨다. 페달을 밟아 톱니 모양 롤러가 달린 기계를 작동시킨다. 톱니 모양 롤러가 맞물리면서 소의 발톱이나 발굽의 날카로운 부분이 제거된다.

도축장의 피 냄새가 바람을 타고 도시 전체로 퍼져나간다. 미주리 강 서쪽 언덕의 오마하 가축계류장에서 동쪽으로 5마일쯤 떨어진 곳, 동네의 터줏대감인 한 부인은 자기 집 벽을 스멀스멀 기어오르던 사체 썩는 냄새를 아직도 기억하고 있다. 죽어가는 동물들의 냄새 때문에 그녀의 집은 종종 도축장의 한 부분처럼 되어버렸다. 20세기 중반 오마하는 세계 최대 가축시장이 섰던 도시였다. 퓰리처상 수상자인 칼 샌드버그Carl Sandberg가 화끈한 백정들의 도시라고 했던 시카고보다, 업턴 싱클레어Upton Sinclair가 소설《정글》의 무대로 삼았던 그 도시보다 훨씬 떠들썩한 장소였다. 아머Armour, 쿠더헤이Cudahy, 스위프트Swift, 윌슨Wilson 사의 노동자들은 해마다 소, 돼지, 양 650만 마리를 오마하 남쪽에서 도살했다. "돈 냄새가 진동했다니까요." 왕년에 도축장 인부였던 한 늙은 이는 "피 냄새가 곧 돈 냄새였다"고 말했다.

그로부터 50여 년이 지난 1999년 말, 오마하 가축시장은 예전보다 못했지만 그래도 남쪽을 중심으로 그 명맥을 이어가고 있었다. 초지 약 80만 제곱미터와 평원의 태양, 바람, 눈 때문에 빛바랜 숲들, 도축을 위해 끌려온 가축들이 흘린 침과 오줌, 똥 때문에 부식된 낡은 울타리들이 아직도 남아 있었다. 그런데 언제부터인가 목초지들이 하나둘 사라지더니 2000년 말 하나 남은 목장마저 자취를 감추었다. 소들이 풀 뜯는 한가로운 풍경은 이제 스테이크 식당의 벽에 걸린 흑백사진 속에서나 볼 수 있는 추억이 되고 말았다.

가축계류장이었던 곳에는 고층빌딩이 들어섰다. 현재까지 남아 있는 유일한 옛 건물은 1926년에 건축된 붉은 벽돌의 가축거래소인데 이것조차 11층짜리 아파트로 리모델링되었다. 시대에 어울리지 않는 이 붉은 건물 덕분에 오마하가 한때 목축업이 성했던 도시임을 짐작할 수 있을 뿐이다.

오늘날 여행객들이 '오마하의 목축업은 완전히 사양길에 접어들었구나' 하고 생각하는 것도 무리는 아니다. 기계제품을 생산하는 공장, 드라이브 스루(drive through, 차를 타고 지나가면서 업무를 볼 수 있게 한 시설-역주)가 세 개나 있는 은행, 동물병원이 입점해 있는 대형 애완용품가게, 잔디 깎는 기계와 자전거를 내다놓은 전당포, 오마하대학, 중국음식점, 구두가게, 식료품점, 비디오 대여점 등, 오마하는 수십 년 전과는 완전 딴판이었다. 그러나 눈은 속일 수 있을지 몰라도 코는 속일 수 없었다. 짙은 화장으로 민낯을 가린 도시를 벗어나 비포장길에 접어들면 불쾌한 냄새가 나는 곳을 만날 수 있었다. 나는 측면에 주먹만 한 구멍이 숭숭 뚫려 있는 거대한 트레일러 옆을 달리다가 구멍 안쪽에서 무언가 반짝이는 것을 보았다. 살아있는 소의 눈이었다.

트레일러는 좁은 길로 접어들더니 커다란 상자 모양의 빌딩 뒤쪽에 멈춰 섰다. 거기에는 전류가 흐르는 철망으로 울타리를 친 드넓은 주차장이 있었다. 트레일러는 '빵빵!' 하고 경적을 울리며 하얀 선이 그어진 직사각형 모양의 공간으로 나아갔다. 남색 제복에 주황색 형광 조끼를 걸친 여자가 다가와 트레일러 운전사에게 뭐라고 말했다. 그녀는 가슴에 '안전'이라는 검은색 글자가 적힌 은빛 띠를 두르고 있었다. 잠시 후 그녀가 손을 흔들자 트레일러는 경적을 울리며 앞쪽으로 나아갔다. 그리고 넓은 동그라미 모양의 공간으로 가서 뒤쪽 화물칸의 문을 열었다. 곧이어 운전석 문이 열렸고 갈색 부츠를 신은 백인 운전사가 풀쩍 땅으로 뛰어내렸다. 턱수염을 기른 덩치 큰 운전사는 몇 걸음 앞으로 가서 스트레칭을 했다. 그리고는 운전석 발디딤대에 한쪽 발을 올려놓고 신발끈을 풀었다. 그러고 나서 고무장화를 가져다가 한 짝을 세워놓은 다음, 양말 신은 발을 고무장화 속으로 쑥 집어넣었다. 그는 다른 쪽 장화를 마저 신은 다음 트럭 뒤쪽으로 갔다. 그때였다. 커다란 금속성의 '쾅!' 하는 소리가 세 번 들렸다. 그리고 소리는 점점 작아졌다. 아마도 거리가 좁아진 탓인 듯했다. 누군가 뭐라고 고함을 쳤다. 트럭 운전사는 손을 흔들었고, 잠시 후 '쨍그랑! 쨍그랑!' 소리가 규칙적으로 들려왔다. 처음에는 천천히, 나중에는 빨리. 그 소리는 점점 더 커졌다. 나는 그것이 소들의 금속 발굽이 철판에 부딪치는 소리라는 것을 깨달았다. 그리고 이곳이 바로 도축장이라는 것을 직감했다.

철조망 주변을 빙빙 돌던 나는 적잖이 당황했다. 도축장을 방문하기 전 내가 상상했던 그 어떤 것도 발견되지 않았기 때문이다. 핏물이 줄줄 흘러내리는 뚜껑 없는 배수구, 썩어터진 신장과 폐 등이 둥둥 떠다니는 오물통, 지옥도를 연상하게 하는 동물들의 울음소리, 피로 물든 흰색 옷을 입은 근육질의 인부들, 커다란 식칼을 들고 뽐내듯 돌아다니는 푸주한 등등. 눈을 씻고 찾아봐도 이들은 없었다. 너무나 평범한 풍경만 펼쳐져 있을 뿐이었다. 아무 특징도 없는 이 도축장은 21세기 미국 도시 어디에나 존재하는 상업지구 내의 보통 회사처럼 보였다.

정면에서 바라본 건물은 현대적 스타일의 통유리와 알루미늄 자재 덕분에 대량생산 시스템을 갖춘 회사 같은 느낌이었다. 남쪽에서 보면 크기, 구조, 디자인, 건축재 등이 대학건물을 연상시켰다. 그리고 동쪽에서 보면 기계설비 회사, 북쪽에서 보면 애완용품 회사 같은 느낌이 났다. 구멍이 숭숭 뚫린 트레일러, 철판에 부딪치는 발굽 소리, 코를 싸쥐게 하는 악취가 아니었다면 그 안에 무엇이 있는지 도저히 알 수 없는 외관이었다.

| 도축장 안의 별세계, 프런트 오피스

외부 방문객들, 예를 들면 구매를 원하는 고객이나 정부 관료, 해부학 수업에 필요한 장기와 안구를 구하려는 의과대학과 안과대학 관계자들은 프런트 오피스를 찾는다. 현대적 외관의 프런트 오피스는 사면이 물결무늬 금속판으로 되어 있으며 천장에는 거대한 환풍기가 달려 있다. 사무실은 직사각형 모양의 고층건물 앞쪽에 푹 꺼져 있는 형태로 조금 돌출되어 있다. 차를 주차한 방문객은 콘크리트 계단을 거쳐 검은색 이중문 앞에 이른다. 이 문 안쪽에 오피스 빌딩이 있다. 빌딩 서쪽은 2층으로 되어 있는데 가운데 강철기둥이 있는 초록색 유리문을 지나면 된다. 빌딩 동쪽은 콘크리트로 된 1층 건물로 가느다란 초록색 유리 선

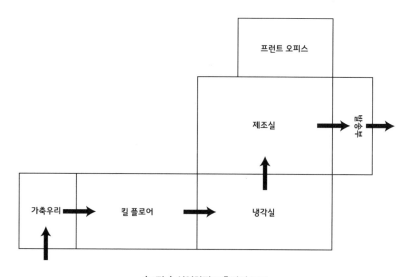

〈그림 1〉 산업화된 도축장의 구조

이 빌딩 뒤쪽과 앞쪽을 가르고 있다. 오피스 빌딩의 서쪽과 동쪽은 사뭇 다르다. 서쪽 건물에서 힘과 투명성이 느껴지는 것과 달리 동쪽 건물은 지하벙커처럼 음험하다. 이 오피스 빌딩 뒤에는 물결무늬 금속 철판으로 둘러싸인 거대한 도축장이 있다. 두 얼굴의 오피스 빌딩을 향해 어두운 그늘을 드리우고 있는 도축장. 프런트 오피스는 빌딩 뒤쪽의 추악한 행위를 감추기 위한 차폐물에 불과하다.

프런트 오피스의 문을 열고 들어가면 한 백인 여성이 안내데스크에 앉아 있는 것을 볼 수 있다. 실내에는 푹신한 가죽소파 두 개가 있고, 그 앞에는 회사의 경영실적을 소개하는 업계 잡지가 여러 권 놓여 있는 탁자가 있다. 벽면에는 회사가 받은 각종 상패가 즐비하다. 안내데스크는 짙은 갈색으로 꽤 널찍하다. 칸막이 없는 안내데스크 뒤쪽으로 넓은 유리창이 있고, 아름답게 가꿔진 잔디밭이 내다보인다.

안내데스크와 동쪽 벽면 사이에는 평면 스크린의 최신형 컴퓨터가 놓인 테이블이 있다. 한쪽에 6대씩, 총 12대가 설치되어 있다. 컴퓨터 앞에는 양복에 넥타이를 맨 짧은 머리의 30~50대 세일즈맨들이 앉아 있다. 그들은 하나같이 휴대전화를 든 채 사무용 가죽의자에 몸을 기대고 있다. 모니터에는 그래프와 스프레드시트, 지도, 미국 인터넷 신문인 '드럿지 리포트Drudge Report', 구글 검색창이 떠 있다. 이곳을 지나 남쪽으로 가면 좁은 복도가 나오는데 그 끝에서 동쪽 부회장실로 가는 어두컴컴한 길과 서쪽 회의실로 가는 밝은 길이 나누어진다. 복도 끝은 막다른 곳이다.

서쪽 회의실은 삼면이 통유리다. 유리벽에는 약 1.5미터 간격으로 천장 높이의 검은색 강철기둥이 있다. 유리벽 앞을 지나는 방문객들은 은빛 철제 테이블과 폭신한 가죽의자가 놓인 회의실 내부를 들여다볼 수 있다. 회의실의 테이블은 은은한 조명 때문에 군데군데 노랗게 보인다. 유리로 되어 있지 않은 나머지 벽 하나에는 1제곱미터도 안 되는 조그만 창문이 달려 있는데 별다른 조명이 없어서 눈길을 끌지 못한다. 유리벽에는 이러한 회의실 내부 모습이 얼비친다.

회의실의 서쪽 프런트 오피스는 복층구조의 공간과 연결되어 있다. 푸른색 조명이 흘러내리는 반투명의 유리벽 너머에는 가슴 높이의 검은 플라스틱 칸막이가 빼곡히 들어차 있다. 그리고 그곳에는 백인 여직원들이 많은 관리부, 경리부, 품질보증 및 식품안전부서들이 자리하고 있다. 칸막이로 구획 지어진 공간의 서쪽에는 25센티미터 두께의 강철 셔터가 있다. 이 셔터 너머 오피스 건물 북동쪽은 도축장에서 가장 멀리 떨어진 곳이다. 백인 회장의 집무실이 바로 여기에 있다. 복층의 사무 공간 남쪽에는 2층으로 올라가는 콘크리트 계단이 있다. 계단에는 굵은 철사를 꼰 쇠줄이 바닥까지 드리워져 있다. 계단 아래쪽에는 유리섬유로 제작된 실물 크기의 소가 서 있다. 붉은빛과 검은빛으로 얼룩덜룩한 소는 굉장히 그로테스크하다. 계단 뒤편에는 프런트 오피스에서 일하는 직원들을 위한 복사기, 팩스, 우편함이 놓여 있다. 그리고 나무 칸막이가 있고 그 너머에 화장실이 있다. 작은 테이블과 냉장고, 전자레인지, 커피메이커 등이 있는 반달 모양의 아늑한 공간도 있다.

계단 위에는 전면이 통유리인 방 두 개가 있다. 하나는 인사부장실이고 또 하나는 부회장실이다. 인사부장과 부회장은 모두 백인 여성이다. 이 방들의 서쪽에는 또 다른 회의실이 있는데, 그곳에는 불투명한 유리문이 달려 있다. 실내에는 기다란 직사각형 유리 테이블과 가죽 의자들이 있다.

최신 컴퓨터와 회의실, 칸막이, 백인 핑크칼라(여성 저임금 일자리—역주), 육가공업계 잡지, 상패, 커피메이커, 내부문건, 구내전화, 버튼다운 셔츠, 전 세계 수많은 대도시와 신도시의 현대적 사무실에서 볼 수 있는 팩시밀리……. 이 모든 것이 도축장에 기생하는 사람들을 위한 것이라니! 한마디로 이것은 거품이다. 잘 가꿔진 잔디밭 따위는 한낱 위장술일 뿐이다. 물결무늬 철판 벽 너머에는 국적, 인종, 계급, 교육 정도가 제각각인 수많은 노동자가 한데 엉켜 일하고 있기 때문이다. 특권계층은 벽 이쪽에서, 생산계층은 벽 저쪽에서 생활한다.

물리적 경계선인 철벽은 작업의 성격마저 결정한다. 프런트 오피스 대 작업장, 작업 수주 대 작업 실행, 창의적 업무 대 기계적 업무, 경영마인드 대 종업원마인드, 북쪽 대 남쪽, 백인 대 유색인, 청결함 대 불결함, 문명 대 야만 등의 이분법이 그것이다. 도축장에서 일하는 노동자 800여 명 중 프런트 오피스에서 일하는 사람은 고작 25명에 불과하다. 소수의 사무직 노동자만 철벽 안쪽에서 일한다. 간부진은 수많은 노동자의 삶을 좌지우지할 결정을 내린다. 전 세계 수많은 다른 회사의 프런트 오피스도 마찬가지다. 프런트 오피스에서 일하는 사람들은 직접 경험해보지도 않고 멀찌감치 떨어져서 깊은 책임감을 느끼지도 않은 채 타인의 삶을 쥐락펴락한다. 가령 미 공군 무인폭격기에 의한 공습은 이와 같은 거리두기의 극단적 발전 양태라 할 수 있다. 하지만 일상에서는 프런트 오피스의 남쪽 철벽과 같은 단순한 담장도 상당한 위력을 갖는다. 문, 보안검색대, 거울 등도 은폐와 격리의 중요한 수단이 된다.

도축장 내부를 주의 깊게 둘러본 사람이라면 누구나 철벽 너머를 대강 짐작할 수 있으리라. 백인 부회장실과 회의실이 갈라지는 복도 끝에 있는 철벽에는 프런트 오피스에서만 여닫을 수 있는 함석문이 달려 있다. 프런트 오피스와 도축장을 연결하는 유일한 통로인 이 문을 통해 도축장 곳곳에서 작성된 문서들과 프런트 오피스에만 잠깐 들리면 그만인 검사관들에게 제출될 서류들이 전달된다. 소수의 방문객은 도축장 안쪽으로 들어갈 수 있다. 우리 편이라는 인식을 확실히 심어줄 필요가 있는 고객에게는 철벽 너머로 이동할 수 있는 특권을 부여한다.

철벽 너머 세상으로 연결된 통로는 또 있다. 버티컬블라인드를 친 회의실의 조그만 창문이 그것이다. 물론 창문의 개폐는 프런트 오피스가 결정한다. 하지만 이런 상상을 해보는 것은 어떨까? 바이어들이 가죽의자에 기대어 몸을 앞뒤로 흔들며 창문 너머에는 뭐가 있을까 궁금해하는 순간, 갑자기 프레젠테이션용 파워포인트가 창문 쪽을 밝게 비추는 상상!

철벽 너머 세상이 어쩌다 한 번 공개된다는 사실은 다음과 같은 두 목소리를 연상하게 한다. "보지 마. 너는 볼 수 없어. 보아서는 안 돼. 볼 필요 없어!" 철벽의 목소리다. "봐. 볼 수 있어. 얼마든지 보라고. 볼 필요가 있어!" 함석문과 회의실 창문의 목소리다. 프런트 오피스 직원들, 소를 죽이는 사람 덕분에 소고기를 먹고 있으면서도 도살행위와는 격리된 채 살아가는 사람들은 보라는 말과 보지 말라는 말이 뒤섞인 이상야릇한 메아리를 듣게 되리라. 현대사회의 모든 격리와 중개 과정에는 이와 같은 모순된 목소리가 난무하고 있다.

┃ 동물 사체가 '고기'로 둔갑하는 위조의 공간, 제조실

제조

1. 기술을 요구하는 제조, 건설 행위
2. 좋지 않은 의미: 뭔가 꾸며내는 것, 틀에 꿰맞추는 것, 거짓말, 과장된 이야기를 지어내는 것, 서류를 위조하는 것 – 《옥스퍼드 영어 사전》

오피스 빌딩의 함석문과 회의실의 작은 창문은 산업화된 도축의 또 다른 공간인 제조실로의 물리적·시각적 이동을 허락한다. 칼과 톱을 든 노동자 수백 명이 제조실에서 차가운 이분체(도축된 소의 머리, 발, 내장을 제거한 뒤 좌우 이등분한 것-역주)를 스테이크용 안심으로 다듬는다. 완제품은 포장되어 전 세계 도소매 유통회사로 발송된다. 제조실에서 일하려면 손재주가 약간 있어야 한다. 제조실은 위조의 공간이며, 제조실 노동자들은 고기를 만들어내는 도축장의 연금술사이기 때문이다. '고기'

에 관한 터무니없는 믿음이 이곳 제조실에서 시작된다. 제조실에 입고되는 이분체는 머리, 발굽, 내장, 가죽을 제거한 것이다. 하지만 살아생전의 모습은 여전히 남아 있다. 넓은 어깨 위에는 목도 붙어 있고, 발굽은 없지만 다리는 남아 있다. 머리가 없다는 것이 좀 엽기적이지만 등과 갈비뼈, 이등분된 척추는 여전히 몸통에 붙어 있다. 이런 이분체들은 제조실로 들어와 순식간에 '대분할육(이분체를 몇 등분하여 큰 덩어리로 만든 것—역주)과 소분할육(대분할육을 다시 자른 것—역주)' 등으로 바뀐다. 랩이 씌워진 소고기에는 생물의 흔적이 전혀 남아 있지 않다. 수소가 스테이크로, 송아지가 햄버거로 둔갑하는 생산의 현장인 제조실에서는 물리적·언어적 변화가 일어난다.

프런트 오피스와 제조실은 하늘과 땅만큼이나 다르다. 제조실 쪽으로 나 있는 함석문을 밀고 들어가면 허리 높이의 콘크리트와 빛바랜 물결무늬 금속판으로 벽을 두른 공간이 나타난다. 제조실 천장에는 지름 80센티미터 정도의 둥근 할로겐램프가 번쩍거린다. 램프에서는 눈부시게 밝은 빛이 쏟아진다. 거친 콘크리트 바닥은 물기와 기름기로 미끄럽고 어두컴컴한 천장 근처에는 기둥만큼 굵은 콘크리트 대들보가 자리하고 있다. 자연광이 들어올 만한 구멍은 하나도 없다. 만약 테이블과 절단 장비, 에어컨, 환풍기, 호스, 레일, 조명, 컨베이어 벨트 등을 모두 치워버린다면 제조실에는 콘크리트 기둥밖에 남지 않을 것이다. 흡사 비행기 없는 격납고와 유사하다. 제조실은 추운 편인데 회사 측이 세균 증식을 억제하기 위해 온도를 섭씨 10도 이하로 유지하고 있기 때문이다.

제조실에는 컨베이어 벨트와 그 가장자리에 평평한 고정 철판 작업대가 잇닿아 있는 이른바 '테이블'이 여섯 개 놓여 있다. 노동자 50여 명과 감독관 한 명이 한 테이블에 배치된다. 고기를 자르는 노동자들은 서로 어깨를 나란히 한 채 각 테이블에 바짝 붙어 있다. 어떤 노동자들은 공기압축식 절단기계를 사용한다. 그러나 노동자 대부분은 소형 칼을 가지고 일한다. 칼은 10센티미터 안팎의 작은 것부터 30센티미터가 넘는 긴 것까지 종류가 다양하다. 노동자들은 한 손으로는 칼을 쥐고, 나머지 한 손으로는 주황색 플라스틱 갈고리를 잡은 채 움직이는 컨베이어 벨트에서 사체를 떼어내어 자기 앞으로 끌어당겨 놓는다.

노동자들은 내복, 바지, 스웨터, 외투를 입고 나서 긴 흰색 작업복인 프록코트를 덧입는다. 손과 팔이 잘리는 사고를 막기 위해 하얀 면장갑과 고무장갑을 착용하고 그 위에 다시 철사로 제작된 토시를 낀다. 앞코가 금속으로 된 장화도 신고, 흰색 안전모도 쓴다. 노동자들은 실험실의 과학자들처럼 그럴듯하게 차려입고는 고기를 '발명'해낸다. 위생, 청결, 관리를 상징하는 흰색 프록코트는 제조실에서의 물리적 · 언어적 '재창조' 작업이 매우 정교하고 치밀하다는 것을 방증한다.

은폐와 격리가 횡행하는 사회는 흰색 프록코트의 사내들이 사체를 고기로 둔갑시키는 이 제조실과 동일한 곳이 아닐까? 울부짖는 송아지가 한 점 고깃덩어리로 돌변하는 제조실만큼이나 언어적 은폐와 격리가 활발하게 이루어지는 곳이 또 있을까? 모든 정치적 절차는 견딜 수 없는 것을 견딜 만한 것으로, 도덕적·물리적으로 용납할 수 없는 것을 용납할 수 있는 것으로 만들어버린다. 제조실은 생산과 건설 이외에 위조와 변조, 믿을 수 없는 이야기의 창조를 모두 해내는 공간이다. 문자 그대로 그리고 비유적 의미에서 말이다. 흔히 정치가들은 전쟁에서 억울하게 희생된 사람들에 대해 '부수적 피해collateral damage'였다고 말한다. 유죄를 선고받은 사람들은 '처형되었다'고, 국가들은 '평화를 되찾았다'고, 악당들은 '소탕작전'으로 '뿔뿔이 흩어졌다'고, 아군은 '기동타격작전'으로 목표물을 '명중'시켰고, 적군은 '무력화되었다'고 말한다. 어울리는 어휘만 있다면 얼마든지 말을 만들 수 있다. 진입, 입성, 축출, 재건 따위의 말들도 실상은 '죽음'을 가리킬 뿐이다.

제조실 쪽으로 난 작은 창문에 늘 버티컬블라인드를 치는 까닭은 사회 전체와 그 사회의 물리적·언어적 제조행위가 역설적 관계에 놓여 있기 때문이다. 제조행위, 즉 말 만들기를 일삼는 사람들은 개념을 가지고 장난을 친다. 제조행위는 넘치는 자신감에서 나온 일종의 쇼맨십이다. 하지만 이러한 제조행위는 행위에 직접적으로 가담하는 내부자들, 예를 들면 제조실 노동자 같은 사람들이 눈에 보이지 않도록 숨어 있을 때만 유효하다. 말 만들기의 달인들은 사람들이 거짓말을 할 때 흔히 쓰는 말을 사용하여 그럴듯한 이야기 한 편을 지어낸다. 그래서 그들이 뭔가 제조해낼 때는 그것이 만들어진 과정이 들통 날까 두려워하는 불안감이 자신감과 더불어 항상 존재한다.

| 감시가 소홀한 점이지대, 냉각실

외부인이 운 좋게 냉각실 입구까지 올 수 있다면 충격적인 장면에 입이 절로 벌어질 것이다. 모락모락 김이 나는 이분체와 검붉은 간이 줄줄이 콘크리트 계단을 내려오는 광경……. 더 이상 움직이지 않는 짐승의 몸통과 그것에서 분리된 혀, 꼬리 등이 나란히 매달려 있다. 아래쪽에 놓인 수레들에는 검붉은 간들이 한가득 실려 있다. 간이 갈고리에 매달릴 때 생긴 상처에서는 검붉은 피가 흘러나온다. 냉각실은 몸통도 아니고 몸통 이외의 것도 아닌 어떤 것, 전체도 아니고 완전히 해체된 부분도 아닌 어떤 것들이 독립적으로 존재하는 점이지대다. 이 꼬리와 이 몸통, 저 혓바닥과 저 간은 분명 다른 소에서 나온 것이다. 하지만 이들 꼬리와 혓바닥을 한 줄로 세워놓거나, 한데 모아놓으면 엄청난 분량이 되어서 원래 그 꼬리와 혓바닥이 어느 소에서 나왔는지 분간할 수 없게 되어버린다.

커다란 방 여러 개가 연결되어 있는 냉각실은 에스키모가 드문드문 흩어져 사는 툰드라를 연상시킨다. 그것은 고온다습한 정글과 같은 킬 플로어와 잘 관리된 생산시설을 갖춘 제조실의 중간에 놓여 있다. 제조실의 벽은 허리 높이의 콘크리트와 그 위에 덧대어진 물결무늬 금속판으로 되어 있다. 거기에는 일정 간격으로 거대한 콘크리트 기둥이 있고, 굵은 대들보가 얹혀 있다. 제조실에는 창문이 없어서 햇빛이나 공기가 들어올 수 없다. 철제 기둥에 매달린 커다란 할로겐램프는 너무 높은 곳에 있어서 가장자리는 늘 어둠침침하다. 그나마도 또 다른 램프의 불빛과 교차될 때에만 환할 뿐이다.

제조실은 테이블이 놓여 있는 바닥을 중심으로 공간이 분할되어 있다. 냉각실은 제조실과는 정반대로 천장이 기준이다. 냉각실에는 수평선 형태의 철제 레일이 천장 부근에 설치되어 있다. 이 레일은 냉각실 전체를 관통하는 레일 두 개와 교차한 다음 냉각실의 각 방 안으로 들어갔다가 다시 제조실 쪽으로 이어진다. 레일에는 20~30센티미터 간격으로 금속 스페이서(물품 사이의 간격을 일정하게 하기 위해 설치하는 것-역주)가 끼워져 있다. 이 금속 스페이서 덕분에 이분체는 일정한 간격을 유지하며 냉각실을 한 바퀴 돌게 되는 것이다. 레일의 중심축은 '세로length' 레일 두 개다. 이분체는 이 세로 레일을 타고 킬 플로어에서 냉각실로 들어와, 냉각실에서 24~48시간을 보낸 다음 또 다른 곳으로 이동된다. 세로 레일을 타고 냉각실 안으로 들어온 이분체는 '가로width' 레일 중 하나로 옮겨진 다음 정지상태가 된다. 가로 레일 하나에 보통 이분체 48개가 매달려 있다. 매일 아침 가로 레일의 이분체들은 세로 레일로 갈아타고 제조실 쪽으로 옮겨진다. 그리고 이와 동시에 방금 숨통이 끊어진 동물들의 사체가 세로 레일을 타고 들어온다. 가로 레일에 더 이상 공간이 없을 만큼 꽉 찰 때까지 계속 유입된다.

냉각실 입구는 경사로라고 불리는 계단의 아래쪽에 위치한다. 경사로는 약 1미터 너비의 콘크리트 계단으로 계단 양쪽에는 회칠한 벽이 있다. 계단의 꼭대기 쪽은 물결무늬 금속 철판으로 가려져 있다. 이 경사로 아래쪽에 냉각실로 사체를 반입하는 입구가 있는데 냉각실 쪽에서는 킬 플로어 쪽을 들여다볼 수 없다. 이 문을 통해 이분체를 매달고 있는 레일들이 킬 플로어에서 냉각실 쪽으로 뻗어져 나온다. 킬 플로어를 빠져나온 레일은 90도로 꺾여 톱니바퀴를 지난 다음 경사로 쪽으로 향한다. 머리 위의 레일에 대롱대롱 매달려 있는 이분체는 경사로 꼭대기 부근에 있다가 냉각실 쪽으로 천천히 하강한다. 4미터 높이의 육중한 냉각실 문은 단열처리 되어 있다. 회사 측은 냉각실 온도를 낮게 유지하기 위해 중간 휴식시간에는 이 문을 닫는다. 하지만 작업시간 중에는 사체 유입을 위해 킬 플로어 쪽으로 문을 열어놓는다. 그날의 첫 번째 사체 혹은 휴식시간 이후의 첫 번째 사체는 문이 열린 다음에야 냉각실 안으로 들어올 수 있다.

이른 아침의 경사로는 깨끗하고 물기도 없다. 하지만 퇴근 무렵의 계단은 피와 기름으로 뒤범벅되어 콘크리트가 거의 보이지 않는다. 머리 위 체인을 타고 약 180킬로그램인 이분체가 하강할 때면 바닥에 고여 있는 핏물도 출렁인다. 작업 중 경사로 부근은 열기로 후끈하고, 레일의 삐걱거리는 소리와 이분체가 서로 부딪히는 소리로 시끄럽다. 그래서 경사로 부근을 지나거나 사체 사이를 뚫고 지나가는 것은 위험하다.

냉각실은 0~6도로 꽤 춥다. 가로 레일에는 일정 간격으로 스프링클러가 부착되어 있는데 차가운 물이 연방 쏟아져 사체를 차갑게 식힌다. 이분체를 적신 다음 바닥으로 떨어진 물은 가로 레일에 맞춰 패여 있는 홈을 따라 밖으로 배출된다. 길고 가느다란 배수구에는 철망 덮개가 있다. 천장에 매달린 거대한 환풍기에서는 고막을 찢을 듯한 굉음이 나는데 소리만 들으면 흡사 제트기 같다. 경사로와 그 아래 냉각실에서는 금속성 악취가 심하게 난다. 하지만 냉각실의 다른 방들은 위생적이고 냉방이 잘되어 있어 습하지 않고 냄새도 덜하다.

레일러railer라 불리는 노동자 6, 7명은 냉각실 각 방을 오가는 이분체의 흐름을 원활히 하는 일을 맡고 있다. 그들은 두꺼운 옷을 여러 겹입고, 그 위에다 노란색 방수복을 입고, 흰색 안전모, 흰색 면장갑, 초록색 고무장갑 등을 착용한다. 레일러들은 주황색 손잡이가 달린 짧은 갈고리 두 개로 이분체를 밀거나 당기거나 정지시킨다. 냉각실 벽 위에 있는 통제장치 안의 유압식 기구를 조종하여 가로 레일이 세로 레일 두 개 중 하나와 연결되도록 하는 것도 그들의 임무다.

냉각실 문에는 한쪽에 한 명씩 레일러 두 명이 보초병처럼 서 있다. 그들은 스펀지가 달린 약 4미터 길이의 쇠막대기를 들고 머리 위 레일에 생기는 물방울들을 제거한다. 킬 플로어의 후텁지근한 공기는 냉각실의 차가운 공기와 만나서 물방울을 형성하는데, 물방울에는 유해균이 서식할 수 있기 때문에 물방울을 제거해야만 한다. 이 때문에 레일러들은 목을 길게 빼고 물방울을 찾아내느라 여념이 없다. 쇠막대로 위쪽 레일을 톡톡 두드리며 닦아내는 것이다. 또 레일러들은 특별한 꼬리표를 단 사체들, 예를 들면 박테리아 검사를 받기 위해 무작위로 추출된 소들이나 광우병 테스트를 받아야 하는 나이 든 소들을 별도의 레일에 옮기는 일을 한다. 특별한 꼬리표를 단 사체들이 운반되어 오면 레일러는 재빨리 스위치를 켜고 특별 가로 레일을 세로 레일에 연결하여 꼬리 표 단 소가 그 레일을 타도록 만든다. 그리고 12초 후 아무 표시 없는 다음 사체가 쌩하고 지나가기 전에 스위치를 원래 상태로 해놓아야 한다.

냉각실에는 노란 방수복을 입은 레일러들 이외에 두 종류의 다른 노동자들이 있다. 제조실 바로 앞에 자리를 잡고 있는 한 그룹은 제조실 소속으로, 작은 공기압축식 칼로 사체의 갈빗대 중간 부근을 가로로 절단한다. 이는 제조실에서 이루어질 해체작업을 위한 사전 준비다. 또 다른 그룹은 사체가 냉각실로 들어오는 지점에 자리를 잡고 있다. 킬 플로어 소속인 이들은 몸통을 제외한 여러 부위, 예를 들면 혀, 꼬리, 간들을 아주 차갑게 냉각시켜 포장하고 유통회사로 발송한다.

냉각실은 춥기 때문에 감독관이 상주하는 킬 플로어나 제조실보다 자유로운 편이다. 물론 냉각실에도 감독관은 있다. 하지만 냉각실의 감독관은 냉각실뿐만 아니라 다른 곳도 돌아다녀야 하기 때문에 옷을 여러 벌 껴입지 않는다. 그래서 얇은 옷차림의 감독관들은 냉각실에 오래 있고 싶어하지 않는다. 덕분에 냉각실은 감독이 소홀한 곳, 상대적으로 자유로운 곳이다. 레일러들은 드넓은 냉각실을 어슬렁거리며 돌아다닌다. 도축장의 무정부주의자들인 레일러들은 사체들이 줄줄이 늘어선 뒤쪽이나 조명이 닿지 못하는 사각지대를 두루 꿰고 있다. 그래서 감독관이 이따금 순찰을 돌 때면 적당한 곳에 숨어 그들이 가기를 기다린다. 감독관이 없을 때 레일러들은 물방울을 닦아내는 쇠막대로 종종 장난삼아 칼싸움을 벌인다. 쇠막대로 결투도 하고, 동료의 등을 쿡 찔러 놀라게 하기도 한다. 또 다른 노동자들은 사체에서 떨어져 나온 지방덩어리를 집어던지며 논다. 거대한 콘크리트 기둥에 기대어 쉬는 이들도 있다. 어떤 노동자들은 물결무늬 철판벽을 칠판 삼아, 바닥에 고여 있는 피를 찍어다 고약한 감독관을 풍자하는 그림을 그린다. 동료들에게 즉석에서 영어교습을 해주는 사람도 있다. 이 얼어붙은 툰드라는 킬 플로어와 제조실 사이의 점이지대로 놀이의 즐거움이 있는 자율적 공간이다.

3장
생과 사의 분기점

작업 3번, 노커(knocker)

노킹박스 안에서 일하는 사람

옴짝달싹 못하는 소의 이마에 볼트를 박는 사람

킬 플로어에서 프런트 오피스로 바로 가는 길은 없다. 가장 빠른 루트는 빌딩 밖으로 나와서 한 바퀴 빙 돌아가는 것이다. 그 방법 말고 건물 내부를 통과하는 방법도 있긴 하다. 하지만 어쨌든 킬 플로어와 프런트 오피스는 같은 건물이지만 최대한 멀리 떨어져 있다. 이 같은 격리는 업무영역에도 그대로 적용된다. 제조실을 관리하는 사람들은 프런트 오피스에서 근무하지만, 킬 플로어를 관리하는 사람들은 킬 플로어에서 일한다. 킬 플로어는 업무적, 물리적으로 도축장의 다른 공간들로부터 격리되어 있다. 다른 공간들은 완곡어법의 언어적 보호를 받고 있으나, 킬 플로어는 이름부터 매우 노골적이다. 킬 플로어에 원색적인 이름을 붙인 까닭은 도살에 직접 관여하는 노동자들을 도축장 내 다른 노동자들과 구별하기 위해서다. 도륙행위의 수혜자이면서도 이를 외면하려 드는 다른 공간의 모든 노동자는 이런 의미에서 외부인이라고 할 수 있다.

세련되게 다듬어진 많은 표현은 위생적으로 처리된 포장육과 비슷하다. 하지만 킬 플로어라는 말은 이와 반대다. 킬 플로어라는 말을 입에 올리는 것은 꽥꽥대는 닭을 파티장에 들고 나타나 와인 잔을 기울이는 손님들 앞에서 목을 비튼 다음, 주방으로 건너가 끓는 물에 집어넣는 것과 유사하다. 육가공산업과 동물학 교과서들은 도살을 '수확harvest'이라고 가르치지만 실제로 그렇게 말하는 사람은 거의 없다. '킬 플로어'라는 단어가 도륙행위가 이루어지는 장소의 공식적, 비공식적 명칭으로 통용되고 있는 것이다. 그곳에서 일하는 인부들조차 스스럼없이 자신을 킬 플로어 노동자라고 부른다.

킬 플로어는 명칭뿐 아니라 작업 환경, 의복, 감독관과 검사관의 존재 등 여러 가지 측면에서 다른 공간과 판이하다. 제조실과 냉각실은 킬 플로어보다 위생적이다. 장기를 제거한 사체들이 정지상태로 대기 중인 냉각실은 춥기 때문에 냄새가 거의 나지 않는다. 소의 피도 근육에 엉겨붙어 잘 흘러내리지 않는다. 냉각실과 제조실의 노동자들은 주로 단단한 고체들을 만진다. 반면 킬 플로어에는 항상 액체, 즉 죽어가는 동물이 흘린 피, 똥, 오줌, 구토물, 뇌수, 담즙 등이 바닥에 고여 있다. 킬 플로어의 벽, 바닥, 기계, 칼, 작업복, 그리고 인부들의 몸에는 항상 이런 더러운 것이 묻어 있다. 제조실은 건조하고 서늘하지만 킬 플로어는 후끈후끈하고 눅눅하다. 사체의 배를 갈라 속을 꺼낼 때 열기와 습기가 올라오기 때문이다. 킬 플로어의 냄새는 여기저기 조금씩 다르지만 전체적으로 분뇨, 구토물, 뇌수, 피 등이 배출된 순간의 강렬한 냄새부터 딱딱하게 굳은 다음의 냄새까지 온갖 냄새가 뒤범벅되어 있다.

제조실에 들어오는 사체들은 특징이 없다. 너무나 동질적이어서 생산량을 예측할 수 있다. 하지만 킬 플로어에 입고되는 동물들은 크기와 모양이 모두 제각각이다. 나름의 개성을 가진 소들이 트럭에서 내려지고 우리 속에 가두어졌다가 생산현장인 킬 플로어로 투입된다. 그중 어떤 소는 노킹박스로 가는 활송 장치에 올라타지 않으려고 몸부림친다. 어떤 소는 지쳐서 혹은 병으로 쓰러진다. 어떤 소는 잘라내기 어려운 날카로운 뿔을 가지고 있으며, 어떤 소는 새끼를 낳으려 한다. 대체로 소들의 덩치는 매우 크지만 자그마한 소들도 간혹 있다. 킬 플로어는 이와 같은 개별성, 비일상성을 인정한다. 동시에 이러한 소들의 고유성을 제거하고 획일화된 원료로 만들어야 한다. 사체로부터 가죽, 뿔, 성기 등을 제거하여 바로 옆에 있는 것과 똑같은 하나의 원료로 다듬어야 한다. 이렇게 개성을 완전히 탈각시켜 냉각실로 보내면 '제품'이 될 준비가 끝난다.

흰색 프록코트를 입은 제조실 노동자들은 나란히 다닥다닥 붙어 일한다. 그 모습은 언제든지 교환 가능한 하나의 부속품을 연상케 한다. 킬 플로어 노동자들은 이와 달리 서로 30~60센티미터 이상 떨어져서 일한다. 킬 플로어는 제조실보다 훨씬 넓지만, 킬 플로어 노동자는 제조실 노동자 숫자의 절반보다 약간 더 많기 때문이다. 킬 플로어 노동자가 좀 더 여유 있는 개인 공간을 갖고 있는 셈이다(그러나 라인 속도가 워낙 빨라 여유를 느끼기는 어렵다). 킬 플로어에서는 도살, 박피, 장기 제거작업이 순차적으로 이루어지는 반면 제조실에서는 여러 사람에 의해 동일한 일이 일제히 이루어진다. 소를 죽인 후에야 가죽을 벗길 수 있고, 그 후에야 내장을 제거할 수 있고, 그 후에야 고기를 작게 자를 수 있으므로, 마지막 공정인 제조실에 인부들이 집중 배치될 수밖에 없다.

킬 플로어 노동자들은 정해진 작업복을 착용하는 다른 노동자들과 달리 자기가 입고 싶은 옷을 입는다. 보통 그들은 단색 티셔츠나 '예수님을 만나 변화된 삶' 같은 문구가 환상적인 그림과 함께 프린트된 티셔츠를 입는다. 가끔 멋진 남녀가 고급 컨버터블 자동차 뒷좌석에 앉아 키스하는 장면이나 아슬아슬한 옷을 입은 여자가 프린트된 티셔츠도 눈에 띈다. 제조실의 분위기는 조용하다 못해 약간 적막하다. 그들은 갑갑하다 싶을 만큼 붙어서 일하지만 말 한 마디, 눈인사 한 번 건네는 법이 없다. 반면에 킬 플로어 노동자들은 잠시도 가만히 있지를 못한다. 노래하고, 고함치고, 휘파람을 불고, 동료들과 수군수군 쑥덕거린다. 감독관이 한눈파는 틈을 타서 지방덩어리를 던지며 장난을 치고, 고무줄을 가지고 새총놀이를 한다.

이 두 곳은 감독 강도에서도 차이가 난다. 제조실 노동자들은 테이블에 다닥다닥 붙어 일하기 때문에 감독하기 수월하다. 제조실의 어느 지점에 서 있든지 거의 모든 노동자가 감독관의 눈에 다 들어온다. 반면 제조실 노동자들은 감독관들이 자신을 쳐다보고 있는지 아닌지 알

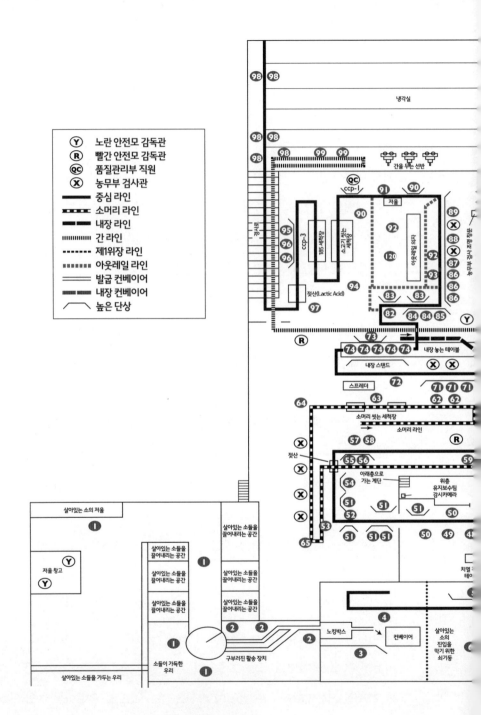

〈그림 2〉킬 플로어 내부도

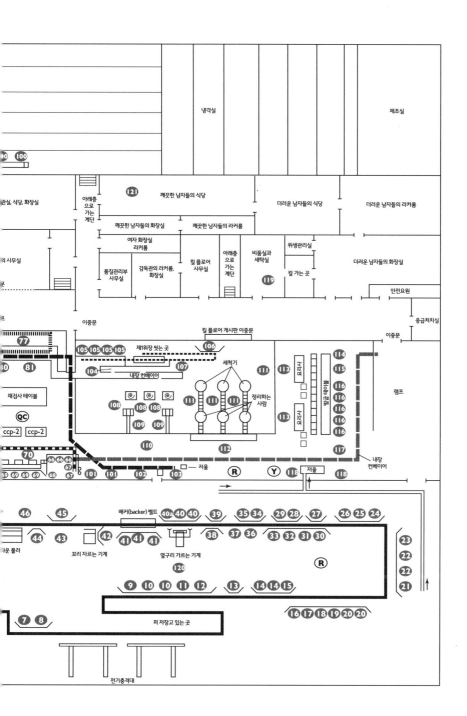

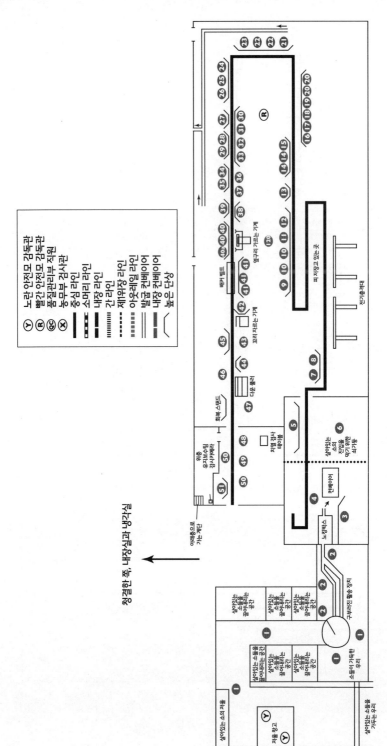

〈그림 3〉 불결한 쪽

54

수가 없다. 반면 킬 플로어는 생산 라인이 곡선 형태라서 감독하기가 어렵다. 킬 플로어 한쪽 끝에서 무슨 일이 일어나는지 알아보려면 그쪽으로 이동해야 하기 때문이다. 덕분에 감독관의 동선을 예측할 수 있어서 감독관이나 검사관이 이동할 때면 노동자들은 표정이나 휘파람으로 동료에게 이 사실을 알려준다. 농무부 검사시스템도 사뭇 다르다. 생산 공정이 규칙적이고 동질적인 제조실은 검사관 단 한 명만으로도 충분하지만 킬 플로어는 특유의 변칙성과 개별성 때문에 검사관이 최소 아홉 명은 필요하다.

제조실은 1층이지만 킬 플로어는 2층이다. 살아있는 소와 사체, 장기 등과 관련된 중요한 작업들은 상층부에서 이루어진다. 그리고 유지보수팀, 갈고리청소팀, 화학약품보관실, 박스제조실, 보일러실, 공기압축실, 애완동물사료 제조실 등은 아래층에 있다.

〈그림 2〉부터 〈그림 7〉은 산업화된 도축장의 내부를 그린 것이다. 이 지도는 수개월 동안 내가 현장에서 틈틈이 직접 그린 것들이다. 지도에서 노동자들은 원으로 표시되어 있으며, 숫자는 각각의 고유 업무를 의미한다. 원 안의 숫자가 같은 것이 여러 개 있을 수도 있는데, 이는 특정 업무를 맡은 노동자가 여러 명이라는 뜻이다.

킬 플로어 일은 소들을 트럭에서 끌어내려 무게를 재는 것부터 시작된다. 중심 라인의 모든 공정을 차례차례 거친 소의 사체는 냉각실로 넘겨진다. 그곳에서 이등분된 다음, 제조실로 운반된다. 소의 내장과 발 등을 처리하는 사람들, 위생관련 업무를 담당하는 사람들(청소부)은

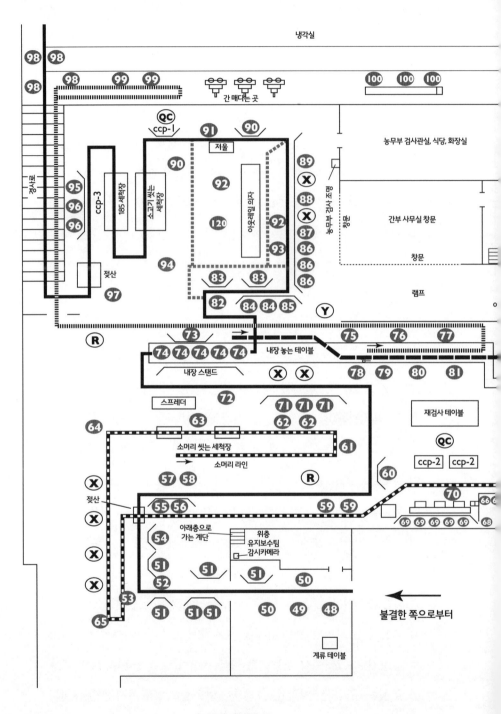

〈그림 4〉 청결한 쪽

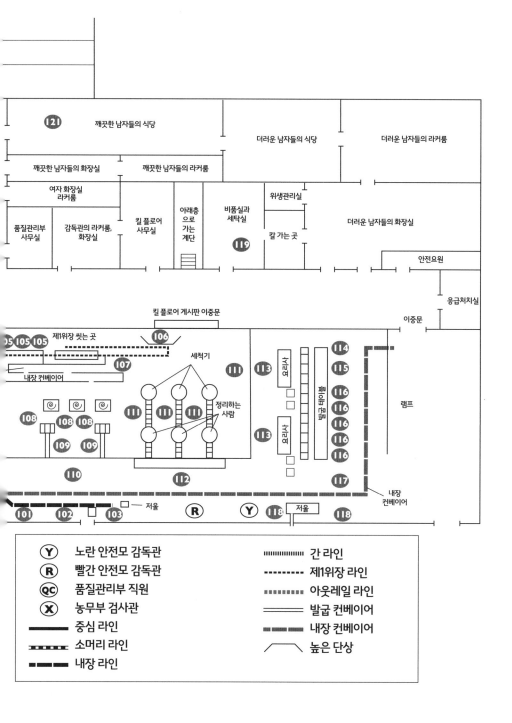

깨끗한 남자들의 식당 121

더러운 남자들의 식당

더러운 남자들의 라커룸

깨끗한 남자들의 화장실

깨끗한 남자들의 라커룸

여자 화장실
라커룸

위생관리실

품질관리부
사무실

감독관의 라커룸,
화장실

킬 플로어
사무실

아래층
으로
가는
계단

비품실과
세탁실

더러운 남자들의 화장실

칼 가는 곳 119

안전요원

응급처치실

이중문

킬 플로어 게시판 이중문 106

제1위장 씻는 곳 105 105 105

107

세척기

111

113

여과실

114

115

램프

내장 컨베이어

내장 컨베이어

정리하는
사람

발굽 컨베이어

116
116
116
116
116

108 108 108

111 111 111

113

여과실

109 109

110

112

117

101 102 103 저울 R Y 118 저울 118

범례

Y	노란 안전모 감독관
R	빨간 안전모 감독관
QC	품질관리부 직원
X	농무부 검사관
▬	중심 라인
▰▰▰	소머리 라인
▰ ▰ ▰	내장 라인
ⅢⅢⅢ	간 라인
----	제1위장 라인
▪▪▪▪	아웃레일 라인
═══	발굽 컨베이어
▰▪▰▪	내장 컨베이어
╱▔╲	높은 단상

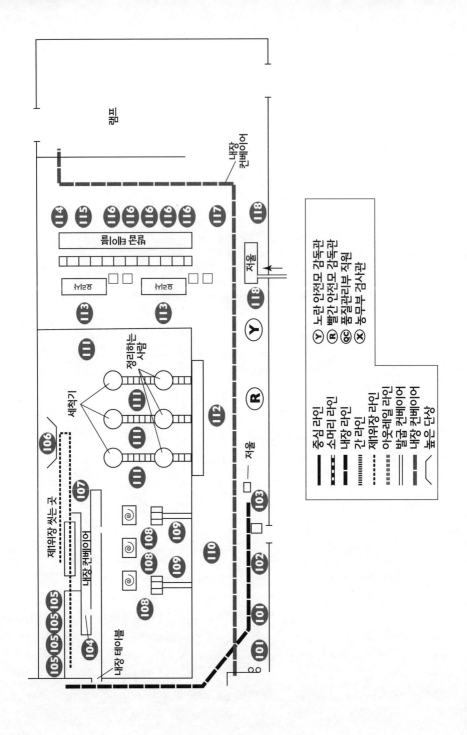

〈그림 5〉 내장과 발굴 작업실

58

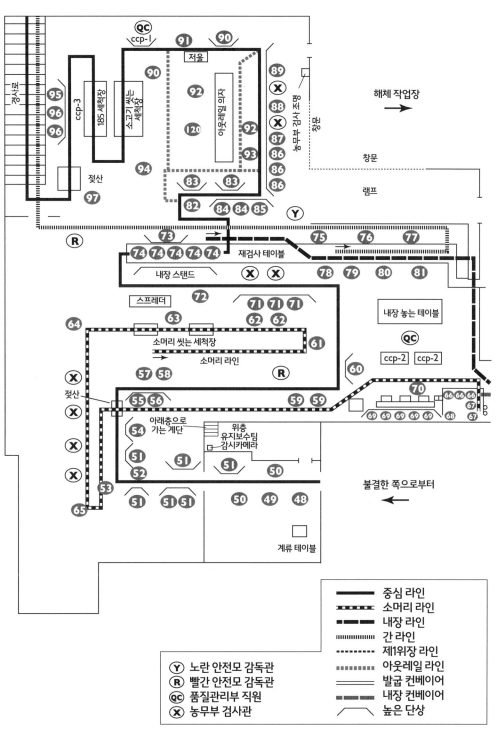

〈그림 6〉 청결한 쪽

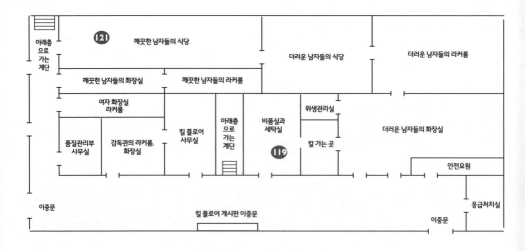

<그림 7> 해체실과 사무실

104~121로 표시되어 있다. 지도의 굵은 줄은 높은 곳에 있는 레일을 가리킨다. 레일에는 숨통이 끊어진 소들이 매달려 있다. 나머지 선들은 몸통에서 분리된 여러 종류의 부위를 처리하는 라인을 의미한다. 그에 관한 자세한 설명은 왼쪽 박스에 나와 있다. 감독관, 품질관리부 직원, 농무부 검사관은 따로 표시했다.

이 그림들을 자세히 들여다보면 산업화된 도축장의 공간과 노동력이 어떤 식으로 배치되어 있는지 전모를 파악할 수 있다. 작업 1부터 킬 플로어의 라인을 한번 따라가보라. 소들이 어떤 일을 겪었을지 한번 상상해보라. 소들은 어느 지점에서 숨이 끊어졌을까? 어디에서 꼬리가 잘려나갔을까? 어디에서 발굽이나 머리가 떨어져나갔을까? 어디에서 심장, 폐, 간, 내장이 적출되었을까? 킬 플로어 노동자들이 자기 위치에서 볼 수 있었던 것은 무엇이었을까? 인부들 각자에게 동물들은 어떤 모습으로 비쳤을까?

예를 들어 원8 '스티커sticker'는 원84 '척추 제거자'와는 아주 다른 것을 본다. 스티커의 시야는 원111 '세척과 정리하는 사람'과도 다르다. 산업화된 도축장에는 121가지 작업들이 있고, 그에 따른 121가지 시야와 121가지 경험이 있다.

킬 플로어의 작업들은 하나로 연결된 선에 따라 진행되지만, 각각의 작업들은 물리적·기능적으로 상이하며, 보통 2인 1조로 작업한다. 노동자뿐만 아니라 외부와 내부, 삶과 죽음, 청결한 것과 불결한 것, 주요 공정과 보조 공정, 위층과 아래층, 감독자와 생산자도 하나의 쌍을 이룬다. 이들 대칭 관계에 주목하면 공간과 노동력이 어떻게 조직적으로 배치되었는지 파악할 수 있을 것이다.

| 내부와 외부

살아있는 소들을 끌어내리는 곳과 소를 임시로 가두어두는 우리를 도살과 해체의 공간인 도축장 내부에 포함시키지 않은 것은 내부와 외부를 구별하기 위해서다. 사실 소들의 하차 지점과 임시 우리가 있는 곳은 반쯤 닫힌 구조여서 건물 외부라고 할 수 없다. 머리 높이의 콘크리트벽과 양철지붕 사이에는 빈 공간이 있어서 공기가 통하지만 그렇다고 외부에서 안을 들여다볼 수 있는 것은 아니다. 하치장 바닥은 벽돌이며, 임시 우리는 금속으로 되어 있다. 노동자 네 명은 우리에서 소를 꺼내 커다란 문이 달린 동그란 밀폐 공간 안으로 밀어넣는다. 소들이 다닥다닥 붙어 있는 그곳을 사람들은 '빽빽한 우리squeeze pen'라고 불렀다. 스퀴즈 펜 안의 소들은 임시 우리 때만큼 자유롭게 움직이지 못한다.

인부들은 소들을 밀어붙여서 구부러진 활송 장치 중 하나에 태운다. 원2 부근의 활송 장치 두 개는 하나로 합쳐진 다음, 도축장 내 노킹 박스로 이어진다.

농무부 식품안전 담당관은 외부와 내부의 구별을 중시한다. 외부 유해균이 침투되는 '교차오염cross-contamination'을 막기 위해서다. 그들은 내부와 외부를 철저히 분리하고자 하나 실상 내부와 외부를 오가야 할 일은 숱하게 많다. 일단 외부에 있던 소들이 활송 장치를 통해 내부로 들어온다. 외부, 즉 활송 장치와 임시 우리 쪽에 있던 노동자들도 화장실, 라커룸, 식당을 이용하러 내부로 들어온다. 심지어 농무부 검사관조차 세균 검사를 위해 우리 안에 있는 소에게 갔다가 다시 킬 플로어로 돌아온다.

| 삶과 죽음

도축장에서 생과 사의 분기점은 아마도 전기충격대와 피 저장고 근처겠지만, 실제로 죽음은 150미터에 걸친 라인 전체에서 서서히 진행된다고 볼 수 있다. 이 기나긴 도살의 과정은 크게 두 단계로 나뉜다. 첫 번째 단계는 노커가, 두 번째 단계는 프리스티커pre sticker와 스티커sticker가 책임지고 있다. 여기서 중요한 것은 이들이 서로 격리되어 있어서 다른 단계의 작업을 볼 수 없다는 점이다.

활송 장치 쪽 노동자들은 구부러진 활송 장치에 소들을 올려놓는다. 소들은 도축장의 외부와 내부를 구별하는 기준인 트랩도어에 이르러 경사면을 타고 위쪽으로 올라간다. 경사면을 타고 다시 내려가면 아래쪽에 커다란 박스 모양의 금속으로 된 공간이 나온다. 천장에서 뿜어져 나오는 물에 살짝 젖은 상태로 소들은 U자 모양의 금속 컨베이어 앞으로 이동된다. 소의 아랫배에 컨베이어 벨트가 걸리면, 소는 이내 공중으로 떠오른다. 대기하고 있던 노커는 유압장치를 조종해 컨베이어 벨트와 측면 벽을 움직인다. 측면 벽을 안쪽으로 이동시켜 버둥거리는 소를 압박하려는 것이다. 버튼을 눌러 금속 컨베이어를 앞쪽으로 이동시키면 소는 노킹박스 바깥에 머리만 내민 상태가 된다. 만약 이때 소가 저항하면, 노커는 측면 벽을 안쪽으로 더 이동시킨다. 소를 옴짝달싹 못하게 만들기 위해서다. 컨베이어에 매달린 채 양쪽 벽에 짓눌린 소는 이제 머리를 흔드는 것 외에는 아무런 동작도 할 수가 없다.

노커는 소를 완전히 결박한 다음, 머리 위쪽 선반에서 기다란 공기 압축식 총을 꺼낸다. 전선 두 개에 연결되어 있는 금속 총은 길이가 약 30센티미터, 지름은 약 15센티미터, 무게는 4.5킬로그램쯤 된다. 노커는 소의 머리가 정지되는 순간을 기다렸다가 총을 쏜다. 목표지점은 소의 미간 약간 위쪽인데, 총의 돌출된 부분을 소머리에 가까이 대면 한 방에 쓰러뜨릴 확률이 높아진다. 노커가 비스듬히 총을 기울인 채 방아쇠를 당기면 길이 약 10센티미터, 지름 2.5센티미터의 볼트(bolt, 전진과 후퇴를 할 수 있는 일종의 총알-역주)가 발사된다. 볼트는 소의 두개골을 관통한 뒤 재빨리 원위치로 돌아온다. 볼트가 발사되어 소머리에 부딪칠 때 '프흐트 프흐트' 하는 작은 소리가 난다. 구멍 난 소의 두개골에서는 회색빛 뇌수가 뿜어져 나온다. 노커의 옷과 팔과 얼굴에 튈 정도다. 잠시 후 구멍에서는 붉은 피가 솟구쳐 부글부글 거품을 내며 흐르다가 산화되어 짙은 갈색으로 변한다. 가끔 소머리가 늘어져 컨베이어 벨트나 대기 중인 다른 소의 엉덩이에 닿기도 한다. 하지만 대부분 소의 목은 뻣뻣해지고 눈알에선 광채가 나며 혀는 축 늘어진다. 만약 볼트의 세기와 각도, 관통 부위가 제대로 맞지 않으면 소는 바로 의식을 잃지 않는다. 하지만 피는 쉴 새 없이 흘러나온다. 노커가 두 번째 발사를 준비하는 동안 소는 그야말로 발광한다.

소를 향해 총을 쏜 다음, 노커는 금속 컨베이어 쪽으로 간다. 그리고 금속 컨베이어보다 1.5미터쯤 아래에 있는 넓은 초록색 컨베이어 위로 소를 떨어뜨린다. 이때 의식을 잃은 대부분의 소는 머리부터 바닥에 부딪친다. 그 때문에 이빨이 부서지고 혓바닥이 잘리는 일이 비일비재하다. 일단 초록색 컨베이어로 옮겨진 소는 족쇄 채우는 사람(shackler, 원4)에 의해 왼쪽 뒷다리에 족쇄가 채워진다. 이 족쇄는 체인으로 머리 위 레일과 연결되어 있어서 레일 바퀴가 앞으로 나가면 자연히 소의 몸뚱이가 거꾸로 공중에 매달리게 된다. 레일에 고정된 왼쪽 뒷다리 때문에 머리는 바닥을 향한다. 이때 소는 자유로운 오른쪽 뒷다리와 앞쪽 두 다리로 격렬하게 반항한다. 얼핏 보기에는 기절하지 않은 것처럼 느껴질 정도다. 하지만 이런 동작은 반사신경 때문일 뿐 의식이 있다는 증거는 아니라고 업계 잡지들은 전한다. 의식의 유무는 혀와 눈의 상태에 달려 있다는 주장이다. 많은 소가 노커의 총을 맞고 의식을 잃은 상태로 이동하지만 그중에는 의식을 잃지 않은 소들도 있다. 그런 소들은 구토를 하기 마련이라 바닥은 초록색 토사물과 머리에서 흘러나온 붉은 피로 난장판이 된다.

그런데 레일의 이 지점에는 간격을 조정하는 장치가 없다. 그래서 소들은 족쇄 채우는 사람이 매다는 대로 아무렇게나 다닥다닥 붙어 있다. 체인에 거꾸로 매달린 소가 허공에 발길질해대는 모습은 처절하다. 붉은 피와 초록색 토사물이 흘러내리는 모습도 눈 뜨고 볼 수 없을 만큼 참혹하다. 소들은 약간 높은 곳에 서 있는 '인덱서(indxer, 웬5)'에 의해 정렬된다. 인덱서는 긴 쇠막대를 들고 소들을 일정한 간격으로 늘어놓은 뒤, 레일에 개dog라고 불리는 쇳덩이를 끼워넣는다. 이렇게 함으로써 다음 작업을 리듬감 있게 진행할 수 있다. 인덱서의 주 임무는 총 맞은 소들 중에서 기절하지 않은 소가 있는지 찾아내는 것이다. 만약 전기자극을 받을 때마다 소가 반사적으로 눈을 끔벅인다든지, 자세를 바로 하려고 애쓴다든지, 입 밖으로 혀가 축 늘어져 있지 않다든지 하면 의식이 남아 있다고 볼 수 있다. 인덱서는 그런 소를 골라내어 가축용 총을 겨

눈다. 가축용 총은 '프흐트 프흐트' 하는 노커의 총과 달리 날카로운 꽹음을 낸다. 탄약 연기 또한 매캐해서 사냥총과 거의 유사하다.

레일은 인덱서 앞을 지난 다음 90도로 두 번 꺾어진다. 우선 노커와 인덱서를 킬 플로어 내 다른 공간들과 격리시키는 담장을 지나 한 번 꺾어진 다음, 다시 한 번 꺾어져서 원래 방향대로 직진한다. '프리스티커(원7)'와 '스티커(원8)'는 두 번 꺾여 다시 180도가 되는 지점 앞에 서 있다. 담장 때문에 그들은 노커와 인덱서를 볼 수 없다. 프리스티커와 스티커는 한 조를 이뤄 약간 높은 단상에서 일한다. 레일을 타고 소가 다가오면 프리스티커는 소의 목에 세로로 칼집을 넣는다. 이때 소들이 계속 발버둥치고 있을 가능성이 크므로 프리스티커는 측면에서 소에 접근하여 발길질 당하지 않도록 조심해야 한다. 프리스티커는 칼을 잡지 않은 한 손으로 얼굴을 가리고 있다가 목을 절개하는 즉시 안전한 뒤쪽으로 물러난다.

스티커는 프리스티커로부터 약 90센티미터 떨어진 곳에 있다. 스티커는 프리스티커가 만든 절개선 안쪽에 있는 경동맥과 경정맥을 절단한다. 스티커가 이들 혈관에 칼을 대면 엄청난 피가 분수처럼 쏟아진다. 피는 그물 모양을 이루며 바닥으로 흘러내린다. 유능한 스티커는 피가 어디로 튈지 방향과 양을 잘 예측하기 때문에 피에 흠뻑 젖는 일이 드물다.

의학적으로 볼 때 소의 사인은 경동맥과 경정맥 손상이다. 스티커두 명을 거친 소는 전기충격대(내부도 참조) 부근에서 마지막 숨을 몰아쉰다. 전기충격대와 피 저장고는 S자 모양의 곡선 레일 아래에 있는데 소가 흘린 피는 레일과 같은 모양의 S자 고랑을 타고 저장고에 모여 별도로 판매된다. 도축장 벽면에 고정되어 있는 전기충격대는 전류가 흐르는 금속 막대 두 개로 구성되어 있다. 소는 여기에 접촉하는 순간 감전되어 심장이 활발히 뛰기 시작한다. 그러면 손상된 경동맥과 경정맥으로 엄청난 혈액이 쏟아져 나와 잠시 후 '꼬리 자르는 사람(tail ripper, 원9)' 앞에 이를 때쯤에는 과다출혈로 사망이 확실시된다.

그림에 묘사된 것처럼 킬 플로어 내 공간 구별은 자로 잰 듯 정확하다. 소는 정해진 삶과 죽음의 영역 밖에서 죽으면 안 된다. 소가 너무 일찍 혹은 너무 늦게 죽으면 문제가 생긴다. 가끔 소들은 잦은 전기충격으로 혹은 병이나 스트레스로 노킹박스에 도달하기도 전에 활송 장치 위에서 쓰러진다. 그러면 살아 움직여야 할 곳에서 고꾸라진 소 때문에 한바탕 난리가 난다. 두 갈래 활송 장치가 하나로 합쳐진 다음에 소가 고꾸라지는 경우는 그중 최악이다. 노킹박스로 가는 유일한 통로가 막혀버리기 때문이다.

만약 소들이 기절하지 않았는데 노커가 그 사실을 모른 채 초록색 플라스틱 컨베이어로 떨어뜨릴 경우, 의식이 남아 있는 소는 컨베이어 벨트에서 벗어나려고 발버둥친다. 그리고 마침내 탈출에 성공하면 필사적으로 도주로를 찾는다. 대롱대롱 거꾸로 매달린 다른 소들과 피 냄새 때문에 미친 듯이 날뛴다. 이런 일은 자주 일어나기 때문에 회사 측은 노커와 인덱스 사이에 특별한 금속 문(지도에는 점선으로 표시되어 있다)을 설치하여 소가 다른 곳으로 도망가지 못하도록 막아놓았다. 일단 소가 도망치면 족쇄 채우는 사람은 부상을 피하기 위해 사다리 위 킬박스kill box로 피신한다. 노커는 휘파람을 세 번 불어 감독관을 부르고, 감독관은 무전기로 현장 간부를 호출한다. 현장 책임자는 '족쇄 채우는 사람'과 함께 킬 플로어로 들어온다. '족쇄 채우는 사람'은 22구경 총을 소에게 겨누고, 총에 맞은 소는 흐느적거리며 주저앉는다. 관리원들이 '스라소니 리프터Bob cat lifter'로 소를 초록색 컨베이어 위에 올려놓으면, 족쇄 채우는 사람이 소의 다리에 체인을 감아 라인에 매단다. 상황은 이렇게 종료된다.

때로는 인덱서가 기절하지 않은 소를 발견하지 못할 수도 있다. 그런 경우 거꾸로 매달린 소는 필사적으로 반항하며 스티커 앞까지 밀려온다. 온몸을 뒤트는 소를 발견한 프리스티커와 스티커는 뒤쪽 기둥에 부착된 붉은 버튼을 눌러 전체 생산 라인을 멈출지 말지를 신속히 결정한다. 만약 농무부 검사관이 주변에 있으면 스티커들은 버튼을 누르고 인덱서가 와서 소를 기절시키기를 기다린다. 하지만 검사관이 없을 경우에는 스티커들이 직접 소를 찔러 죽인다. 사실 살아있는 소에게 칼을 들고 덤비는 일은 매우 위험하다. 특히 칼을 깊숙이 찌르기가 무척 힘들어서 스티커가 부상당할 수도 있다. 칼 맞은 소가 계속 살아있을 가능성도 배제할 수 없다. 가장 끔찍한 경우는 의식을 잃지 않은 소가 계속 전진하여 전기충격대와 피 저장고 앞에 이르는 일이다. 살아서 심장에 전기자극을 받는다고 상상해보라. 살아서 꼬리 자르는 사람(원9), 첫 번째 다리 가죽 벗기는 사람(first leggers, 원10) 앞에 이른다고 상상해보라. 인부들은 아무것도 모른 채 소의 꼬리, 오른쪽 뒷다리, 발목을 생짜로 잘라낸다. 어떻게 이런 일이 가능할까? 그 인부들이 3미터 높이의 단상 위에서 일하기 때문이다. 그들은 바닥 쪽에 있는 소의 머리를 볼 수 없다. 꼬리가 잘려나가는 아픔은 오직 머리와 눈의 반응으로만 알 수 있는데 그것이 인부들에게는 보이지 않는 것이다.

킬 플로어의 모든 공정은 삶과 죽음이라는 철저한 이분법에 기반하고 있다. 소들이 꼭 살아있어야 하는 곳과 꼭 죽어있어야 하는 곳이 따로 존재하는 것이다. 두 곳 사이에는 장장 150미터에 달하는 긴 죽음의 라인이 펼쳐져 있다.

그림들을 보면 도축장에서 일하는 노동자 800여 명 가운데 살아있는 소를 마주할 수 있는 사람이 몇 명인지 짐작할 수 있다. 실제로 도살에 적극 가담하거나 도축행위를 볼 수 있는 사람은 극소수다. 킬 플로어가 삶과 죽음의 공간으로 구분되었음을 상기할 때 도축장 인부 대다수는 죽음의 공간에서 일하는 셈이다. 극소수의 사람들만 살아있는 소나 죽어가는 소를 대면한다. 그리고 그보다 더 소수의 사람만이 도륙행위에 가담한다. 이렇게 소는 몇 단계를 거치며 서서히 죽어간다. 그리고 각각의 단계는 다른 작업을 맡은 인부들에게 알려져 있지 않다. 킬 플로어는 도축행위를 은폐하고 격리하기 위해 도축장의 다른 공간들로부터 완전히 격리되어 있는 것이다.

| 청결한 쪽과 불결한 쪽

킬 플로어는 여러 가지 기준으로 공간분할이 가능하다. 그 다양한 기준 가운데 하나는 '청결'과 '불결'로 다운 풀러(down puller, 원47)가 그 기준점이 된다. 다운 풀러는 커다란 유압식 장비를 들고 거꾸로 매달린 소의 가죽을 벗겨내는 노동자를 가리킨다. 다운 풀러 이전 공정은 불결한 쪽dirty side, 이후 공정은 청결한 쪽clean side이라 불린다. 청결한 쪽과 불결한 쪽은 박피 이후와 박피 이전 공정이라 부르기도 한다.

청결은 식품안전상 매우 중요하다. 도축장에 들어오는 소들은 배설물, 구토물, 소화액 등으로 불결한 상태다. 그래서 이들 오염물질을 살코기에 묻히지 않고 가죽을 제거하는 일이 매우 중요하다. 소가죽을 벗기는 유압식 장비는 세 가지인데, 사이드 풀러(side puller, 원40), 테일 풀러(tail puller, 원42), 다운 풀러 순으로 놓여 있다. 우선 꼬리 자르는 사람(원9) 다음 자리에 서 있는 노동자 7~9명이 소형 칼이나 공기압축식 칼로 가죽과 살점 사이를 일부 절개한다. 사체에 다가갔다 물러났다 하면서 가죽을 벗김으로써 사전 작업을 해놓는 것이다. 이때 자칫 인부들의 손, 도구, 의복에 묻은 불결한 물질들이 살코기에 옮겨갈 수도 있다.

회사 측은 이러한 교차오염을 막기 위해 예비 작업을 하는 이들 노동자를 청결한 쪽 노동자들로부터 최대한 멀리 떨어뜨려놓는다. 이렇게 격리된 노동자들은 흔히 불결한 남자들이라고 불린다. 불결한 남자들은 흰색 안전모를 쓰는 청결한 남자들과 달리 회색 안전모를 쓴다. 그리고 그들만의 화장실과 샤워실, 라커룸, 식당을 이용한다. 킬 플로어 복도에 붙어 있는 비상대피 안내문에는 '불결한 남자들의 화장실' '불결한 남자들의 샤워실' '불결한 남자들의 식당'이라고 적혀 있다. 퇴근 무렵 불결한 쪽 사내들은 자신들의 작업복을 청결한 쪽 노동자의 옷과 구분하여 별도의 바구니에 담는다. 불결한 쪽 여자들은 '맹장 안을 채우는 사람(bung stuffer, 원31)'과 '칼로 소의 복부 지방을 제거하는 사람(whizard knife belly trimmer, 원40 a)' 단 두 명이다. 소수여서 그런지 '불결한 여자들'을 위한 별도의 시설은 없다. '불결한 여자들'은 '청결한 여자들'과 같은 화장실을 사용한다. 하지만 청결한 쪽 남자들은 '청결한 남자들의 화장실' '청결한 남자들의 샤워실' '청결한 남자들의 식당'을 따로 갖고 있다.

청결한 쪽과 불결한 쪽 노동자들은 근무시간도 다르다. 첫 번째 소가 노킹박스 안으로 들어오는 시각은 매일 아침 6시 30분. 기절한 소는 불결한 쪽에서 30분간 여러 공정을 거친 뒤 청결한 쪽으로 옮겨진다. 그래서 불결한 쪽 노동자들은 아침 6시 30분 이전에 출근해 라인에 대기하고 있어야 한다. 하지만 청결한 쪽 노동자들은 7시 이후 일을 시작한다. 라인 끝부분에서 일하는 노동자들은 더 늦게 출근해도 된다. 사체가 거기까지 도착하려면 시간이 더 걸리기 때문이다. 결과적으로 불결한 쪽 노동자들은 청결한 쪽 노동자들보다 30~40분 일찍 일을 시작하는 셈이다.

관리자로서는 청결한 쪽과 불결한 쪽이 명확히 구분되어 있길 원하겠지만 사실 그 경계는 모호하다. 감독관, 품질관리부 직원, 농무부 검사관, 위생관련 노동자들이 옷을 갈아입지도 신발을 닦지도 않은 채

수시로 두 곳을 오가기 때문이다. 불결한 쪽 노동자들도 가끔 청결한 쪽 식당을 드나든다. 점심시간이 시작될 무렵, 청결한 쪽 전자레인지 앞에는 한 명도 줄을 서 있지 않지만 불결한 쪽 전자레인지 앞에는 길게 줄을 서 있다. 청결한 쪽 노동자의 점심시간이 불결한 쪽 노동자들보다 30여 분 늦게 시작되기 때문이다. 불결한 쪽 노동자들은 청결한 쪽 노동자들이 몰려들기 전에 먼저 가서 음식을 데운 다음 불결한 쪽 식당으로 돌아간다. 오전 휴식시간에도 불결한 쪽 노동자와 청결한 쪽 노동자는 주차장 인근에서 한데 어울린다. 같은 트럭 식당에서 타코taco 따위의 간단한 식품을 사서 같이 먹는다.

식품안전 전문가들에게 킬 플로어의 기능적 분할은 중요하다. 하지만 노동자들도 소가 불결한지 청결한지 정도는 안다. 살아있는 소는 품종, 성별, 신장, 체격, 눈, 뿔, 우는 소리, 얼룩무늬, 호기심의 유무 등에서 천차만별이다. 하지만 이러한 개성을 모두 없앤 다음 족쇄를 채워 거꾸로 매달면 하나의 동일한 식재료로 취급될 뿐이다. 이러한 개성 탈각 작업은 포장육 상태로 반출될 때까지 지속되지만 가장 극심한 변화는 킬 플로어에서 일어난다.

꼬리 자르는 사람은 소의 꼬리 아래쪽 3분의 1을 잘라낸 다음, 항문부터 오른쪽 뒷다리까지 길게 절개를 한다. 다음 타자인 '첫 번째 다리 가죽 벗기는 사람'은 능숙한 솜씨로 오른쪽 뒷다리 피부를 동그랗게 잘라낸 뒤 잡아당긴다. 그러면 가죽이 벗겨지면서 진줏빛 하얀 속살이 드러난다. 라인을 따라 전진할수록 가죽은 더 많이 벗겨지고, 속살, 즉

고기는 더 많이 나타난다. 발굽은 거대한 절단기로 잘라내는데, 기계에는 '위험, 절단 주의'라는 문구가 적혀 있다.

노동자들이 공기압축식 장비로 엉덩이 부근 가죽을 모두 벗겨내면 '브리드 스탬퍼breed stamper'가 푸른색 도장을 찍는다. 제조실에 도착할 때까지 남아 있는 이 표시는 앵거스Angus를 뜻하는 'A', 검은색의 순종 소를 뜻하는 'H', 붉은색 가죽의 헤어포드를 뜻하는 'C' 등등이다. 검은색 바탕에 흰색 얼룩무늬를 지닌 앵거스과 헤어포드의 잡종도 있다. 다리가 긴 검은색 얼룩무늬 홀스타인 젖소는 도장을 찍지 않는다. 홀스타인은 젖소의 대명사로 통할 만큼 유명하지만 육질은 신통치 않은 것으로 알려져 있다.

피 저장고 앞의 두 노동자(원36, 37)는 장갑을 낀 손으로 소의 콧구멍을 벌린 다음 소형 칼로 소의 코를 잘라낸다. 소의 귀는 한 손으로 귓바퀴를 잡고 단번에 처리한다. 이때 적은 양이나마 인부들 눈 쪽으로 피가 튄다. 커다란 통에 담긴 귀는 보통 하루 5,000개를 웃돈다.

코와 귀까지 제거된 소는 이제 '사이드 풀러'에 들어갈 채비가 된다. 여러 공정을 거친 소의 복부에는 가죽이 거의 붙어 있지 않다. 너풀거리는 가죽은 풍만한 속살을 살짝 가린 망토처럼 보인다. 노동자들은 약 30센티미터 길이의 금속 집게를 이 망토 같은 가죽의 양 끝자락에 매단다. 그리고 버튼을 눌러 금속 집게를 이동시킨다. 두 인부 중 한 명이 제어판의 레버를 올리면 유압식 기계가 가죽을 잡아당겨 아랫배 가죽이 홀러덩 벗겨진다. 이제 가죽은 등 쪽에만 조금 붙어 있는 상태다.

'배커backer, 원41' 세 명은 컨베이어 벨트 위로 올라가서, 움직이는 소와 나란히 걸어가며 소의 등 가운데에 공기압축식 칼로 '포켓pocket'을 만든다. 이 포켓은 두 번째 유압식 장비인 '테일 풀러'를 집어넣을 자리다. 배커들은 이동 중인 소의 오른쪽에 서서 공기압축식 칼을 쥔 왼손으로 가죽과 살덩어리 사이를 절개한 다음, 컨베이어 벨트에서 내려온다. 세 사람이 동시에 올라갔다가 내려오는데 이때 컨베이어 벨트 위의 공간이 넉넉하지 않기 때문에 세 사람의 호흡이 중요하다. 오른쪽 작업이 끝나면 이번에는 왼쪽 작업을 한다. 노동자들은 공기압축식 칼을 오른손에 바꿔 쥐고, 소의 왼쪽 등을 절개한다. 가죽과 살점 사이를 절개한 다음 그들은 컨베이어에서 내려와 싱크대로 간다. 그리고 85도의 뜨거운 물에 칼을 담근다. 이때 푸시시 소리를 내며 물이 앞치마로 튄다. 칼을 소독한 배커들은 다음 소를 맞이하러 컨베이어로 돌아간다. '테일 풀러'는 배커들이 만들어놓은 '포켓' 속으로 '바나나 바banana bar'라고 불리는 두터운 금속 막대를 집어넣는다. 그리고 버튼을 누르면 '윙' 하고 막대가 힘차게 돌아간다. 움직이는 막대 덕분에 등 중간 지점부터 꼬리까지의 가죽이 한꺼번에 확 벗겨진다. 이제 가죽은 소머리와 어깨죽지에 살짝 붙어 있을 뿐이다. 주름 많은 망토를 두른 듯한 모양의 소는 할로겐램프 아래에서 허연 살덩이를 드러낸다.

이제 다운 풀러에 집어넣을 차례다. 노동자들은 갈고리로 망토 같은 가죽을 끌어당겨 롤러와 집게 기능이 있는 둥근 쇳덩어리 안쪽에 밀어넣는다. 가죽의 세로 부분이 집게에 물리면 노동자는 레버를 올린다.

롤러가 격렬히 움직이고, 소머리부터 나머지 절반의 가죽이 쉽게 벗겨진다. 가죽이 말끔히 제거되면 노동자는 두 번째 레버를 올린다. 롤러는 아까와 반대방향으로 움직이며 가죽을 아래 활송 장치 쪽으로 떨어뜨린다. 이제 속살이 고스란히 드러난 소는 초현실주의 화풍의 그림 속에 나오는 정물 같다. 진줏빛 새하얀 속살, 튀어나올 듯한 안구, 부러진 이빨, 구멍 뚫린 두개골……. 소머리는 가죽을 제거하는 동안 바닥에 질질 끌린다.

가끔 집게의 힘이 너무 세서 뒷다리 관절의 힘줄이 끊어지기도 한다. 그러면 소는 쿵 소리를 내며 바닥으로 떨어진다. 이때는 윈치(winch, 밧줄이나 쇠사슬로 무거운 것을 끌어올리는 장비-역주)로 다시 라인 위에 올려놓아야 한다. 때때로 다운 풀러 기계가 제대로 작동하지 않거나, 미처 다 제거하지 못한 뿔 때문에 가죽이 걸리는 수도 있다. 그러면 소머리 부분에 소가죽 전체가 붙어 있게 되고, 바닥에 질질 끌려 가죽이 더러워진다. 다운 풀러 노동자는 이때 라인을 정지시키지 않고 휘파람을 분다. 그러면 감독관이 직접 와서 칼로 머리 부분에 붙은 가죽을 떼어낸다. 단순 작업인 다운 풀링은 속전속결로 해치워야 한다. 사체가 진공청소기(원51) 앞을 지나 초벌 세척장에 이르기 전에 가죽을 완벽히 제거해야 한다.

다운 풀러 다음에는 킬 플로어의 청결한 쪽 공정이 시작된다. 노동자들은 이미 발굽, 귀, 입술, 뿔, 가죽이 제거된 사체의 머리와 꼬리를 잘라내고, 창자와 각종 장기를 제거한 다음, 척추를 갈라서 두 동강 낸다. 이로써 동물로서의 모든 특징을 상실한 소는 살아생전과는 완전히 다른 모습이 된다. 특정 부위만 한데 모아놓으면 섬뜩할 만큼 엽기적인 풍경이 연출되기도 한다.

절단한 소머리는 헤드 체인head chain이라 불리는 별도의 레일에 걸린다. 이 체인은 가슴 높이로 다른 체인보다 비교적 낮은 위치에 있다. 몸통에서 분리된 머리들은 이 체인을 타고 '헤드 플러셔(head flusher, 소머리 씻는 기계, 원61)'까지 이동한다. 헤드 플러셔 노동자들은 혀를 잘라낸 뒤 소머리 옆에다 혀를 나란히 매단다. 물이 뿜어져 나오는 호스가 설치된 장롱 형태의 세척장 두 개는 세차장과 구조가 유사하다. 세척장을 통과한 소머리는 농무부 검사관 네 명 앞에 놓이는데, 검사관들은 소머리를 절개한 다음 머릿속 분비샘을 검사하여 질병과 비정상 여부를 판단한다. 검사관 앞을 거친 헤드 체인은 방향을 전환하여 천장 쪽으로 가파르게 올라간다. 이때 머리 라인은 이제 막 초벌 세척을 끝낸, 머리 달린 사체들의 주요 공정과 엇갈린다. 헤드 체인에 걸린 소머리와 혀는 킬 플로어 바닥으로부터 거의 9미터나 떨어진 높은 공중에서 그들만의 여행을 계속한다. 헤드 체인보다 90센티미터쯤 낮은 곳에는 금속 그릇이 설치되어 소머리에서 흘러나오는 피를 받아내게끔 되어 있다. 머리 라인은 잠시 후 다시 바닥 쪽으로 내려가는데 아래쪽에는 약간 높은 단상과 컨베이어가 놓여 있는 '헤드 테이블'이 있다. 그 테이블에서는 노동자(원66) 열한 명이 소머리를 하나씩 잡고 최대한 많은 살점을 뜯어낸다. 살을 모두 발라낸 다음에는 턱뼈를 분리하고, 턱뼈를 윤기 나게 잘 닦은 다음 고무 컨베이어 벨트에 실어 킬 플로어 밖으로 내보낸다. 턱뼈는 덫

개 없는 트럭에 실려 회반죽 공장rendering factory에 팔린다. 머리와 턱에서 발라낸 살점은 머릿살, 볼살, 입술살 세 가지다. 노동자들은 27킬로 그램짜리 박스에 이들을 차곡차곡 담아 별도의 컨베이어 벨트에 올려놓는다. 이것들은 모두 유통회사로 발송된다.

노동자들이 장기들을 몸통에서 분리하면(원74), 농무부 검사관들이 이를 내장 테이블에 올려놓고 검사한다(원78). 검사가 끝난 장기들은 또 다른 라인을 타고 천장 쪽으로 꺾어져 올라갔다가(원77) 벽에 뚫린 구멍을 통과한 후 경사로를 따라 냉각실 쪽으로 하강한다. 냉각실 노동자들은 손수레에 장기를 담아두었다가(원99) 포장한다(원100). 몸통에서 분리된 꼬리, 심장, 식도는 내장 라인에서 처리된다. 내장 라인은 내장 테이블(viscera table, 원78)이 놓인 약간 높은 지점을 지나 창자실과 킬 플로어 사이의 벽을 타고 직진한다. 장기를 포장하는 사람(원102)과 꼬리를 씻어 포장하는 사람(원103)이 장기와 꼬리를 갈고리에서 떼어 무게를 달고 포장한다.

킬 플로어의 청결한 쪽은 불결한 쪽보다 작업 내용이 다양하다. 불결한 쪽에는 주요 공정 한 개밖에 없지만 청결한 쪽에는 주요 공정 이외에도 각기 다른 높이와 각도의 보조 공정이 세 개 있다. 보조 공정은 눈에 잘 띄지 않을 만큼 높은 데 있는 것부터 인부들 가슴 높이에 있는 것까지 각양각색이다. 이 보조 공정들은 특정 부위들만 취급한다. 가죽을 벗긴 머리, 돌출된 안구, 축 늘어진 혀만 처리하는 라인이 있는가 하면 근육질의 꼬리, 힘줄이 드러난 심장, 대롱대롱 늘어진 식도만 다루는 라인도 있다. 코끼리 귀처럼 생긴, 꽤 무거운 간만 다루는 라인도 따로 있다.

머리 라인을 처음 본 사람은 흠칫 놀라 뒤로 물러날 수도 있다. 레일에 매달린 소머리들이 연달아 하강하는 모습은 분명 엽기적이다. 어찌 보면 유혈이 낭자한 불결한 쪽보다 더 충격적일 수도 있다. 특정 부위를 한데 모아놓으면 대량살상의 실체가 좀 더 구체적으로 드러난다. 도축장의 동일화 논리 속에서 이들 부위는 머리살, 볼살, 입술살이라는 식재료 범주로 다시 태어난다. 살점 하나 없는 두개골과 반짝반짝 윤이 나는 턱뼈도 따로 모아 판매한다.

꼬리와 식도, 심장, 간을 취급하는 라인은 모두 별도로 있다. 머리 라인의 소머리들은 얼굴 생김새로 약간 구별되지만, 식도, 심장, 간은 거의 구별이 되지 않는다. 서로 바꾸어놓아도 알아채지 못할 정도로 동일하다. 물론 꼬리 근육은 아직도 반사적으로 경련을 일으키고, 간에서는 모락모락 김이 나지만 이들로부터 소의 살아생전 모습을 연상하는 것은 거의 불가능하다.

| 주요 공정과 보조 공정

사체에서 분리된 신체의 각 부위는 나름의 보조 공정을 거친다. 두개골과 턱의 살점을 발라내는 헤드 테이블이 있고, 그 주변에는 심장과 식도, 그리고 꼬리의 무게를 달아 포장하는 곳이 있다. 창자실 노동자들은 위장과 창자들에 물을 뿌려 깨끗이 세척한다. 풋 룸foot room 노동자들은 절단된 발굽을 씻어 삶은 다음 포장한다. 애완동물사료 제조실은 '위층과 아래층' 편에서 자세히 설명할 예정이다.

성별만으로 주요 공정과 보조 공정 노동자를 분간할 수도 있다. 킬 플로어에서 일하는 여성 노동자는 열두 명인데 그중 두 명만이 주요 공정에서 일한다. 나머지 열 명은 보조 공정에 배치되어 있다. 주요 공정의 작업들은 '진짜real' 일, '남자'들의 일로 여겨지는 반면 보조 공정의 작업은 '보조적secondary'인 일, '여자'들의 일로 간주된다. 거친 주요 공정 작업에 부적합하다고 여겨지는 남자들, 부상당한 남자들, 그리고 여자들은 보조 공정에서 일한다. 하지만 주요 공정이 딱히 더 많은 힘을 요구하는 것도 아니다. 중요한 것은 핵심 작업 대 부수 작업이라는 구도다. 도축장은 발과 내장을 처리하지 않아도 여전히 도축장이다. 도축장의 주 생산물은 누가 봐도 살코기이기 때문이다. 그럼에도 '보조 공정'의 생산물이 더 비싸게 팔린다는 사실은 아이러니하다. 이 보조 공정이 없었더라면 도축산업은 채산성이 맞지 않았을 것이다.

보조 공정에서 일하는 여자 가운데 다섯 명은 풋 룸에서 일한다. 그들은 기름기를 제거한 발굽을 삶은 다음 박스에 담아 포장한다(원116). 일부러 그렇게 한 것인지 확실하지는 않으나 기름기를 제거하는 작업을 맡은 여자들은 경사로를 등진 채 일한다. 하루 일과가 끝날 무렵 감독관들은 불결한 쪽으로 이어진 높은 경사로와 킬 플로어 바닥 사이에 있는 계단으로 모인다. 그리고는 경사로에 걸터앉아 발을 앞뒤로 흔들며 풋 룸 여자들의 그런대로 봐줄 만한 몸매에 대해 실없는 농담을 주고받는다. 그들은 포장 일을 하는 여자들이 통 바깥에 떨어진 소족 발굽을 주우려고 허리를 구부릴 때 킬킬거리며 비웃는다.

보조 공정의 노동자들은 다른 노동자들의 시선에 무방비로 노출되어 있다. 그러나 역설적으로 킬 플로어에서 가장 지저분한 일들이 은밀히 처리되는 곳 또한 보조 공정이다. 창자실은 그런 사각지대 중 하나다(원105~111). 창자실 벽면에는 구멍이 뚫려 있고 되새김위 등이 놓여 있는 금속 컨베이어 벨트가 그 구멍으로 들어온다. 노동자들은 이곳에서 창자를 대장과 소장으로 분류한다. 그리고 위장을 또 다른 컨베이어 벨트에 실어 첫 번째 위를 여는 곳으로 보낸다. 그러면 가로 1.8미터, 세로 3.5미터 정도의 작은 방에 있는 노동자(원105) 네 명이 이 위장을 절개한다. 소화된 내용물들은 테이블 위에 쏟아지고, 위장은 갈고리에 걸려 세척기계 앞으로 이동된다. 지방을 제거하는 사람(원106)은 세척을 마친 위장을 갈고리에서 떼어낸 다음 화학약품을 넣은 커다란 통 속에 던져 넣는다. 강력한 화학물질 때문에 기름기가 모두 제거되면, 노동자는 깨끗해진 위장을 다시 건진다.

되새김위를 여는 작은 방에는 환풍장치가 없다. 녹슨 구식 선풍기만 입구에 덩그러니 놓여 있을 뿐이다. 악취로 가득한 방안 공기를 한없이 휘젓고만 있는 선풍기. 사방은 콘크리트벽으로 막혀 있다. 유일한 통풍구는 가로 90센티미터, 세로 60센티미터 정도의 작은 구멍인데 그곳으로 위장들을 실은 컨베이어 벨트가 들어온다. 8~9미터 높이의 천장 위에는 반투명의 지붕이 있어 채광이 좀 되긴 하지만 오히려 이 때문에 노동자들은 햇볕을 쐬러 밖으로 나가지도 못한다.

되새김위를 여는 방은 킬 플로어에서 냄새가 가장 지독한 곳이다. 소의 위를 열면 썩은 계란 냄새와 토사물 냄새가 뒤섞인 악취가 흘러나오기 때문이다. 반쯤 소화된 검푸른 사료들 속에는 채 소화되지 않은 딱딱한 옥수수 알갱이가 박혀 있을 때도 많다. 이 내용물들이 금속 테이블 위로 쏟아지면 노동자들은 장갑 낀 손으로 싹싹 훑어서 테이블 가장자리로 민다. 그러면 내용물은 테이블 아래 구멍 속으로 떨어져 커다란 깔때기 모양의 V자 기계 안쪽으로 들어간다. 때때로 노동자들은 위장 속에서 껌 한 통 크기의 작은 원형 금속 조각을 발견할 때도 있다. 소 자석 cow magnet이라 불리는 이 금속 조각은 소가 실수로 다른 금속을 먹었을 때 그 금속들을 끌어당기기 위해 목장주가 소에게 일부러 먹인 것이다.

되새김위를 여는 곳은 위장 수천 개가 뿜어내는 열기로 후덥지근하다. 한두 시간 작업하고 나면 땀에 흠뻑 젖을 정도다. 위 내용물 냄새에다 노동자의 땀 냄새까지 겹치면 정말 견딜 수 없을 만큼 고약한 냄새가 난다. 되새김위 노동자들이 퇴근 무렵 샤워를 마치고 라커룸에 나타나면 다른 노동자들이 코를 싸쥐고 도망갈 정도다. 되새김위 노동자들의 몸에 밴 악취는 냄새 지독하기로 유명한 킬 플로어에서도 단연 으뜸이다. 하지만 악취 때문에 유리한 점도 없지 않다. 감독관과 검사관도 악취 때문에 이 방에 오래 머무르지 않는다는 점이다. 실제로 감독관들은 컨베이어로 위장이 잘 나오기만 하면 이 방을 거의 찾지 않는다.

창자실의 다른 공간들은 되새김위를 여는 곳보다 더 넓긴 하지만 더럽기는 마찬가지다. 소장을 세척하는 노동자 세 명(원108)은 소장 입구에 금속 막대를 집어넣은 다음, 소장 안으로 물을 흘려보낸다. 이 물은 수압이 매우 높아서 종종 소장에 작은 구멍이 뚫린다. 찢어진 소장 조각은 노동자의 얼굴과 몸뚱이를 강타한다. 퇴근 무렵 소장 세척자들을 보면 여기저기에 소장 조각들이 들러붙어 있다. 안전모 안쪽 머리카락에도 엉겨붙는 일이 허다하다. 감독관, 현장 책임자, 농무부 검사관들은 창자실을 방문하길 꺼린다. 지저분하기 짝이 없는 창자실은 모두가 외면하는 킬 플로어 내의 유배지나 다름없다.

| 위층과 아래층

안과 밖, 삶과 죽음, 청결함과 불결함, 중심과 보조, 이와 같은 분리 기준은 모두 주된 작업이 이루어지는 킬 플로어 위층에 국한된다. 반면 킬 플로어 아래층에는 그러한 구별이 없으며 위층 작업을 원활하게 하기 위한 기계적, 화학적 작업들만 이루어진다. 이 상하 구별은 물리적, 사회적으로 또 다른 의미가 있다.

유지보수팀의 경우, 위층에도 그들만의 사무실이 있지만 부품공급실과 주된 업무를 처리하는 공간은 아래층에 있다. 유지보수팀 노동자들은 킬 플로어의 노동자들과 달리 자주색 안전모를 쓰고, 남색 제복을 입는다. 유지보수팀은 1일 3교대로 오전 조는 낮 동안 고장 난 기계들을 수리한다. 저녁 조는 하루 일과가 끝난 뒤, 다음 날 사용할 기계들을 정비한다. 야간 조는 활송 장치 용접, 톱니바퀴 교환, 작업대 신규설치 및 보수 같은 시간이 오래 걸리는 작업을 처리한다.

모든 유지보수 노동자들은 무전기를 갖고 다니며 동료뿐 아니라 감독관, 사무직원들과도 교신한다. 만약 낮에 라인 고장으로 라인 전체가 정지되면 '메이데이mayday' 상황이라고 할 수 있다. 가령 킬 플로어에서 냉각실로 가는 라인에 문제가 생기면 누군가 "경사로에 메이데이, 경사로에 메이데이"라고 무전을 친다. 그러면 유지보수팀 노동자들이 7, 8분 이내로 냉각실로 가는 계단에 집결한다. 유지보수팀은 상황을 점검한 뒤 문제 해결을 위한 작업을 개시한다. 유지보수팀 노동자들은 킬 플로어 아래층에 그들만의 휴게실을 갖고 있다. 위층의 불결한 남자들과 청결한 남자들의 휴게실에는 전자레인지가 있지만 아래층 유지보수팀 휴게실에는 열판pot plate만 있다. 불결한 흰색 냉장고 앞에는 커다란 글씨로 '남의 도시락 건드리지 말고 자기 것만 먹읍시다. 남의 도시락 훔쳐 먹지 마시오'라고 적힌 종이가 붙어 있다. 유지보수팀 휴게실 앞을 지날 때면 신문을 읽거나 잡담을 하거나 벽에 기대고 있거나 음식을 먹거나 하는 노동자들을 흔히 볼 수 있다. 라인 노동자들은 단순작업을 끝없이 반복할 뿐이지만 유지보수팀 노동자는 예기치 않은 상황이 벌어질까 봐 항상 대기상태이기 때문에 상대적으로 자유롭다.

아래층에 있는 유지보수실, 부품공급실, 휴게실은 킬 플로어의 보조 공간이라고 할 수 있다. 공기압축실 노동자는 칼과 총 등 위층에서 사용되는 모든 공기압축식 장비에 전력을 공급하며 보일러 노동자는 위층에서 사용되는 장비들을 소독할 물을 준비한다. 갈고리방의 노동자는 라인에 매달 갈고리를 썻고, 호퍼 룸(hopper room, 호퍼는 V자 용기-역주)의 노동자는 되새김위의 내용물을 처리한다. 박스 룸의 두 노동자는 딱딱한 종이로 박스를 만들어, 컨베이어 벨트 위에 올려놓는다. 박스들은 위층의 내장 포장하는 사람(원112)에게 전달된다. 킬 플로어의 위층과 아래층 구분은 노동 분업에 의한 격리를 극명하게 보여준다. 예를 들어 아래층으로 출근하는 박스실 노동자는 종일 위층 킬 플로어에 올라가지 않는다. 온종일 박스를 접어 컨베이어에 올려놓는 일만 반복하다 보니 소라고는 코빼기도 볼 수가 없다. 갈고리 썻는 노동자 역시 갈고리에 묻은 기름덩어리와 핏자국, 그리고 갈고리들이 부딪치는 소리만 보고 들으며 하루를 보낸다.

애완동물사료 제작실(이하 펫푸드 룸)의 노동자들은 예외적으로 소의 실물과 접촉한다. 화학약품 저장실의 맞은편, 호퍼 룸 바로 옆에 있는 펫푸드 룸에는 노동자 두 명이 있다. 그중 하나는 도축장 소속으로 회색 안전모를 쓰고 있다. 그는 기다란 금속 테이블 앞에 있는 약간 높은 플라스틱 격자무늬 판 위에 서 있다. 금속 테이블은 불결한 흰색 벽 쪽으로 붙여져 있고, 벽면에는 지름이 40센티미터쯤 되는 파이프가 튀어나와 있다. 파이프는 위층의 내장 매다는 사람(원77) 옆에 있는 금속 깔때기와 연결되어 있는데 그 사람은 온종일 폐, 식도, 신장, 문제가 있는 간을 깔때기 속에 던져 넣는다. 장기 네 종류가 파이프를 통해 아래층 펫푸드 룸 테이블 위에 '쿵!' 하고 떨어지면 회색 안전모의 노동자가 끝부분에 갈고리가 달린 금속 막대로 장기들을 들어올린다. 그리고는 약 2.4제곱미터 크기에 1.5미터 높이 정도 되는 회색 통에 던져 넣는다. 겉면에는 군용 물품에서나 볼 수 있는 검은 글자로 '식용불가, 애완동물사료'라고 적혀 있다. 펫푸드 룸에는 간을 넣는 통이 한 개, 폐를 넣는 통이 두 개, 식도를 넣는 통이 세 개, 신장을 넣는 통이 네 개 있다. 회색 안전모를 쓴 노동자는 1.2미터 너비의 금속 테이블 앞에 서서 온종일 이 내장들을 통 안으로 던져 넣는다. 내장이 바닥에 떨어지면 주워서 다시 각각의 통 속에 집어넣는다.

펫푸드 룸의 두 번째 노동자는 임상병리연구소가 도축장에 돈을 지불하고 파견한 사람이다. 그는 또 다른 긴 금속 테이블 앞에 있는 약간 높은 단상에 서 있다. 테이블에는 날카로운 금속 갈고리가 15개쯤 매달려 있다. 벽면 파이프에서 폐도 신장도 식도도 간도 아닌 회색 물체가 툭 떨어지면 노동자는 그것을 집어들어 절개한다. 보통 그 안에는 소의 태아가 들어 있다. 부드럽고 미끌미끌한 피부에 선명한 얼룩무늬를 가진 송아지 새끼가 들어 있다. 노동자는 소 태아의 목과 뒷다리를 잡고 들어올린 다음, 태아의 입을 벌려 갈고리에 건다. 노동자가 태아의 목에서 손을 떼면 갈고리가 입에 걸린 상태가 된다. 이때 노동자는 태아의 항문에 또 다른 갈고리를 건다. 이제 태아는 입과 항문으로 매달려 있는 꼴이 된다. 그러면 노동자는 태아의 목을 절개한 다음, 절개 지점에 짚이 들어 있는 병을 꽂는다. 그런 다음 태아를 흔들면 병 속으로 피가 떨어진다. 노동자가 태아를 더 많이 주무를수록 더 많은 피가 병 안에 고인다. 더 이상 피가 안 나올 때까지 태아를 쥐어짠 다음, 노동자는 병을 뽑아낸다. 그리고 병을 잘게 쪼개진 얼음이 가득 찬 통 안에 집어넣고 핏기 없는 태아를 회색 통에 버린다. 이 피는 의학약품 생산에 이용될 것이다.

아래층의 특징은 공간들이 병렬로 배치되어 있다는 점이다. 물리적·화학적 도움을 제공하기 위해 존재하는 아래층은 생물학적인 작업이 핵심인 위층 공간과 대조적이다. 병렬로 늘어선 방들에서 일하는 노동자들은 온종일 소의 그림자는커녕 바로 옆방의 소의 태아도 보지 못한 채 자기 일에만 몰두한다.

| 감독과 생산

킬 플로어는 벽, 문, 레일 등으로 공간이 분할되어 있을 뿐만 아니라 상하로도 구별되어 있다. 노동자들은 모두 안전모를 써야 하는데 이 안전모 색깔로도 업무가 구별된다. 관리자 입장에서 볼 때 노동자들에게 안전모를 쓰게 하면 누가 불성실한지, 누가 근무지를 이탈했는지 금방 파악할 수 있다는 장점이 있다. 불결한 쪽 노동자들은 회색 안전모, 청결한 쪽 노동자들은 흰색 안전모, 소의 치열 상태를 확인하는 노동자는 파란색 안전모, 위생관리용역업체 직원은 주황색 안전모를 쓴다.

소의 치아를 살피는 노동자(원48, 49)는 다운 풀러 옆 청결한 쪽에 서 있다. 우해면양뇌증BSE, 흔히 '광우병'이라 불리는 것이 미국에서 처음 발생한 이후 농무부는 미국 전역의 모든 도축장에서 광우병 위험이 큰 30개월 이상 소를 별도로 처리하고 판매하도록 조치하고 있다. 킬 플로어에서는 고위험군 소를 흔히 '30개월 소'라고 약칭한다.

파란색 안전모를 쓴 노동자들은 소의 아래턱을 잡고 흔들어 연 다음 구강검사를 실시하여 30개월 이상 소인지 아닌지를 판단한다. 영구치를 두 개 이상 보유한 소는 보통 30개월 이상 소로 간주된다. '30개월 소'를 발견했을 때 노동자는 즉시 소의 어깨에 '30'이라는 푸른색 도장을 찍는다. 그리고 뇌수가 밖으로 흘러나오는 것을 막기 위해 두개골 총상 지점에 코르크 마개를 박는다. '30개월'이라고 적힌 빨간색 네모난 꼬리표를 소의 눈꺼풀과 어깨에 붙이는 일도 잊지 않는다.

구강검사는 쉽고 간단해 보인다. 파란색 안전모를 쓴 노동자들은 무전기로 킬 플로어 상황을 파악한 뒤 '30개월 소'가 너무 많아 작업 속도가 늦어질 것 같으면, 라인의 속도를 조금 늦춰달라고 현장 책임자에게 요구하기도 한다. 하지만 이 작업의 면면을 자세히 들여다보면 대경실색하지 않을 수 없다. 소의 치아 상태만으로 30개월 여부를 판별하기란 매우 어려운 일이기 때문이다. 이빨이 부서져 나갔거나 토사물, 소화되다가 만 음식, 피 등으로 입안이 엉망진창이라 이빨이 잘 보이지 않는 일이 허다하기 때문이다. 게다가 하루 8~9시간 동안 12초 간격으로 소 한 마리씩을 검사한다는 것은 보통 일이 아니다. 자칫하면 영구치를 여러 개 보유한 소를 실수로 놓칠 수도 있다. 만약 30개월 소를 골라내지 못한 채 라인에 보냈다가 농무부 검사관에게 적발되면 노동자는 해고될지도 모른다. 운이 좋다면 3일 근신 혹은 인사이동 당할 것이다.

주황색 안전모를 쓴 위생관리원들은 킬 플로어에서 가장 고된 일 중 하나를 한다. 그들은 킬 플로어 여기저기를 돌아다니며 기름덩어리가 가득 찬 쓰레기통을 비우고, 삽으로 바닥에 떨어진 기름덩어리를 치우고, 고여 있는 피를 배수구 쪽으로 쓸어내린다. 그들은 청소하는 동안 소의 몸통이나 신체 부위, 각종 장비를 건드리지 않도록 주의해야 한다. 실수로 건드려 더럽히기라도 하는 날에는 바로 해고되거나 근신에 처해지기 때문이다.

생산직 노동자들이 흰색, 회색, 파란색, 주황색 안전모를 쓰는 반면 사무직 노동자들은 다른 색깔의 안전모를 착용한다. 현장 책임자는 빨간색 안전모, 그들의 부하인 말단 사무직 노동자는 노란색 안전모, 품질관리부 직원은 초록색 안전모를 쓴다. 이들은 생산직 노동자와 달리 작업복을 입지 않고 자유복 차림으로 일한다. 작업복을 입는 생산직 노동자는 날마다 작업복을 회사 측에 반납한다.

빨간색, 노란색, 초록색 안전모를 쓰는 사무직 노동자들은 회색과 흰색 안전모를 쓰는 생산직 근로자보다 자유롭다. 회색과 흰색 안전모를 쓰는 노동자들은 라인 앞 자기 위치를 벗어나면 안 된다. 잠시 자리를 떠도 좋다고 누군가 허락해주지 않는 한 그 자리에 붙박여 있어야만 한다. 반면 빨간색, 노란색, 초록색 안전모를 쓰는 사무직 노동자들은 킬 플로어를 자유롭게 돌아다닐 수 있을 뿐만 아니라 아무 때나 화장실에 갈 수 있다. 사무직 노동자들은 라인 이외의 공간에서도 자유로워서 생산직 노동자들의 식당, 라커룸, 화장실 등 각종 휴식 공간도 맘대로 드나들 수 있다. 물론 생산직 노동자들은 사무직 노동자들의 공간에 들어갈 수 없다. 빨간색 안전모를 쓴 감독원들에게는 전용 라커룸과 화장실과 사무실이 있다. 초록색 안전모를 쓴 사무직원들도 그들만의 사무실이 있어서 그곳에서 문서를 작성한다.

빨간색, 노란색, 초록색 안전모를 쓰는 사무직 노동자는 모두 무전기를 갖고 있다. 이들은 무전기를 통해 대화를 주고받고, 현장 책임자들과도 이야기를 나눈다. 생산직 노동자들이 접할 수 없는 고급 정보, 예를 들면 오늘 하루 소 몇 마리가 도살되었는지, 몇 시쯤 하루 일이 종료될지, 농무부 검사관이 지금 어디 있는지 등등이 무전기로 공유된다. 원래 무전기는 문제가 발생했을 때, 생산직 노동자가 문제 상황을 잘 처리하지 못했을 때, 무전기를 소지하지 않은 농무부 검사관의 동태와 위치를 알릴 필요가 있을 때를 위해 지급된 것이다.

하지만 무전기는 본래 목적보다는 생산직 노동자에 대한 우월감을 느끼게 하는 데 더 많이 활용되었다. 한편 무전기는 유용한 감시 도구이기도 했다. 킬 플로어 현장 책임자 두 명은 무전기로 빨간색, 노란색, 초록색 안전모를 쓴 노동자의 행동을 통제했다. 현장 책임자가 호출 시 5~6초 내로 응답하지 않는 직원에게는 화를 내며 무엇을 하고 있었는지 의심했다. 이들은 도축장 전체를 마음대로 활보할 수 있었다. 현장 책임자의 사무실에는 멋진 가구가 놓여 있었고, 한쪽 벽에는 트림 레일(trim rail, 원86~89)과 내장 테이블(원74~81)이 내려다보이는 창문이 있었다. 현장 책임자는 이 넓은 창문을 통해 킬 플로어의 청결한 쪽 대부분을 감시할 수 있었다. 불결한 쪽은 청결한 쪽과 불결한 쪽 사이의 벽 때문에 잘 보이지 않았다. 어쨌든 현장 책임자는 창문 너머 빨간색, 노란색, 초록색 안전모를 한 번 쓱 훑어보고도 누가 근무태만인지 적발해낼 수 있었다.

도축장은 주위 풍광과 하나가 되었다는 점에서 카멜레온과 같다고 할 수 있다. 그곳이 도축장이라는 사실은 작은 구멍이 여러 개 있는 트레일러, 분뇨 냄새를 신고하라는 안내표지판 등으로 어렴풋이 짐작될 뿐이다. 도륙행위에 양심의 가책을 느끼지 않으면서 마음껏 고기를 먹고 싶어하는 현대인들, 그리고 자연과 조화를 이루는 삶을 원하는 소수의 사람들은 이런 식으로 계속 충돌할 수밖에 없다.

이렇게 밋밋한 외관과 달리 도축장 내부 풍경은 살벌하다. 공간은 전후, 상하 구분이 아주 명확하다. 프런트 오피스부터 제조실, 냉각실에서 킬 플로어까지 각기 다른 일을 맡은 노동자들은 모두 대량살상에 개입되어 있음에도 자기 영역 바깥의 일에 대해서는 무지하다. 도살의 실상이 널리 알려져 있을 것 같은 킬 플로어에서조차 사람들은 격리되어 있다. 노동 분업과 공간 분할 때문에 도축장 노동자들은 아무런 양심의 가책 없이 동물을 죽일 수 있는 것이다.

4장
오늘은 여기까지

작업 53번, 귀 자르기

소형 칼로 소의 귀를 깔끔하게 잘라낸다. 떼어낸 귀는 회색 통에 버린다.

2004년 봄 도축장 잠입을 결정한 나는 탐색차 오마하를 방문했다. 도축장 근처를 몇 바퀴 돌고 사진을 찍은 다음, 지도에 위치를 표시하고 전화를 걸어 경험이 없는데 일할 수 있느냐고 물었다. "물론이죠. 자리는 많아요. 면접 보러 오세요." 업체들의 답변은 한결같았다. 나는 도축장 이직률이 상당히 높다는 것, 심지어 1년 평균 이직률이 100퍼센트라는 통계도 있다는 것을 잘 알고 있었다. '구인: 생산, 관리, 위생 파트 취업 기회. 오늘 지원하세요!' 도축장 근처 간선도로 표지판에는 도축장의 로고 아래 수시채용 문구가 영어와 스페인어로 적혀 있었다.

3개월 후, 나는 동부에서 네브래스카 주 오마하의 저소득층 주택단지로 이사했다. 취직이 확정되면 아내와 두 딸도 이주하기로 했다. 지난번 방문 때 내가 문의했던 업체 가운데 한 곳에서 아침 7~8시경 도축장 정문에 와서 후안을 찾으라고 말했다. 다른 두 곳은 업무시간 중 면접을 보라고 했다. 나의 이름과 전화번호를 묻는 곳은 한 군데도 없었다.

6월의 어느 수요일 아침, 나는 7시가 되기 전 오마하의 한 도축장 정문 수위실 앞에 서 있었다. 태양은 벌써 동쪽 지평선 부근을 뜨겁게 달구고 있었다. 어디선가 풍겨오는 역한 냄새에 구역질이 치미는 것을 억누르며 나는 길 건너 애완동물 사료가게 앞에 주차했다. 누군가 내 스바루 왜건을 눈여겨볼까 봐 두려웠다. 내가 교수인 것이 들통 나지 않을까, 내 모든 것이 내가 누구인지 말해주지 않을까 걱정스러웠다. 방문객이 아니라 인부로 위장취업하려는 나는 적잖이 불안했다. 취직 후에도 불안은 사라지지 않고 내 안에 잠복해 있다가 가끔 날 덮쳤다. 나는 회색 폴로 티셔츠에 청바지, 부츠 차림이었다. 지적인 인상을 주지 않으려고 안경 대신 콘택트렌즈를 착용했다. 힘깨나 쓰는 사내로 보이는 것이 유리할 듯 싶었다. 당시 나는 스물여덟 살이었고, 갈색 피부에 태국출신이었다. 내 나이, 피부색, 성별, 국적은 도축장 인부로 썩 괜찮은 조건이라고 생각되었다.

소들을 실은 트럭들이 분주히 오가는 큰 길을 건너자 도축장 이름이 커다랗게 쓰여 있고 그 아래 양방향 화살표가 그려져 있는 간판이 보였다. 오른쪽 화살표 아래에는 '프런트 오피스, 영업부, 방문객'이라 쓰여 있었다. 왼쪽 화살표 아래에는 '인사부, 발송부'라고 적혀 있었다. 아직 도축장에 한 발도 들여놓지 않았지만 나는 공간 분할에서도 권력의 메커니즘을 느낄 수 있었다. '프런트 오피스, 영업부, 방문객'이라 되어 있는 화살표 쪽을 바라보니 하얀 콘크리트 도로와 작은 주차장, 잔디밭이 보였다. 아침 6시, 주차장은 텅 비어 있었다.

'프런트 오피스, 영업부, 방문객'이라 적힌 쪽을 일별한 다음, 나는 '인사부'라고 표시된 왼쪽 화살표 쪽으로 발길을 재촉했다. 나는 구경꾼이 아니라 일꾼으로 이곳을 찾은 것이다. 구불구불 깔끔한 도로와 잘 손질된 잔디밭이 있는 오른쪽과 달리 왼쪽에는 직사각형 모양의 작은 초소 하나가 있을 뿐이었다. 바닥에는 회칠이 되어 있었고, 초소 뒤에는 전선이 늘어진 철제 울타리가 있었다. 그 너머에는 낡은 자동차, 새 자동차, 픽업트럭들이 꽉 들어찬 아스팔트 주차장이 있었다. 문짝의 4분의 1이 심하게 녹슨 오래된 트럭도, 아침 햇살에 반짝 빛나는 새 차도 눈에 띄었다.

초소 바로 옆의 울타리가 쳐진 공간은 열려 있었지만 차단기가 내려져 있어 안으로 들어갈 수는 없었다. 차단기의 주황색과 흰색 줄무늬는 거의 벗겨진 상태였다. 나는 초소 쪽으로 다가갔다. 안에는 '아메리칸 시큐리티'라는 글자가 적힌 남색 제복과 주황색 형광 조끼를 걸친 남녀가 선글라스를 낀 채 앉아 있었다. 나는 계단을 올라가 창문 안쪽을 들여다보며 미소를 지었다. 창문 가까이에 앉아 있던 사내가 나를 보더니 눈을 치켜떴다. 그리고 유리 창문을 열었다. "일자리 때문에 왔는데요." 내가 이렇게 말하자 사내는 뚜껑 없는 펜이 달린 문서 작성판을 창문으로 건넸다. 나는 내 이름을 쓴 뒤 종이를 내밀었다. 그는 나의 문서판을 내던지듯 내려놓고 말했다. "들어가시오."

주황색과 흰색 줄무늬 차단기 근처를 지날 때 갑자기 차단기가 올라가면서 커다란 트럭이 쿵쾅 소리를 내며 내 옆을 스쳐 지나갔다. 차의 측면에는 붉은색 큰 글씨로 '도매'라고 쓰여 있었다. 구직자들은 모두 하치장이 있는 도축장의 뒤쪽으로 가야 했다. 때마침 출근시간이라 뒤편은 노동자들로 꽤 북적거렸다. 내가 가야 할 트레일러는 흰색 칠이 거의 벗겨진 물결무늬 철판으로 되어 있었다. 측면에는 창문들이 일정한 간격으로 나 있었지만, 안쪽으로 블라인드가 내려져 있어서 실내를 들여다볼 수는 없었다. 계단 아래에는 검은 머리와 갈색 피부의 여자 다섯 명이 모여 있었다. 그들은 16~20세쯤으로 모두 스페인어를 하고 있었다. 나는 눈인사를 건넸지만 그들은 나를 본척만척 했다. 나는 여자들 앞을 지나쳐 목조 계단을 올라갔다. 문을 열자 작은 전구가 켜진 어두운 실내가 눈앞에 펼쳐졌다. 잠시 후 칠이 벗겨진 갈색 베니어합판이 군데군데 튀어나와 있는 벽이 내 눈에 들어왔다. 벽 아래에는 기다란 나무의자와 회색 간이테이블이 놓여 있었다. 테이블 한쪽 구석에는 노란색 전화기가, 테이블 아래에는 서랍이 두 개 달린 회색 금속 서류함이 있었다. 아래쪽 서랍은 자물쇠가 채워진 상태였다.

실내는 검은 머리와 검은 눈을 가진 구직자 23명으로 만원이었다. 지원자의 피부색은 백인과 비슷한 연갈색부터 어두운 흑갈색까지 다양했는데 나와 비슷한 부드러운 갈색이 가장 많았다. 연령도 다양했다. 몸에 꼭 끼는 셔츠에 청바지나 면바지를 입어 허리가 드러나 보이는 아가씨들도 있었고, 후드 티셔츠에 헐렁한 청바지를 입은 청년들도 있었다.

중년 여자들은 정장용 바지에 프린트 무늬가 있는 셔츠를 입고서 핸드백이나 지갑을 들었다. 긴 소매에 무릎까지 오는 치마를 입은 중년 부인도 있었다. 중년 남자들은 긴 팔 혹은 짧은 팔 남방에 청바지를 입고 카우보이 부츠와 카우보이 모자를 쓰고 있었다. 그들은 하나같이 턱수염, 콧수염, 구레나룻 등을 기르고 있었다.

회색 테이블의 한쪽 끝에는 검은 머리와 갈색 눈을 지닌 젊은 여직원이 앉아 있었다. 그녀의 눈과 마주쳤을 때 나는 빙긋 웃었다. "지원 양식 필요하세요?" 그녀가 영어로 물었다. 외모와 억양으로 볼 때 영어권 이민자는 아닌 듯했다. 머리를 끄덕여 보이자 그녀는 서류함의 윗서랍을 열고 종이 한 장과 펜을 내주었다. 나는 "고맙습니다"라고 말하며 종이를 받았다. 지원서를 작성하려고 보니 의자에 빈자리가 없었다. 나는 밖으로 나와 지원서에 내 이름과 사회보장번호, 경력, 신원보증인 두 명을 적어넣었다. 신원보증은 예상된 것이어서 미리 준비해두었다. 희망부서를 선택하는 부분도 있었는데 나는 도살장, 제조실, 창고 중에서 주저 없이 도살장에 표시했다. 지원서에 학력기재란은 없었지만 경력기재란은 있었다. 도축장 경력에 '없음'이라고 적어넣으려던 나는 불현듯 교환학생 시절 오리건 주의 한 시골 목장에서 소를 돌봤던 일을 기억해냈다. 일부러 비뚤비뚤 엉터리 영어로 나는 그때 일을 대충 적어넣었다.

지원서 작성을 마치자 갑자기 혼란스러워졌다. 떨어지면 어떡하지? 다른 도축장에도 취직하지 못한다면? 구직자들이 이토록 넘쳐나는

데 나를 뽑아줄까? 그러자 여느 때처럼 승부욕이 생겨났다. '난 꼭 채용되어야 해. 내 연구의 성패가 취직 여부에 달려 있다고.' 절박감에 조바심까지 일었다. 하지만 죄책감도 만만찮았다. '내가 선택되면 누군가는 빈손으로 돌아가야 해. 내가 그들의 밥그릇을 빼앗아도 되는 걸까?' 양심의 가책과 승부욕이 번갈아가며 날 덮쳤다. 도축장에 위장취업하려고 하는 나는 내 정체성, 학력, 여러 가지 개성을 기억에서 지워야 했다.

나는 트레일러 안 테이블에 앉아 있는 여자에게 지원서를 건넸다. "밖에 나가서 기다리세요." 여자는 미소 지으며 말했다. 나는 다시 밖으로 나왔다. 트레일러 밖에는 아까보다 많은 사람이 삼삼오오 모여 있었다. 지원서를 쓰고 있는 사람도 몇몇 눈에 띄었다. 주차장 차단기 앞에서 트럭들은 멈춰 섰고, 바람이 불 때마다 지독한 악취가 몰려왔다.

트럭이 한 여덟 대쯤 지나갔을까? 우락부락한 사내 하나가 수위실 근처에 나타났다. 무전기를 든 남자는 검은색 폴로 티셔츠에 검은색 조끼, 블랙 진을 입고 있었다. 가죽 부츠에 흰색 안전모를 쓴 남자는 우리 쪽으로 성큼성큼 걸어왔다. 그리고는 우리를 거들떠보지도 않은 채 트레일러 안으로 들어가버렸다. 트레일러 아래에서 수다를 떨던 아가씨들은 부리나케 그를 따라 층계 쪽을 향했다. 나도 서둘러 트레일러 쪽으로 발걸음을 옮겼다. 나는 북적거리는 실내 한가운데에 어정쩡하게 서 있었다.

사내는 테이블에 앉아서 몸을 좌우로 흔들었다. 그리고는 알아듣기도 어려운 말을 여직원과 소곤소곤 주고받았다. 그는 지원서들을 앞에 갖다 놓고 천천히 훑어보면서 때로 머리를 절레절레 흔들었다. 트레일러 안의 구직자들은 그의 일거수일투족에 집중하고 있었다. 사내가 누구의 지원서를 보고 있는지 확인하기 위해 모두 목을 길게 늘여 뺐다. 사내는 지원서를 몇 번 뒤적이더니 6~7장을 추려냈다. 트레일러에는 30여 명이 대기하고 있었기에 나는 적잖이 긴장했다. 남자의 손은 두툼했고, 오른쪽 검지가 중간 부분부터 절단되어 있었다. 나는 바로 이 남자가 '후안'임을 직감적으로 알아챘다.

시간이 흐를수록 구직에 실패할 것만 같은 생각이 들었다. 나는 후안이 내 지원서를 세 번째 검토 중인 것을 보고, "그게 바로 접니다" 하며 끼어들었다. 후안은 나를 힐끗 쳐다보더니 느릿느릿 말했다. "지금은 일자리가 없소, 칼을 좀 쓸 줄 아는 경험자를 찾고 있거든. 나중에 다시 와보시오. 그때는 일자리가 있을지도 모르오."

"전 청소일도 좋고, 뭐든지 다 할 수 있는데요." 나는 절박한 마음으로 호소했으나 후안은 나를 쳐다보며 심드렁하게 대꾸했다. "나중에 다시 와보라고 하지 않았소?" 얼굴이 화끈거렸다. 시키지도 않았는데 손을 들고 답을 외친 초등학생처럼 부끄러웠다. 조용히 있을 수밖에 없었다. 나, 그리고 나보다 앞서 후안에게 자신을 어필했던 중년 남자를 제외하고는 누구도 입을 열지 않았다.

마침내 후안은 지원서들을 테이블 위에 내려놓고 트레일러 안을 한번 휙 둘러보더니 카우보이 모자를 쓴 중년 남자를 지목했다. "신분증!" 후안이 말했다. 중년 남자는 뒷주머니에 넣어둔 지갑에서 운전면허증과 사회보장증을 꺼냈다. 후안은 그 옆의 또 다른 중년 남자와 여자를 가리켰다. 그들도 후안에게 신분증을 건넸다. 후안은 그 세 사람에게 밖으로 나가 있으라고 손짓했다.

후안은 테이블 위에 놓인 신분증 여섯 장을 쳐다보지도 않은 채 "오늘은 여기까지!"라고 스페인어와 영어로 외쳤다. 젊은 여직원은 열쇠로 아래쪽 서랍의 자물쇠를 열었다. 그리고 이전에 받아놓은 지원서 중에서 세 사람의 지원서를 찾기 시작했다. 높이가 40센티미터쯤 되는 서류 더미에서 어렵사리 세 명의 지원서를 찾아낸 여직원은 테이블 위 신분증과 대조했다. 그러는 사이 선택받지 못한 나머지 사람들은 천천히, 그리고 묵묵히 밖으로 나갔다. 행운을 거머쥔 세 사람은 곡선 도로 끝 주차장 건너편에 앉아 있었다. 그들은 우리와 눈을 마주치려 하지 않았다. 내 앞의 한 남자는 그들을 보며 이렇게 툴툴거렸다. "젠장, 저렇게 나이 든 사람들을 뽑다니 말도 안 돼."

그날 오전, 나는 근처의 또 다른 산업화된 도축장을 방문했다. 첫 번째 도축장은 현대식 트레일러 건물에서 구직 접수를 했지만 두 번째 도축장 인사과는 벽돌 건물 2층에 있었다. 업무시간은 오전 9시부터 오후 3시. 내가 방문했을 때 사무실에는 키 큰 흑인 남자 한 명이 있었다. 그는 기다란 간이테이블 세 개 중 한 개에 앉아서 지원서를 작성하다가 나를 보고 미소 지었다. 냉방장치가 되어 있는 실내는 환한 편이었다. 한쪽 코너에는 음료수를 뽑아 마실 수 있는 기계가 놓여 있었고, 벽에는 달력이 걸려 있었다. 방의 한쪽 끝에는 반쯤 열린 문이 있었는데, '문이

달혀 있을 때는 노크하거나 들어오지 마시오. 면접은 순서대로 진행됩니다'라고 적힌 종이쪽지가 붙어 있었다.

나는 문 쪽으로 다가가 노크를 했다. "네." 안쪽에서 남자 목소리가 들렸다. 문을 열고 안으로 들어가자 L자 모양의 테이블 뒤에 붉은 턱수염을 기른 30대 백인 남자가 앉아 있었다. 그는 기다리고 있었다는 듯이 나를 바라보았다. 나는 그에게 일자리를 얻으러 왔다고 말했다. "좋아요, 이것을 작성하세요." 그는 종이 몇 장을 내밀었다. 그리고는 나에게 나가보라고 손짓했다. 밖으로 나오니 아까 그 흑인 남자가 아직도 종이에 코를 박고 있는 것이 보였다. 남자는 수첩을 꺼내 무언가를 지원서에 옮겨 적고 있었다. 나는 그의 옆 테이블에 앉았다. 지원서의 형식은 첫 번째 도축장과 거의 유사했다.

지원서를 다 쓴 다음 나는 다시 문을 노크했다. 붉은 턱수염의 남자는 테이블에 발을 올려놓은 채 컵라면을 먹고 있었다. 그는 내 지원서를 한쪽으로 밀어놓고 읽어보지도 않았다. "지금은 일자리가 없소. 월요일 아침 6시 15분에 다시 오시오." "그때쯤이면 자리가 생길까요?" 나는 간절한 마음으로 물었다. 그는 짜증난다는 듯이 대답했다. "이봐요, 내가 지금은 없다지 않았소. 월요일에 한번 와보라고 했지 그때쯤이면 자리가 있을 거라고는 안 했소."

나는 그에게 고맙다고 말한 다음, 아직도 지원서를 쓰고 있는 흑인 남자에게 손을 흔들어 보였다.

다음 날 6시 45분쯤, 나는 첫 번째 도축장에 다시 갔다. 이제 일이 어떤 식으로 진행될지 대충 감이 잡혔다. 사실 내가 할 수 있는 일은 별로 없었다. 아침 일찍 도축장에 가서 수위실에 내 이름을 적어 내고, 구직자들과 함께 트레일러 안에 앉아, "오늘은 여기까지!"라는 말이 떨어지기 전에 후안의 짧은 손가락이 나를 지목해주기를 기다리는 것밖에는……. 트레일러 안에는 이른 시각인데도 열여섯 명이나 대기하고 있었다. 그들 중 몇몇은 구면이었다. 신참들은 지원서를 적고 있었으며, 일행과 함께 온 사람을 제외하고는 모두 침묵하고 있었다.

매일 아침 후안이 등장할 무렵 불안은 최고조에 이르렀다. 우리는 단순한 구직자가 아니라 애처로운 탄원자가 되었다. "맘에 안 들면 나가시오, 문은 저쪽에 있소." 우리는 이와 같은 말을 셀 수 없이 들었다. 하지만 우리는 경험상 그 문이 한 번 나가면 다시 들어오지 못하는 문임을 잘 알고 있었다. 시민권도 없고 영어도 능숙하지 못한 사람들에게 취직은 하늘의 별 따기였다. 트레일러 안의 반복되는 채용 면접은 구직자들을 도축장에 얽매어놓았다. 아침마다 저도 모르게 '도축장에 가봐야지' 하고 마음먹게 되는 것이었다.

그날 아침 7시 5분 후안이 나타났다. 그는 스페인어로 "좋은 아침Buenos dias"이라고 인사했고, 우리도 스페인어로 답했다. 신참들의 지원서를 훑어보던 그는 한 사람을 호명했다. 아이보리색 셔츠와 흰색 바지를 입은 뚱뚱한 남자였다. 후안이 그에게 경력을 물었다. 남자는 스페인어로 절개하는 일incisor을 했다고 답했다. 후안은 만족스러운 듯 고개를 끄덕이고는 신분증을 요구했다. 남자는 운전면허증과 사회보장증을 내밀었다. 그러나 후안이 법적거주증legal residence card도 달라고 하자 남자는 난감한 표정을 지었다. 후안은 머리를 흔들었다. 법적거주증 없이는 취직이 불가능했다(불법체류자이기 때문이다─역주). 실내는 쥐죽은 듯 조용했다.

후안은 무전기로 제이슨이라 불리는 남자와 몇 차례 교신했다. "2, 7, 6, 2, 7, 6." 무전기에서 흘러나오는 숫자에 후안은 알았다고 고개를 끄덕였다. 그리고는 지원서들을 몇 번 더 검토하더니 갑자기 스페인어로 "오늘은 여기까지!"라고 외쳤다. 그는 나를 향해 영어로 다시 한번 "오늘은 여기까지!"라고 말했다. 구직자의 절반이 일어나 문 쪽을 향해 걸어갔다. 하지만 어제 층계참에서 만난 아가씨들을 포함한 나머지 절반은 그대로 앉아 있었다. 그들은 "안돼요, 벌써 끝이라니……. 우리는 일자리가 필요하다고요"라고 외치려는 듯 보였다. 하지만 후안이 한 번 더 "오늘은 여기까지!"라고 목청을 높이자 모두 자리를 털고 일어났다.

터덜터덜 무거운 발걸음을 옮기던 나는 후안을 향해 돌아서서 물었다. "정말 일자리가 하나도 없나요? 전 청소도 도살장 일도 괜찮은데……." 물론 어떤 대답이 돌아올지는 알고 있었다. 하지만 후안에게 내가 일자리를 간절히 원하고 있다는 것을 알릴 필요가 있었다. 인간 대 인간으로 호소해보고도 싶었다. 후안은 나의 갑작스러운 질문에 놀란 듯 보였지만 화를 내지는 않았다. 그리고 영어로 천천히 "그렇소"라고 힘주어 말했다. 그리고 현재 스테이크용 고기를 자를 줄 아는 사람 두어 명이 필요하다고, 경험 없는 사람은 곤란하다고 말했다. 나는 일을 빨리 배우는 편이며, 열심히 할 것이라고 통사정했다. 그는 나의 적극적인 태도에 미소를 지었다. 그리고는 다음 주에 다시 오라고, 형편이 어찌 되어가는지 지켜보자고 말했다. 나는 내 얼굴을 잊어버리는 일이 없도록 내일도 올 것이라고 농담을 했다. "그건 걱정하지 마시오. 난 당신 얼굴을 잊지 않을 테니. 난 기억력이 좋거든. 사람들 얼굴을 잘 잊지 않는다오. 이곳에서 2, 3년 전에 근무했던 사람들 얼굴까지 다 기억한다니까. 이제 그만 생각났으면 좋겠는데 기억이 난단 말이야." 후안은 이렇게 말하며 너털웃음을 터트렸다.

지원서를 정리하던 여직원도 맞장구쳤다.

"그건 사실이에요. 그는 사람들 이름을 잘 기억해요."

나는 내친김에 용기를 내어 그들에게 이름을 물었다. 예상대로 남자의 이름은 후안이었고, 여직원의 이름은 미셸이었다.

트레일러 밖으로 나오자 빗방울이 떨어지기 시작했다. 비 오는 날 특유의 냄새가 도축장의 악취와 뒤섞여 콧속을 파고들었다. 검은색 티셔츠와 청바지를 입고 턱수염을 기른 남자가 내 앞에서 걷고 있었다. 그는 교차로의 횡단보도를 건너려고 신호를 기다리고 있었다. 그는 벌써 비에 흥건히 젖어 있었다. 그날 아침 남자는 누구와도 말 한 마디 나누지 않았다. 그에게 말을 건네는 이도, 그가 말을 건넨 사람도 없었다. "오늘은 여기까지." 그것이 그가 들은 말의 전부였다.

다음 날 아침, 트레일러 안에는 구직자 열네 명이 모였다. 젊은 남자 네 명과 젊은 여자 두 명은 지원서를 작성하고 있었다. 젊은 남자들은 같은 일행으로 한 사람이 데려온 듯 보였다. 인솔자인 듯한 사내는 지원서에 적어넣어야 할 숫자들을 일행에게 불러주고 있었다. 또 다른 신참은 30대 흑인 남자였다. 파란 셔츠를 입은 그는 줄곧 휴대전화를 만지작거리고 있었다.

미셸은 7시 5분쯤 들어와서 "좋은 아침"이라고 스페인어로 인사했다. 곧 전화벨이 울렸고 약 5분간 통화가 이어졌다. "얼마나요? 두 명? 세 명?" 하는 소리가 들렸다. 통화가 끝나자마자 나는 그녀 쪽으로 갔다. "안녕. 미셸." 그녀도 내게 인사를 했다. 그리고 오늘 도축장 인부 두세 명을 뽑으며, 무경험자도 가능하다고 귀띔해주었다. "후안이 오늘 나오려나? 보통 금요일에는 잘 안 오는데……." 그녀는 내게 행운을 빈다고 말했다.

5분쯤 후에 후안이 불쑥 나타났다. 그는 신참들의 지원서를 훑어보고 나서 흑인 남자에게 말을 걸었다. "지난 두 달간 안보였잖소?" 남자는 후안에게 다른 곳에서 수위로 일했다고 말했다. "월요일에 다시 오시오. 당신을 위한 자리가 있는지 알아봅시다." 후안의 말에 흑인 남자는 "월요일이요?" 하고 되물었다. 후안은 고개를 끄덕거렸고 남자는 트레일러를 떠났다.

후안은 사무실 안을 휙 돌아보았다. 그리고 오늘은 더 이상 일자리가 없으니 다음 주나 그다음 주에 다시 와서 확인해보라고 스페인어로 말했다. 한 구직자가 자리가 생길 경우, 자기에게 전화를 해주면 안 되겠느냐고 물었다. "안 되오." 후안은 단호히 말했다. 구직자들이 직접 와서 확인하라는 말이었다. 그러고 나서 후안은 나를 향해 자리에 남아 있으라고 손짓했다.

모두 떠나고 아직도 지원서를 쓰고 있는 남자와 나만 남았다. 후안은 미셸에게 내 지원서를 찾아달라고 말한 다음, 내게 운전면허증과 사회보장증을 요구했다. 특별한 상의 수상자로 호명된 것처럼 가슴이 벅차올랐다. 드디어 내가 다른 사람들을 제치고 도축장 인부로 채용된 것이었다.

후안이 나의 지원서를 살펴보는 동안 나는 무슨 일을 하게 될지(냉각실에서 간을 매다는 일을 하게 되었다), 근무시간은 어떻게 되는지(아침 6시부터 하루 작업량이 소진되는 시점까지, 보통 5시나 그 이후였다) 근무 일수는 며칠인지(1주일에 6일, 그러나 최근 한 달 동안 도축장은 토요 휴무였다), 어떤 장비를 쓰게 되는지(그들은 나에게 장갑과 부츠, 안전모를 지급했다. 나는 냉각실에 배치되었기 때문에 두꺼운 옷을 입어야 했다), 급여는 얼마인지(후안은 모르고 있었다. 내가 감독관에게 직접 물어봐야 했다) 등등을 질문했다. 나는 또 후안에게 어떤 종류의 소들을 다루게 되는지(앵거스나 히어포드였다), 하루에 얼마나 많은 소를 죽이는지(하루에 2,500마리, 1시간에 대략 300마리를 도축했다), 얼마나 많은 사람이 일하는지(800명 이상이 고용되어 있었다) 물었다.

나는 농담으로 내가 간 매다는 일을 하게 되어서 참 다행이라고 말했다. 만약 귀 매다는 일을 하게 되었다면 하루에 2,500개가 아니라 5,000개의 귀를 만질 뻔했다는 뜻이었다. 후안은 껄껄 웃더니 "발 매다는 일이 아니라서 다행이군. 그럼 하루에 발 1만 개를 처리해야 했을 테니……" 하고 맞장구를 쳐주었다. 나는 간들이 어디로 판매되는지 물었고, 후안은 러시아와 극동아시아로 수출된다고 대답했다. 최근 도축장은 이들 국가와 간 수출 계약을 맺었고 그 때문에 간을 손질할 인부를 추가 고용하게 되었다는 설명이었다.

후안은 내 지원서 상단에 내 운전면허번호와 사회보장번호를 기입했다. 그리고 나에게 미셸을 따라서 현장으로 가보라고 말했다. 미셸은 후안이 제조실을 책임지고 있으며, 고용도 전담하고 있다고 말했다. 후안은 라틴계로 상당히 높은 지위에 있지만 노동자들은 그를 '까다롭다'며 좋아하지 않는다고도 덧붙였다.

미셸은 나에게 차가 있느냐고 물었다. 내가 그렇다고 대답하자 그녀는 차를 주차장에 갖다놓으라고 말했다. 나는 차를 운전하여 '직원 전용'이라는 팻말이 붙은 철망 울타리 너머 두 번째 수위실 앞에 멈춰 섰다. 수위가 문을 열어주었고, 나는 주차를 한 뒤 초소 부근에서 그녀를 다시 만났다. 냉장 탑차들이 줄지어 있는 옆을 지나 우리는 프런트 오피스가 있는 거대한 콘크리트 건물 쪽으로 갔다. 밝은 흰색 알루미늄 등으로 치장한 벽면이 나타났고 터빈처럼 생긴 커다란 환풍기들도 보였다.

"도축장에서 일해본 적 있어요?" 미셸이 내게 물었다. 내가 고개를 가로젓자 미셸이 의미심장하게 말했다. "그럼 아주 놀라운 세계를 경험하게 될 거예요. 여기 일은 다른 일들과는 완전히 다르거든요. 정말 달라요." 나는 좀 더 자세히 설명해달라고 졸랐다. "견디지 못하는 사람들도 많거든요. 전에 한 사람을 채용했는데, 일하러 간 지 두 시간쯤 흘렀을까, 화장실에 간다면서 사라져버렸어요. 다시는 돌아오지 않았고요. 그날로 포기하는 사람들이 참 많아요. 일주일 정도 버티는 사람도 있고요. 다행히 제조실은 그다지 끔찍하지 않아요. 고기의 피가 다 얼어붙은 상태거든요. 하지만 소를 죽이는 곳은 정말 더럽고, 피도 엄청나게 많이 흘러나오죠."

그녀는 잠시 침묵하다가 말했다. "당신이 얼마나 오래 일하느냐 마느냐는 맡은 일을 좋아하느냐 좋아하지 않느냐에 달려 있어요." 나는 소를 죽이는 일을 맡긴대도 잘할 자신이 있다고 말했다. "네. 그렇겠죠. 하지만 지금은 냉각실로 가게 되었군요. 냉각실은 그리 나쁘지 않아요. 옷만 좀 따뜻하게 입으면 돼요."

나는 다정하게 충고해주는 미셸에게 내심 궁금해하던 것을 더 물어보았다. "후안이 왜 날 택했을까요?" 그녀는 어깨를 한번 으쓱해 보이더니 말했다. "나도 몰라요. 당신이 마음에 들었나 보지요. 당신이 좋은 사람처럼 보였나 봐요."

우리는 마침내 '세상에서 가장 훌륭한 식품회사입니다. 어서 오세요'라고 적힌 팻말과 도축장 로고가 있는 벽면 아래 이중문 앞에 섰다. 이 문은 직원용 출입구로 프런트 오피스 출입문과는 정반대 쪽에 있었

106

다. 중심 도로에서도 멀리 떨어진 곳, 소들을 트럭에서 끌어내리는 곳과 같은 쪽이었다. 미셸은 내가 지나갈 수 있도록 이중문을 잡고 서 있었다. 문을 통과한 뒤 우리는 좁은 복도를 걸었다. 2층 높이의 벽은 거친 콘크리트로 되어 있었고, 벽 아래에는 작은 철제 의자가 있었다. 더운 날씨에도 두꺼운 옷을 걸친 사내들이 벽에 기대 담배를 피우고 있었다.

복도 중간쯤에서 나는 안전수칙과 보건정책Occupational Safety and Health Administration, OSHA, 최저임금, 성희롱정책 등이 적힌 알림판이 번쩍거리는 유리 상자 안에 들어 있는 것을 보았다. 안내문의 글씨는 너무 작아서 잘 보이지 않았다. 복도 끝에는 방금 통과한 것과 똑같이 생긴 이중문이 하나 더 있었다. 두 번째 이중문을 통과하자 세 번째 이중문이 나타났다. 왼쪽 문은 길고 넓은 복도를 향해 있었다. 복도는 반들반들한 콘크리트 바닥으로 되어 있었고, 벽은 흰 페인트로 칠해져 있었다. 오른쪽 문을 통과하자 벽이 나타났다. 그 벽 위에는 '커뮤니케이션 센터'라고 적힌 번쩍거리는 표지판이 걸려 있었다. 그 아래에는 영어와 스페인어로 "화가 났나요?"라고 쓰인 글과 찌푸린 얼굴이 과장되게 그려진 포스터가 붙어 있었다. "분노는 작업장 분위기를 해치고 스트레스를 증가시키며 생산성을 떨어뜨립니다. 숨을 깊게 들이마시세요. 그리고 10까지 세어보세요. 그 일이 정말로 분노할 만한 일인가요? 다른 사람의 입장에서 한 번 생각해보세요." 조언이 적힌 포스터 옆에는 얼마 후 열릴 회사 단합대회 안내문이 붙어 있었다.

커뮤니케이션 센터의 이 포스터들을 보며 나는 쓴웃음을 지었다.

정말 중요한 일들, 예를 들면 토요일 휴무 여부 등을 알리는 글은 결코 이곳에 게시되지 않는다. 온갖 문구가 적힌 요란한 포스터만 계속 바뀔 뿐이다.

낙오자는

지키지 못할 약속만 하고

승자는

지킬 맹세만 한다.

－ 데니스 웨이틀리Denis Waitley, 동기부여 전문가 겸 강사

오렌지 나무 그림이 그려진 포스터에 적힌 글귀다. '생각해볼 만한 일: 감사의 말'이라는 제목의 또 다른 포스터에는 상사를 위해 밤샘 근무를 한 부하직원 이야기가 담겨 있었다. 이야기 속의 상사는 한 마디 고맙다는 인사도 없이 완성된 결과물만 챙긴다. 이 이야기는 '누가 알아주지 않아도 우리는 뛰어난 사람들이다'라는 훈계조의 말로 마무리되었다.

또 다른 포스터의 제목은 '그림으로 보는 뉴스: 우리가 잘 이해하고 있지 못하는 것'이었다. 이 포스터에는 사람들이 일하기 시작하는 순간부터 성장을 멈추는 이유에 대한, 예일대 아동보건연구소의 보고서가 요약되어 있었다.

이 모든 포스터가 나를 웃게, 그리고 슬프게 만들었다. 노동자들도 감정을 가진 사람이다. 회사 측은 생산성을 핑계로 감정을 자제하라고

요구하고 있으나 우리도 감정을 존중받을 권리가 있다. 또 회사 측은 남들이 '무신경하게' 행동하며 조금도 감사해하지 않을 때에도 자신의 일에 자긍심을 가지라고 말하지만, 노동자들도 고맙다는 말을 듣고 싶어 한다. 우리도 계속 성장하고 싶으며, 전문가의 지도를 받으며 자기계발을 하고 싶다. 하지만 그러한 욕구는 우리의 노동 현실과는 동떨어져 있다. 명문대학이 있는 동부 코네티컷 주에서나 만들어졌을 법한 이런 종류의 포스터는 은행 같은 곳에나 어울린다. 이런 종류의 커뮤니케이션 센터는 프런트 오피스의 전위부대에 불과하다.

미셸과 나는 복도 끝에서 왼쪽으로 갔다. 우리는 너비가 1미터쯤 되는 콘크리트 계단을 올라간 다음, 흰 벽이 있는 곳에서 180도 반대 방향으로 갔다. 그리고 2층으로 올라가 반짝반짝 윤이 나는 또 다른 긴 복도를 걸었다. 계단의 꼭대기에 이르렀을 때 미셸이 누군가를 불렀다. "리카르도!" 남색 제복과 빨간색 안전모를 쓴 사내가 멈춰 섰다. 키가 작고 뚱뚱한 그는 옅은 갈색 피부에 검은색 눈동자를 갖고 있었다. 콧구멍 아래 좌우측 모공에서 나온 콧수염이 입을 덮어 입은 거의 보이지도 않았다. 미셸은 리카르도에게 "냉각실에 새로 온 사람"이라고 나를 소개했다. 그러자 리카르도가 미셸에게 말했다. "오늘 바로 오리엔테이션을 하지." 잠시 나를 쳐다보던 리카르도는 "월요일 아침 6시 30분까지 오시오"라고 말했다.

"어디로 출근해야 하나요?" 내가 되묻자 그는 "바로 이 자리로 오면 됩니다. 여기서 다시 만납시다"라고 말했다.

"이 사람, 전에 목장에서 소들을 다루어본 적이 있대요." 그때 미셸이 불쑥 끼어들었다. 리카르도는 미셸을 향해 "오! 그래요"라고 말했다.

"냉각실 말고 다른 곳에서 일할 기회도 올까요?"

"물론이죠. 매일 출근해서 열심히 일하는 사람에게 기회는 많아요. 승진할 수도 있지요. 미셸을 보세요. 맨 처음 박스 접는 일부터 시작했지만 지금은 인사부에서 일하고 있잖아요."

그때 키가 크고 날씬한 백인 남자가 나타났다. 검은색 눈동자에 매부리코인 그는 콧수염을 기르고 있었다. 그의 검은 곱슬머리는 흰색 안전모 아래 이마 부근에 착 달라붙어 있었다. 얇은 하늘색 폴로 셔츠와 청바지, 그리고 남색 외투를 입은 그는 오른손을 내밀며 말했다. "빌 슬로언이오." 나는 어색하게 몸을 돌려 그와 악수했다. 빌 슬로언은 리카르도를 데리고 복도 저쪽으로 이내 사라졌다.

나중에 알게 된 일이지만 리카르도는 감독관이었다. 하지만 라인에 붙박여 있는 다른 감독관들과 달리 마음대로 돌아다닐 수 있었다. '걸어다니는 채찍'이라고나 할까? 그는 현장 여기저기를 누비며 일꾼들을 야단쳐야 할 때 통역자로 나섰다. 좋은 자리가 났을 때 누구를 보낼지 결정하는 것도 리카르도였다. 빌 슬로언은 킬 플로어 현장 책임자의 아들로, 아버지 로저 슬로언을 대신해 모든 인사문제를 직접 결정했다. 킬 플로어 내 2인자인 그는 공식적인 직함을 따로 갖고 있지는 않았다. 하지만 그의 권력이 미치는 범위는 실로 넓었다. 아버지가 직접 나설 때는 2선에 물러나 있었지만, 아버지가 일일이 관심을 쏟을 수 없는 수많은 일을 직접 결정하고 지휘했다. 빌과 가까운 사람들은 단지 빌과 친하다는 이유만으로 상사인 감독관까지 무시한 채 일을 아주 조금 하거나 아예 하지 않았다.

미셸은 나를 데리고 다시 계단 쪽으로 갔다. 우리는 환하게 불이 밝혀져 있는 커뮤니케이션 센터를 지나 세 번째 이중문을 지난 다음 왼쪽으로 갔다. 그러자 왼쪽으로 의자들이 줄지어 있는 커다란 홀이 보였다. 웅성웅성 사람들의 목소리가 흘러나오고 있었다. 홀 입구에는 '도축장 근무자들에게 알림. 이곳은 출입 제한구역입니다. 들어오려면 허가가 필요합니다'라는 팻말이 붙어 있었다. 흰색 외투와 흰색 안전모를 착용한 노동자들은 팻말 안쪽 공간에서 식사를 하고 있었다. 6월의 여름날, 스웨터에 흰색 프록코트까지 겹겹이 껴입은 노동자들은 냉대 기후에서 옮겨진 식물들처럼 보였다. 그들 중 몇몇은 고개를 들고 미셸과 나를 쳐다보았다. 나는 미소 지으며 눈인사를 건넸고, 몇몇은 웃음 띤 얼굴로 고개를 끄덕였다.

복도 끝에서 우회전한 다음 미셸은 문패 없는 방으로 나를 안내했다. 직사각형 모양의 작은 방 한가운데에는 간이테이블 놓여 있었다. 벽은 흰색이었고, 한쪽 벽면 유리 장식장에는 각종 트로피, 축구팀 상패, 미국 육가공협회가 수여한 작업 환경 및 안전도 평가 최우수업체표창 등이 즐비했다.

미셸은 철제 의자에 앉으라고 권했다. 그리고는 비디오를 보게 될 것이라며 두꺼운 폴더 하나를 건넸다. 폴더에는 도축장의 업무들과 내가 누릴 수 있는 혜택에 관한 일반적인 정보들이 담겨 있었다. 한편 오마하 육가공산업협회가 제작한 한 시간짜리 비디오에는 도축장에서 해야 할 일과 하지 말아야 할 일이 담겨 있다. 이 비디오에 따르면 노동자는 안전사고가 발생할 경우 즉각 감독관에게 보고해야 했다. 항상 안전모를 착용해야 했고, 작업장에서 운동이나 스트레칭을 하면 안 되었다. 뛰지 말아야 했고, 등짐을 지지 말아야 했으며, 경험이 없다면 지게차를 운전하지 말아야 했다. 비디오에는 빈도 높은 사고들, 예를 들면 충돌, 반복행동장애repetitive-motion, 화학약품에 의한 화상, 손가락과 손 등 신체 부위 절단 등 부상에 대한 경고도 담겨 있었다. 안전사고가 발생할 수 있는 상황 또한 제시되었는데 실제 사고 장면까지 나오지는 않았다. 예를 들어 지게차 운전이 미숙해서 인부를 칠 수도 있었으나 비디오에는 차가 인부를 덮치는 장면까지 나오지는 않았다. 그 직전 위기일발 상황만 제시되었다. 또 칼을 들고 있다가 실족할 수도 있었으나 칼에 찔려 피 흘리는 장면까지 나오지는 않았다.

나는 비디오에 집중하려고 노력했다. 하지만 단조로운 내레이션과 반복되는 화면은 라디오에서 연신 흘러나오는 대출업체의 광고 끝부분을 연상시켰다. 취직에 따른 흥분이 가시지 않은 상태여서 비디오에 몰입하기가 어려웠다. 15분쯤 지났을 때 나는 해야 할 것과 하지 말아야 할 것의 암기를 포기했다. 그리고 출근한 지 얼마 되지 않아 현실은 비디오와 정반대란 사실을 깨닫게 되었다. 현실에서 사람들은 비디오와 정확히 반대되는 일들을 하고 있었다. 위험한 상황이 발생해도 감독관에게 보고하지 않았고, 작업장 내에서 뛰어다녔으며, 등짐을 졌고,

아무나 지게차를 운전했다. 어쨌든 그날의 안전 비디오는 세상에 도축장보다 더 위험한 곳은 없다고 말하는 것처럼 보였다. 그 비디오대로라면 근무 첫 주에 살아남을 사람이 몇이나 될지 의심스러웠다. 만약 내가 도축장에서 일하다 안전사고를 당하게 된다면 회사 측은 "오리엔테이션 비디오를 보지 않았느냐. 우리는 경고했다"고 발뺌할 것이 뻔했다.

곁에서 왔다 갔다 하던 미셸은 웃으면서 질문은 없느냐고 물었다. "모두 다 이해했어요?" "그런 것 같네요." 마침내 비디오는 끝났다. 나의 대답에 미셸은 종이 한 장을 내밀어 서명하라고 했다. 내가 안전교육 비디오를 시청했으며, 스스로 원했기에 취직했고, 언제든지 사직할 수 있다는 내용이 거기 담겨 있었다. 문서에는 또 언제든 어떤 이유로든 회사가 나를 해고할 수 있고, 퇴사 시 장비를 반환하지 않으면 변상해야 하고, 내가 합법적으로 고용되었고, 소득공제를 받을 수 있다는 내용 등이 적혀 있었다. 마지막 항목에 이르자 나는 급여가 궁금해졌다. 미셸에게 물었지만 그녀는 이렇게 말했다. "모르겠어요. 당신 감독관에게 물어봐요."

미셸은 나를 흰 벽 앞에 세우고 폴라로이드 카메라로 사진을 찍은 다음 즉석에서 ID카드를 발급해주었다. 우리는 사진이 인화되는 시간 동안 이런저런 이야기를 나누었다. 그녀는 20세로 2년 전부터 도축장에서 근무하고 있었다. 지하에서 박스를 만들던 그녀는 오리엔테이션과 고용 업무를 담당하던 한 '숙녀'분이 그만두는 바람에 승진되었다. 영어와 스페인어에 능통한 덕분이었다. 두 아이의 엄마인 미셸은 오마하 남쪽, 멕시코인 거주지역에 살고 있었다. 동네에 백인은 딱 두 명뿐이라고 했다. 나는 근무 환경이 괜찮은지, 이곳 일은 마음에 드는지, 다른 노동자들은 이곳을 어찌 생각하는지 물어봤다. 미셸은 애매한 표정으로 어깨를 으쓱해 보였다. "그건 당신이 이 일을 좋아하느냐 좋아하지 않느냐에 달려 있어요." 미셸은 내게 임시 신분증을 건네면서 월요일에 출근할 때 보안검색대를 통과하려면 필요할 것이라고 설명했다. 우리는 테이블 위에 빈 도시락통만 뒹굴고 있는 식당을 지나 복도 쪽으로 걸어 나왔다. 빨간 안전모를 쓴 백인 남자와 마주치자 미셸이 그를 불렀다. "제임스!" 푸른색 눈동자의 남자는 야윈 편이었지만 강단 있어 보였다. "당신의 감독관이에요." 그녀는 내게 작별인사를 한 뒤 총총히 사라졌다.

제임스는 출근시간이 아침 7시이며, 월요일부터 토요일까지 하루 약 9시간 일하게 될 것이라고 말했다. 추우니까 따뜻하게 입고 오라는 말도 덧붙였다. 점심은 도시락을 가져오거나 노점에서 사먹으라는 조언도 해주었다. 내가 급여를 묻자 "잘 모르겠는데……. 내 한번 알아보리다" 하고 대답했다. 제임스는 나를 2층으로 데리고 가더니 철제 선반에 박스, 종이타월, 비누 등이 가득 놓여 있는 방 안으로 들어갔다. 한쪽 벽에는 거대한 세탁기가 놓여 있었고, 또 다른 벽에는 쇠창살이 있었다. 그 너머에는 파란색 티셔츠와 바지, 가죽 부츠, 흰색 안전모를 착용한 늙은 흑인 남자가 앉아 있었다. 배가 불룩한 남자는 철제 의자에 앉아 이쑤시개를 잘근잘근 씹었다. 금테 안경을 낀 얼굴에는 기미가 가득했고, 허리춤에는 검은색 무전기가 달려 있었다. "새로 온 사람이오." 제임스가 그에게 말했다. "월요일부터 냉각실에서 일할 거요. 새 부츠와 장갑, 흰색 프록코트와 흰색 안전모를 주시오." 흑인 남자는 고개를 끄덕거리며 "알겠습니다"라고 말했다.

제임스는 월요일 6시 40~45분에 이 비품실로 오면 된다고 말했다. 나는 감사하다고 말한 다음 계단을 내려왔다. 육중한 이중문 두 개와 끝없는 복도를 통과한 다음에야 정오의 태양을 마주할 수 있었다.

이탈리아 작가 이탈로 칼비노Italo Calvino는 그의 소설 속 도시 에스메랄다에 대해 이렇게 말했다. '지도를 그리려면 여러 가지 색깔을 골고루 사용해야 한다. 드러난 길, 숨겨진 길, 도로와 같은 고체, 시냇물과 같은 액체……. 모든 길을 낱낱이 표시해야 한다.' 도축장 내부의 길들도 에스메랄다의 길처럼 빠짐없이 기록되어야 한다. 눈에 잘 띄는 유형의 길뿐만 아니라 눈에 보이지 않는 무형의 길도 지도에 포함되어야 한다. 그렇게 자세한 지도를 그리려면 수개월이 소요될 것이다. 어쨌든 도축장에서의 첫날, 모든 공간, 통로, 문, 벽은 내게 너무 낯설었다. 처음 보는 얼굴들, 목소리들, 손들은 날 어리둥절하게 만들었다. 안전모나 옷, 목소리들을 보고 들으며 뭐가 어떻게 돌아가는 것인지 힌트를 얻기도 했지만 그것은 어디까지나 짐작일 뿐이었다.

5장
도축장의 노동자들

작업 119번, 비품실 직원
인부들에게 장갑, 안전모, 안전장갑, 앞치마, 헤어캡, 칼, 고무장화, 비닐봉지 등 필요한 장비를 지급한다.

"안녕, 머저리."

누군가 낮지만 또렷한 목소리로 말했다. 정식 출근 첫날 오전 6시 45분, 나는 내복, 긴팔 티셔츠, 스웨터 두 벌로 단단히 무장한 채 이런저런 생각을 하며 비품실에서 줄을 서 있었다. '사물함도 하나 있다고 했지? 점심으로 샌드위치나 과일을 가져오라고도 했겠다…….' 나는 지난 주말 '간을 포장하는 일'은 어떤 것일까 궁금해하며 오리엔테이션 때 봤던 안전교육 비디오 내용을 복기했다.

"이 후레자식."

줄 쪽에서 아까의 쉰 듯한 거친 목소리가 다시 들렸다. 나는 까치발을 하고 흰색과 회색 안전모 너머 앞쪽을 살펴봤다. 목소리의 주인은 지난 금요일에 봤던 흑인 남자였다. 쇠창살 너머에 앉아 있던 그 늙은이는 누군가에게 욕을 하고 있었다. 남자는 등받이 없는 의자 아래쪽 발디딤대에 발을 올려놓고 있다가 흰색 면장갑과 초록색 고무장화, 검은 헤어캡, 작은 주황색 소음방지용 귀마개가 들어 있는 비닐봉지를 가지러 선반 쪽으로 이동했다가 다시 돌아왔다. 줄을 선 인부들은 쇠창살 앞으로 다가가 비품을 받아 들고는 하나씩 방을 빠져나갔다.

"잘 가, 머저리."

역시 욕쟁이는 흑인 늙은이였다. 줄 앞쪽으로 나아가자 험악한 말을 내뱉는 그의 일그러진 입술이 보였다. 내 앞에 서 있던 인부는 앞사람 등 뒤에 숨어서 중지를 올려 늙은이의 욕에 분풀이를 하고 있었다. 한참을 기다려 내 차례가 되었다.

"어이, 신참." 늙은이는 한눈에 날 알아보았다. "어디로 가지?"

"간을 매달러 냉각실로 갑니다."

"그럼, 칼은 필요 없겠구먼. 신발 몇 사이즈 신어?"

"270밀리미터요."

그는 육중한 몸을 민첩하게 놀리며 쇠창살 안쪽으로 걸어 들어갔다. 그리고 번쩍거리는 흰색 안전모와 비닐 포장 안에 들어 있는 초록색 고무장화 한 켤레, 그리고 흰색 프록코트를 들고 나왔다. 그는 흰색 면장갑, 초록색 고무장갑, 검은 헤어캡, 귀마개 한 봉지도 내주었다. "매일 아침, 흰색 장갑을 다시 가지고 와. 새 걸로 바꿔줄게." 그리고는 문서판을 내밀며 "여기 서명하라"고 했다. 나는 뒷사람에게 자리를 내주어야 했지만 종이에 적힌 내용을 훑어보느라 얼른 비켜줄 수 없었다. 종이에는 내가 비상대피 훈련을 받았고, 도축장을 견학했으며, 응급처치실 위치를 알고 있고, 장비 반환 시 상태가 좋지 않으면 급여에서 공제될 것이라는 내용이 적혀 있었다. 나는 도축장을 한 바퀴 둘러보고 싶은 마음이 간절했기에 견학에 관해 물어보았다.

"오, 그거, 나도 어디에 뭐가 있는지 잘 몰라. 그래서 널 구경시켜줄 수가 없어."

아쉬웠지만 어쩔 수 없었다. 나는 바로 서류에 서명한 다음 장비를 양팔에 가득 안은 채 옆으로 비켜섰다. 몇 주 후 나는 이 흑인 남자의 이름이 오스카이며 비품실 책임자라는 것, 30년간 도축장에서 일했다는 것을 알게 되었다. 도축장은 이 장기근속자의 헌신과 충성심에 보답하는 뜻으로 크루즈 여행까지 보내주었다고 한다. 오스카는 휴식시간에 간식을 먹다 말고 곯아떨어지기 일쑤였다. 그는 도축장 인부들을 좋은 놈과 나쁜 놈으로 구별하고 있었는데 그 기준은 아주 단순했다. 음식을 같이 먹자고 나눠주는 사람은 좋은 놈이었고, 졸고 있을 때 키득거리며 놀리는 사람은 나쁜 놈이었다. 오스카는 나쁜 놈에게 욕설을 퍼붓는 데 거리낌이 없었다.

갑자기 호리호리한 백인 남자가 비품실에 나타났다. 180센티미터가 넘는 키에 뿔테 안경을 쓰고 있었다. 그의 반소매 폴로 셔츠 자락은 청바지 안에 들어가 있었다. 안전모를 쓰지 않은 그는 나를 보고 뭐라고 말을 했다. 하지만 워낙 말소리가 작아서 나는 그의 말을 알아들으려고 그쪽으로 몸을 숙였다.

"새로 왔나요? 라커룸이 어딘지는 알아요?" 내가 모른다고 고개를 가로젓자 그는 따라오라는 몸짓을 했다. 그리고는 복도 끝 모퉁이 방을 가리켰다. '청결한 남자들의 화장실'이라 적혀 있는 곳이었다.

"사물함들은 이 안에 있어요." 그는 계속 말을 이었다. "소지품을 그 안에 넣어두면 돼요. 자물쇠를 가져와서 잠가두세요."

"고맙습니다. 당신 이름은 뭔가요?"

"나요?" 그는 약간 당황한 듯 되물었다. 그리고 "릭, 내 이름은 릭이에요"라고 대답했다. 그 말을 끝으로 그는 복도로 나가서 모퉁이를 돌아 금세 사라졌다.

몇 달 후 나는 릭에 대해서도 많은 것을 알게 되었다. 그는 '안전 코디네이터'로 킬 플로어 소속이었으며, OSHA 관련 기록들을 보관하고 필수요건을 정리하는 일을 했다. 노동자들의 응급처치를 담당하는가 하면, 매년 건강검진을 주선했다. 프런트 오피스 소속 식품안전 코디네이터와 함께 미생물 검사도 실시했다. 독실한 교인인 그는 여러 번 그의 교회에 나를 초대했다. 릭은 아이오와 주에서 콩과 옥수수를 재배하는 농부의 아들로 태어나 아이오와 주립대에서 기계공학을 전공했다. 도축장은 그의 첫 직장으로 5년째 근무 중이었다. 그는 노동자들, 감독관들, 현장 책임자들의 간섭을 전혀 받지 않았으며, 킬 플로어에 나타나는 일도 거의 없었다. 복도 끝의 창문 없는 작은 사무실에서 주로 일했다.

청결한 남자들의 화장실에는 좌변기 다섯 개, 남성용 소변기 네 개, 세면기 네 개가 설치되어 있었다. 화장실 반대편 끝에는 '청결한 남자들의 라커룸'이라고 적힌 방이 있었다. 고약한 냄새가 나는 어둠침침한 방에는 회색의 금속 사물함들이 줄지어 늘어서 있었고, 사물함 사이에는 길쭉한 흰색 의자가 놓여 있었다. 화장실과 라커룸과 샤워실은 통로 하나로 연결되어 있었다. 그리고 샤워실에는 샤워 꼭지 다섯 개가 일정한 간격으로 부착되어 있었다.

　나는 세 줄의 사물함 중에서 첫 번째 줄 앞에 섰다. 그리고 옷을 벗고 있는 사내들에게 눈인사를 건넸다. 마침 225번 사물함이 비어 있었다. 나는 그 앞 의자에 앉아 장비를 점검한 다음 헤어캡부터 썼다. 단단한 플라스틱 재질의 안전모는 안쪽에 회색 끈이 있었다. 이 끈이 내 머리통에 닿았고, 덕분에 머리와 안전모 사이에는 약간의 빈 공간이 생겼다. 턱 끈이 달린 안전모는 생각보다 편안했다. 하지만 기댈 때나 잽싸게 움직여야 할 때에도 안전모를 써야 한다는 것이 문제였다. 종일 안전모를 쓰고 있자니 퇴근 무렵에는 머리가 아팠다. 하지만 규정상 안전모를 벗을 수 없었다. 무릎 높이의 초록색 고무장화는 신기 어려웠지만 일단 신고 나니 놀랄 만큼 편안하고 따뜻했다. 비닐봉지에 담긴 귀마개는 주황색 고깔 모양의 스펀지 두 개였다. 귀마개의 양끝은 파란 끈으로 연결되어 있었다. 나는 귀마개를 귀에 꽂으려 했지만 잘 들어가지 않아 귓바퀴에 살짝 걸쳐놓기만 했다. 귀마개를 한다고 해도 도축장의 소음을 막아주진 못했을 것이다. 장갑 두 켤레의 용도는 불분명했다. 나는 일단 장갑을 바지 주머니에 찔러넣고 급히 사물함을 닫았다. 모두 서둘러 라커룸을 떠나고 있었기 때문에 나도 그들을 따라 복도로 나왔다.

복도에서 나는 금요일에 만났던 리카르도와 마주쳤다. 그는 나를 보자마자 무전기로 누군가와 교신했다. 잠시 후 키 150센티미터 정도의 사내가 나타났다. 그는 남색 제복에 노란색 안전모를 쓰고 있었고 콧수염을 기르고 있었다. 긴 머리카락은 하나로 묶여 있었다. 그는 날 보고 미소 지었다. 그날 아침 그렇게 웃은 사람은 그가 처음이었다.

남자는 나를 위아래로 훑어보더니 비품실로 가서 흰색 프록코트를 하나 더 갖고 왔다. "추울 거예요." 프록코트를 건네는 그의 목소리는 낭랑했고 젊었다. 원어민은 아니었지만 원어민과 거의 가깝게 말하는 데 성공한 이민자 같았다.

프록코트를 두 개나 껴입은 나는 몹시 갑갑했고 땀도 났다. 우리는 방 밖으로 나가 복도를 걸었다. 청결한 남자들의 화장실과 라커룸 쪽으로 가지 않고 계속 직진하여 커다란 이중문을 통과했다. 우리는 번쩍거리는 금속들이 철커덕 소리를 내는 동굴 같은 방 앞에 이르렀다. 우리 앞에는 너비가 1.5미터, 길이가 6~9미터쯤 되는 금속 컨베이어 벨트가 놓여 있었고, 머리 위 조명은 밝았다. 흰색 옷을 입은 노동자들은 핏물이 흥건한 바닥과 높은 단상 위에 점점이 흩어져 있었는데 그들은 기묘하게도 정지한 것처럼 보였다. 등쪽 혹은 앞쪽만 보이는 상태였고 움직임이 거의 없었다. 엉터리로 청소한 화장실에서 나는 냄새가 진동했다. 가축 분뇨와 화학약품 냄새가 뒤섞인 아주 고약한 냄새였다. 우리는 갈고리가 매달린 라인을 지나 오른쪽으로 갔다. 그러자 넓은 콘크리트 계단이 나타났고, 4~5미터 아래쪽에 거대한 회색 벽이 보였다. 여기서부터는 분뇨 냄새가 훨씬 더 강했다.

노란 안전모를 쓴 사내는 손잡이를 잡고 계단을 내려갔다. 부츠 소리가 메아리처럼 텅텅 울렸다. 계단 아래에서 그는 금속 손잡이가 달린 문을 열었다. 갑자기 수증기 같은 것이 확 밀려왔다. 차가운 냉각실 공기가 고온다습한 계단 공기와 만나서 생긴 일종의 안개였다. 안개 때문에 날 인도하는 사내가 유령처럼 희끄무레하게 보였다. 냉각실에는 머리도 없고 발굽도 없는 이분체들이 거꾸로 매달려 있었다. 정지상태의 사체들은 몹시 기이하게 보였다. 어린이들이 갖고 노는 플라스틱 장난감 같다고나 할까. 이분체들은 조립식 완구와 비슷한 형상으로 한쪽 줄에 매달려 있는 갈비뼈 A를 반대편에 줄지어 매달려 있는 갈비뼈 B와 맞추면 몸통이 완성될 것 같았다. 플라스틱 몸통에 머리와 발굽을 끼워 맞춘 다음, 얼룩무늬를 그려넣으면 장난감 소가 완성되리라.

처음 보는 사내 둘이 노란색 안전모를 쓴 남자에게 인사했다. 콧수염을 기른 두 사내는 키 차이가 많이 나서 조금 우스꽝스럽게 보였다. 안개 때문에 다른 것은 잘 보이지 않았고 노란 방수복만 눈에 잘 띄었다. 갑자기 노란 안전모의 남자가 어디론가 사라졌다. 잠시 후 그는 4면에 갈고리가 빼곡히 매달려 있는 손수레를 밀면서 다시 나타났다.

내 앞에 놓인 스테인리스 손수레는 높이가 1.8미터쯤 되었다. 바닥 철판은 가로 90센티미터, 세로 1.8미터쯤 되었고 바퀴는 네 개였다. 바닥 한가운데 달려 있는 큰 바퀴 두 개는 지름이 약 15센티미터였다. 이 큰 바퀴 두 개와 작은 바퀴 한 개로 언제든 손수레를 멈출 수 있었다. 정지상태의 손수레는 바닥에 닿는 작은 바퀴 한 개 때문에 한쪽으로 비스듬히 기운 상태였다. 바닥의 위쪽에는 수직 철판이 두 개 있었는데 너비는 10센티미터, 두께는 1.2센티미터 정도였다. 철판은 손수레의 세로 부분에 있는 좀 더 얇은 가로대와 교차되었다. 가로대의 굵기는 위로 갈수록 좀 더 가늘어졌다. 가장 아래쪽에 있는 가로대는 기둥을 사이에 두고 또 다른 가로대와 연결되어 있었다. 각각의 가로대와 중앙 가로대에는 갈고리가 열 개쯤 걸려 있었다. 갈고리의 길이는 10센티미터쯤이었고, 지름은 2.5센티미터 정도였다. 손수레의 네 측면 가로대에는 갈고리가 각각 열 개씩 걸려 있었다. 중앙 가로대에도 갈고리가 열 개씩 있었으니까 모두 100개의 갈고리가 매달려 있는 셈이었다. 영락없는 고슴도치, 아니 가시 돋친 밤송이 꼴이었다.

귀를 먹먹하게 하는 소음과 뼛속을 파고드는 냉기는 상상 이상이었다. 벽에 걸린 온도계의 수은주는 0~2도를 가리키고 있었다. 머리 위 선풍기는 끽끽 소리를 내며 쉴 새 없이 돌아갔다. 나는 주황색 귀마개를 귓속 깊숙이 밀어넣었다. 한동안 효과가 있는 듯했지만 잠시 후 귀마개는 다시 삐져나왔다.

노란 안전모를 쓴 사내는 나를 향해 장갑 낀 손을 번쩍 들어 보였다. 멍하니 있던 나는 불현듯 그것이 장갑을 끼라는 뜻임을 깨달았다. 하지만 이미 때는 늦었다. 손은 벌써 추위에 곱아 있었다. 나는 장갑 두 켤레를 바지 주머니에서 꺼내느라 고생을 했다. 사내처럼 초록색 고무장갑을 끼려고 하자 사내는 내 손을 잡고 고개를 가로젓더니 고무장갑

한 짝을 벗어 그 안에 있는 흰색 면장갑을 보여주었다. 면장갑을 낀 다음 고무장갑을 끼라는 뜻이었다. 손이 얼어서 장갑이 잘 껴지지 않았다. 사내는 계속 나를 쳐다보고 있었고, 나는 장갑 하나 제대로 못 끼는 바보가 된 것 같아 얼굴이 화끈거렸다.

마침내 장갑을 끼는 데 성공했다. 그러자 노란 안전모를 쓴 사내는 벽 쪽을 가리켰다. 거기에는 양끝에 톱니바퀴가 두 개 있는 체인이 천장에 매달려 있었다. 낮은 쪽 톱니바퀴는 냉각실 입구 쪽에 있었으며, 지름은 약 40센티미터였고 바닥으로부터 약 3.5미터 높이에 매달려 있었다. 높은 쪽에 있는 톱니바퀴는 낮은 쪽 톱니바퀴로부터 3미터쯤 떨어진 곳에 있었고, 바닥으로부터 5미터 높이에 매달려 있었다. 체인은 이 높은 쪽 톱니바퀴에서 낮은 쪽 톱니바퀴로 내려갔다가 다시 올라가고 있었다. 체인에는 30센티미터 간격으로 갈고리들이 매달려 있었다. 체인은 두 줄이었고 두 줄의 간격은 약 40센티미터였다.

갑자기 톱니바퀴가 돌아가면서 체인이 움직이기 시작했다. 노란 안전모를 쓴 사내는 손가락 두 개를 자기 눈에 갖다 대며 움직이는 갈고리를 가리켰다. 나는 머리를 끄덕인 뒤 움직이는 갈고리를 주시했다. 사내는 벽 근처 바닥에 떨어져 있는 호스를 집어들더니 흰색 양동이에 물을 가득 채웠다. 그리고는 움직이는 체인 쪽으로 가서 걸레를 물에 담갔다. 남자는 젖은 걸레로 낮은 톱니바퀴 쪽 갈고리를 깨끗이 닦았다. 그리고 나에게 걸레를 들라는 시늉을 했다. 나는 그 남자처럼 걸레를 들고 갈고리를 번쩍번쩍 윤이 나게 닦았다. 우리는 말 한 마디 나누지 않았지만 의사소통이 잘 되었다. 갈고리 몇 개를 닦고 나자 사내가 걸레를 든 내 손을 양동이 안에 집어넣었다. 걸레를 빨라는 뜻인 것 같았다. 갈고리 다섯 개를 닦은 다음 걸레를 빨고 물을 짤 것. 다시 다섯 개를 닦고, 걸레를 빨고, 물을 짤 것. 노란 안전모를 쓴 사내는 내가 걸레 빠는 것을 지켜보고 서 있더니 고개를 끄덕거렸다. 나는 잘하고 있구나 싶어 안도했다. 지난 주말 나는 '간 매다는 사람'의 일을 잘해낼 수 있을까 걱정을 많이 했다. 다행히도 난 갈고리 닦기와 걸레 빨기라는 일을 무리 없이 잘 해낼 수 있었다.

갈고리 다섯 개를 닦고 걸레를 빤 다음 물을 짤 것. 냉각실에서 일했던 2개월 반 동안 내가 처리했던 간 10만 개 중 첫 번째 간이 높은 톱니바퀴 부근을 돌아 천천히 내려오고 있었다. 체인이 흔들릴 때마다 갈고리도 같이 흔들렸다. 붉은 갈색 콩 모양의 간은 10센티미터 길이의 갈고리에 꿰어져 높은 톱니바퀴에서 낮은 톱니바퀴 쪽으로 천천히 이동하고 있었다. 낮은 톱니바퀴 쪽을 돈 간이 우리 쪽으로 다가오자 노란 안전모를 쓴 사내가 나에게 바짝 붙으라고 지시했다. 그는 고무장갑 낀 손으로 간을 움켜잡은 다음 살짝 들어올렸다. 그리고는 순식간에 확 잡아 떼어냈다. 간에서는 갈고리에 걸릴 때 생긴 상처로부터 검붉은 피가 솟구쳤다. 주르륵 흘러내린 피는 고무장갑과 흰색 프록코트 소매를 적셨다. 노란 안전모를 쓴 사내는 손수레 쪽으로 돌아서서 간의 기다란 부분이 아래로 향하도록 간을 걸었다. 손수레 왼쪽 가장 아래쪽부터 간을 매달기 시작했다. 손수레의 갈고리에 매달린 간에서는 계속 검붉은 피가 흘러나왔다.

간은 생각보다 매우 부드러웠다. 바깥쪽에서 안쪽으로 흰색 힘줄이 있었고, 전체적인 생김새는 코끼리 귀 같았지만 얇은 가장자리 때문에 장미꽃잎이 연상되기도 했다. 간은 어른 팔꿈치 정도 길이로 가장 넓은 부분의 너비는 두 뼘쯤 되었다. 간의 가장자리에는 미세한 구멍이 많이 있었다. 노란 안전모를 쓴 사내는 그 구멍 중 하나인 대정맥을 손수레의 갈고리에 걸었다.

장기 중에서 가장 큰 간은 생명 유지에 필수적인 기관이다. 재생력 또한 뛰어나 클로드 파보Claude Pavaux의 《내장 원색 해부도Claude Pavaux's ColorAtlas of Bovine Visceral Anatomy》에 따르면 쥐의 경우 간의 3분의 2를 절제해도 3주 이내에 회복된다고 한다. 다 자란 소의 간은 11킬로그램 정도이며 그중 4분의 1이 혈액이다. 간은 질소화합물 찌꺼기를 배설 가능한 물질로 바꾸는 등 다양한 기능을 한다. 담즙의 생산과 분비를 담당할 뿐만 아니라 비타민과 철분도 저장한다. 간은 열을 내 몸을 따뜻하게 해주기도 한다. 크기와 체내 위치로 볼 때 체온 유지 측면에서 매우 중요하다고 할 수 있다. 하지만 죽은 몸뚱이로부터 떨어져 나온 냉각실의 간들은 차가운 대기 속으로 후끈후끈한 열기와 고약한 냄새를 하릴없이 뿜어내고 있을 뿐이었다.

노란 안전모를 쓴 사내는 높은 톱니바퀴 쪽으로 되돌아가는 갈고리의 피를 닦으라고 내게 손짓했다. 유령처럼 창백한 이분체를 매단 체인들이 콘크리트 계단 위에서 철커덕거리더니 냉각실의 열린 문으로

126

획 내려갔다. 냉각실 문 앞에는 콧수염이 짧은 키 큰 사내와 또 다른 키 작은 사내가 나란히 서 있었다. 라인에 선 나는 갈고리의 간을 잡으려다 하나를 놓쳐버렸다. 갑자기 정신이 퍼뜩 들었다. 냉각실에 있는 사체들, 입을 벌린 조개처럼 속이 다 드러난 이분체들. 이것들은 몇 분 전만 해도 살아있는 생명체였다. 하지만 지금은 체인에 매달린 고깃덩어리에 지나지 않았다. 김이 모락모락 나는 간들은 유형화된 상품일 뿐이었다.

간을 매다는 냉각실에는 정신활동을 위한 시공간이 존재하지 않았다. 빠르게 이동하는 간과 몸통은 나를 그냥 내버려두지 않았다. 불그죽죽한 간들이 콘크리트 바닥에 핏방울을 떨어뜨리며 쉴 새 없이 내려오는 모습은 기괴했다. 노란 안전모를 쓴 사내는 움직이는 체인과 철제 손수레 사이에 중심을 잡고 서서 김이 솟는 간을 떼어내 손수레로 옮겼다. 한 손에 간을 들고 몸을 한 바퀴 돌린 다음, 대정맥 뒤쪽을 손수레의 갈고리에 거는 몸동작이 리드미컬했다. 춤추는 것과 비슷하다고나 할까? 나는 그와 함께 서서 일하는 동안 나만의 리듬을 찾으려고 애썼지만 잘되지 않았다. 피 묻은 갈고리를 닦고, 걸레를 빨고, 물을 짤 것. 피 묻은 갈고리를 닦고, 걸레를 빨고, 물을 짤 것. 면장갑과 고무장갑을 끼고 있었지만 얼음처럼 차가운 걸레 때문에 손이 얼얼했다. 나는 움직이는 갈고리 근처에서 대기하고 있다가 갈고리를 걸레로 덮은 다음 잽싸게 한 번 문지르고 갈고리 기둥을 훑은 뒤 구부러진 부분을 다시 닦았다. 갈고리에 붙어 있는 살점과 지방은 바닥에 떨어뜨려 발로 비볐다.

첫 번째 철제 손수레의 모든 갈고리가 다 채워졌다. 노란 안전모를 쓴 사내는 손수레 쪽으로 몸을 기울이더니 2미터 앞쪽으로 쭉 밀었다. 그리고는 두 번째 손수레를 가져왔다. 간을 떼어내고, 돌아서고, 다시 걸고. 닦고, 빨고, 짜고. 우리는 이제 제법 박자를 맞출 수 있게 되었다. 나는 입을 열어 인사를 건넸다.

"전 팀이에요."

간이 낮은 쪽 톱니바퀴를 돌 때 내가 막간을 이용해 소리쳤다. 노란 안전모를 쓴 사내는 피 묻은 장갑을 귀에 갖다대며 어깨를 으쓱했다. 머리 위에서 윙윙대며 돌아가는 선풍기 소리에 귀가 먹먹할 지경이었다. 나는 다시 한 번 외쳤다. 이번에는 그가 살짝 웃었다. 그는 자기 프록코트를 두드리며 소리쳤다. "하비에르!"

우리는 고함을 몇 번 더 교환했다. 나는 그가 멕시코 출신이며 13년째 근무 중임을 알았다. 그는 수입이 짭짤한 도축장을 꽤 괜찮은 직장이라 여기고 있었다. 목청껏 외치는 사이에 두 번째 손수레가 꽉 찼다. 하비에르는 세 번째 빈 손수레를 가져왔다. 나는 그에게 나와 간을 번갈아 가리켜 보였다. 하비에르는 눈썹을 쓱 올려 보이더니 나 대신 걸레를 집었다. 그리고 나와 자리를 바꿔주었다.

간들은 단단하면서도 미끄러웠다. 간을 갈고리에서 떼어낼 때는 적당한 악력이 필요했다. 꽉 쥐지 않으면 스르르 손아귀에서 빠져나갔고, 세게 잡으면 으깨져버렸다. 간은 대부분 깔끔하게 잘 떨어졌지만, 어떤 간들은 갈고리에 뭔가를 남겼다. 그러면 나는 갈고리가 다시 위로 올라가버리기 전에 갈고리에 묻은 것을 황급히 닦아내느라 허둥거렸다. 가끔은 하비에르가 나 대신 닦아주기도 했다. 대부분의 간에는 필름 같은 얇은 점막이 있었다. 간은 부드럽고 말랑말랑했으며 뭉개지기 쉬웠다. 깊이 베인 상처가 있는 것도, 점막이 갈기갈기 찢어진 것도 있었다. 간을 만지면 고무장갑을 낀 상태라도 간의 따뜻함을 느낄 수 있었다. 조금 강하게 잡으면 금방 바스러져서 시큼한 냄새가 올라오기 때문에 항상 주의해야 했다.

간의 가장자리에 있는 관상간막coronary ligament은 갈고리 걸이로 안성맞춤이었다. 이 흰색 힘줄은 다른 부분과 달리 간의 무게를 지탱할 수 있을 만큼 질겼다. 하지만 미끄러워서 한 번에 잘 잡히지 않았다. 그래서 나는 종종 눈에 잘 띄지 않는, 크고 깊은 구멍을 찾아 왼손 검지를 집어넣은 다음 갈고리에 끼워넣었다.

몇 주일 후 나는 어느새 체인을 타고 내려오는 간의 흔들리는 모습만 봐도 깔끔하게 잘 떨어질지 아닐지를 예측할 수 있게 되었다. 간들이 흔들림 없이 잘 내려올 경우나 간이 거칠게 찢어져 있는 경우에는 십중팔구 갈고리가 간 조직 속에 깊이 박혀 있었다. 그런 간은 갈고리에서 떼어내자마자 내 손바닥이나 콘크리트바닥 위로 떨어졌다. 반면 꽤 단단하거나 약간 단단한 간 혹은 한 곳만 찢어져 느리게 내려오는 간은 잘 처리할 수 있었다. 하지만 다 찢어진 간이 엉성하게 꿰어진 경우는 최악이었다. 그럴 때 나는 간을 갈고리에서 떼어 손수레로 옮긴 다음에도 간이 떨어질까 걱정이 되어 간에서 눈을 떼지 못했다. 대부분 간은 그대로 손수레에 잘 걸려 있었지만, 어떤 간은 바닥으로 떨어졌다. 그러면 나는 간을 받으려고 허둥지둥 달려갔다. 그리고 간을 매달 다른 좋은 자리를 물색했다.

간 라인에서 몇 개월을 보내고 나자 감각은 무뎌졌다. 뜨거운 간에도 차가운 걸레에도 익숙해졌고, 얼굴과 목만 내놓고 온몸을 칭칭 동이는 일에도 적응되었다. 그러던 어느 날 뭔가 물컹한 것이 내 눈을 강타했다. 다음 날 나는 오스카에게 고글을 요청했다. 비품실의 흑인 늙은이 오스카는 카지노에서 돈 딴 이야기를 몇 번 들어주었더니 나를 '좋은 사람'으로 본 듯했다. 오스카가 준 고글 덕분에 나는 이제 뺨, 코, 입, 턱, 이마, 목 위쪽만 밖에 내놓게 되었다. 냉각실에서 긴 내복과 청바지와 방수 바지는 필수 아이템이었다. 손수레의 피를 닦으려고 호스로 물을 뿌리다가 물이 튀어 속옷까지 완전히 젖은 다음 날 나는 오스카에게 레일러들이 입는 노란 방수복을 달라고 했다.

나는 발에 면양말과 양털양말을 겹쳐 신은 다음, 회사에서 준 초록색 고무장화를 신었다. 고무장화의 앞코는 금속이었고 안에는 검은색 깔창이 들어 있었다. 위에는 반팔 티셔츠 위에 긴팔 티셔츠 세 개를 덧입었다. 그리고 후드 조끼 티셔츠와 후드 스웨터를 입고, 무릎까지 내려오는 노란색 방수복을 입었다. 여기다 흰색 프록코트를 걸치고 은색 단추까지 채우면 끝! 나는 회색 후드 스웨터의 모자가 귀를 덮을 수 있도록 최대한 끌어당긴 다음 헤어캡과 흰색 안전모를 썼다. 처음에는 옷이 갑갑하게 느껴졌지만 곧 제2의 피부처럼 편안해졌다. 몸을 움직이는 한 나는 온종일 춥지 않았다.

철제 손수레의 냉기와 오래된 바퀴의 소음에도 둔감해졌다. 4~9 킬로그램짜리 간이 100개씩 매달려 있는 손수레는 꽤 무거웠다. 그것을 밀 때는 팔꿈치를 가슴 쪽에 붙이고 다리를 쭉 펴면서 한 번에 힘 있게 밀어야 했다. 그때의 손잡이 감촉은 꽤 차가웠지만 곧 익숙해졌다. 빈 손수레를 닦을 때 호스가 꿈틀꿈틀 뱀처럼 변하는 일에도 이골이 났다.

고무장갑 안쪽으로 물이 들어와 안쪽 면장갑까지 흠뻑 젖을 때나 양동이 안에 떨어진 걸레를 꺼내려다 손이 젖어 동상에 걸릴 때에도 난 아무렇지도 않은 듯 덤덤히 일했다. 고무장갑이 갈고리에 찢겨 뜨거운 피와 차가운 물이 새어들 때도 얼굴을 찌푸리지 않았다.

그러나 경사로를 따라 이동 중인 이분체와의 충돌만은 피하고 싶었다. 180킬로그램이나 되는 사체들이 빠르게 이동할 때는 살짝 부딪치기만 해도 타박상을 입기 쉬웠다. 정면으로 부딪치면 '꽈당!' 하고 사람이 뒤로 넘어질 정도였다. 물론 노동자들은 사체가 이동 중인 길 근처로 잘 가지 않았지만 제한된 공간에서 반복적인 일을 하다 보면 방심하거나 순간적으로 판단을 잘못할 때도 많았다. 인부들은 또 콘크리트 바닥에 넘어져 무릎을 다치거나 뼈가 부러지기도 했다.

우리는 옷, 플라스틱, 고무 등으로 중무장한 상태였지만 그것이 서로의 온기를 나누는 데 방해가 되진 않았다. 우리는 고무장갑을 낀 손으로 하이파이브를 했고 고글을 낀 눈으로 인사를 나눴다. 냉각실 입구의 키 큰 사내는 이야기를 할 때 내 어깨에 팔을 올려놓거나 내 허리를 잡았고 나는 그의 튼튼한 팔뚝을 느낄 수 있었다. 다른 사람이 하는 말을 알아들으려면 얼굴이 닿을 정도로 가까이 다가가야 했다. 냉각실 인부들 사이에는 동료애와 유대감이 있었다.

시간이 흐르자 청각도 둔해졌다. 근무 첫날 선풍기 소리는 퇴근 후 환청이 들릴 정도로 괴로웠다. 원래 모든 냉각장치에서는 어느 정도 소음이 나지만 선풍기는 정말 심했다. 여기에 도르래 바퀴의 '꽹꽹꽹' 하는 소리까지 보태면 아주 최악이었다.

사체를 매단 도르래 바퀴가 레일을 타고 아래쪽으로 가다가 금속 핀처럼 생긴 유압식 장비에 부딪히면 '쨍그랑' 하고 큰 소리가 났다. 거꾸로 매달린 사체는 뒷다리부터 목까지 펑펑 돌았다. 유압식 장비가 뒤로 물러나면 사체는 중력에 힘입어 계속 냉각실 입구 쪽으로 하강했다. 조금 전보다는 느리지만 부주의한 노동자 하나쯤은 쓰러뜨리고도 남을 만한 속도였다. 꽹꽹꽹, 쨍그랑. 꽹꽹꽹, 쨍그랑. 이분체가 계단을 내려갈 때는 이런 리드미컬한 소리가 났다.

노란 방수복을 입은 남자의 '쉬익 쉬익 팝' 소리도 빼놓을 수 없다. 그들은 레일과 톱니바퀴의 물방울을 제거하기 위해 작은 파란색 호스로 압축공기를 내보냈다. 호스에서 공기가 빠져나갈 때 '쉬익' 소리가, 물방울이 터질 때 '팝' 소리가 났다. 쉬익 쉬익 팝. 쉬익 쉬익 팝. 물방울은 피 묻은 손수레 위로 떨어지며 '찌르릉 찌르릉' 소리를 냈다.

사자의 으르렁거리는 소리 같은 선풍기 소음, 쨍쨍쨍 쨍그랑 하는 사체 소리, 쉬익 쉬익 팝하는 공기 호스 소리, 찌르릉 찌르릉 하는 쇠에 부딪히는 물소리. 이들의 수천 가지 조합은 거대한 음악적 파노라마를 연출한다. 가끔 기계적 불협화음 속으로 인간의 휘파람 소리가 끼어들기도 한다. 긴급 상황을 알리는 휘파람 소리는 높은음에서 낮은음으로 내려갔다가 다시 올라가는 것이다. 누가 위험에 처해 있나? 도움이 필요한가? 감독관이나 검역관이 다가오나? 아주 급박한 경우가 아니라면 휘파람 소리가 날카롭고 짧다. 낮은음에서 높은음으로 올라가는 소리는 누군가 자기에게 와주기를 바란다는 의미다. 인부들은 누군가 넘어지거나 쓰러졌을 때, 간을 놓쳤을 때도 장난으로 휘파람을 불며 놀린다. 가끔은 무료해진 누군가가 두서없이 노래 한두 소절을 휘파람으로 부를 때도 있다.

하비에르와 내가 손수레를 여러 개 채웠을 때 키가 크고 어깨가 떡 벌어진 20대 남자가 우리 쪽으로 왔다. 흰색 프록코트와 흰색 안전모를 쓴 사내는 얼굴이 넓적했다. 하비에르에게 말할 때 보니 앞니 몇 개가 없었다. 하비에르는 남자에게 걸레를 넘겨준 뒤 손을 흔들며 가버렸다. 남자는 움직이는 갈고리에서 간을 떼던 나에게 걸레를 주면서 나더러 갈고리를 닦으라고 했다. 나중에 알게 되었지만 이 남자의 이름은 카를로스였다.

그는 두 손으로 조심스럽게 간을 떼어냈던 우리와 달리 한 손으로 척척 간을 떼어냈다. 간의 두툼한 부분과 구멍들에 검지와 중지를 박은 다음 간을 들어냈다. 하비에르와 달리 그는 간이 체인을 따라 다시 올라가기 시작할 때를 기다리지 않았다. 그는 냉각실 문 가까이 서 있다가 내려오는 간을 낚아챘다. 이렇게 하면 갈고리 닦는 사람은 좀 더 여유롭게 일할 수 있었다. 카를로스는 여러 번 내 걸레를 뺏어 들고 내가 닦은 갈고리를 한 번 더 닦았다. 까다롭게 구는 카를로스 덕분에 나는 갈고리에 피 한 방울, 살점 하나 남기지 않게 되었다.

카를로스는 하비에르보다 더 손수레에 신경 썼다. 잠시 짬이 날 때면 빈 손수레를 여러 개 찾아다 냉각실 벽 쪽 손닿는 곳에 세워두었다. 손수레를 놓는 위치도 달랐다. 그는 손수레의 세로 부분이 머리 위 체인과 일직선이 되도록 했다. 덕분에 체인과 손수레 사이는 더 넓어졌다. 카를로스는 한쪽 면 아래쪽 가로대 두 개를 먼저 채운 다음, 손수레를 180도 돌려놓고 역시 아래쪽 가로대 두 개를 마저 채웠다. 그러고 나서 같은 면의 위쪽 가로대 두 개를 채운 다음, 카트를 180도 돌려서 맨 처음 했던 면의 윗부분 가로대 두 개를 채웠다. 그는 이런 식으로 간을 빼곡히 매단 다음 손수레를 4미터 앞, 하비에르와 내가 채워놓은 손수레 옆에 놓아두었다. 카를로스는 계속 간을 매달고 나는 계속 갈고리를 닦았다. 한참 후 머리 위 체인들이 갑자기 멈추었다. 카를로스는 두 주먹을 들어 올렸다 서로 떼어놓으며 "휴식시간"이라고 외쳤다.

나는 카를로스를 따라 계단 밑에 있는 조그만 문을 밀고 들어갔다. 가로 1.5미터, 세로 3미터쯤 되는 방이 있었고, 회칠한 벽에 금속 파이프들이 튀어나와 있었다. 그곳에서 남자들은 노란 방수복과 장갑을 벗었다. 나도 흰색 프로코트와 장갑을 벗었다. 그다음 기계실 같은 곳을 거의 뛰다시피 걸어 통과했다. 방수복과 용접장비들과 마스크가 놓여 있는 그 방에는 파이프들이 여기저기 튀어나와 있었고 윤활유와 쇳덩이 냄새가 강하게 났다. 우리는 이중문을 통과하여 천장에 파이프가 튀어나와 있는 어두컴컴한 복도를 지났다. 복도에 면한 방들에서는 분뇨 냄새와 화학약품 냄새가 났다. 복도 끝에서 우리는 세 번째 이중문을 열었다. 밝고 따뜻한 공간이 펼쳐졌다. 천장의 환풍기가 삐걱거리며 돌아가고 벽 쪽에는 두꺼운 종이들이 거의 천장 높이까지 쌓여 있었다. 흰색 컨베이어벨트 앞에는 땀에 젖은 검은색 티셔츠를 입은 흑인 남자가 등받이 없는 의자에 앉아 박스를 접고 있었다. 그는 산더미처럼 쌓인 종이 중에서 하나를 꺼내 박스를 접은 다음 컨베이어 위에 올려놓았다. 손동작은 몹시 기계적이어서 마치 손만 몸뚱이에서 뚝 떨어져 나온 것 같았다. 그는 우리가 옆을 지나는데도 우리 쪽을 쳐다보지 않았다. 멍한 눈으로 앞쪽만 응시했다. 방 한쪽에는 쇠창살이 있었고 쇠창살 안에는 흰 책상과 컴퓨터, 철제 책꽂이 등이 있었다.

쇠창살 안쪽 벽에 걸린 시계는 8시 55분을 가리키고 있었다. 남색 제복을 입은 비쩍 마른 백인 남자가 등받이 없는 의자에 앉아 십자 낱말풀이를 하고 있었다. 박스 접는 사람처럼 남자 역시 우리를 거들떠보지 않았다. 쇠창살 옆쪽에는 붉은 글씨로 '비상구'라고 적힌 문이 하나 있었다. 카를로스는 금속 문 쪽으로 가서 은색 가로대에 손을 올려놓았다. 문을 힘껏 밀어젖히자 눈부신 6월의 햇빛이 쏟아져 들어왔다.

건물 밖에는 흰색 안전모를 쓴 많은 남녀가 있었다. 도축장 벽면 옆에 놓인 등받이 없는 벤치에 앉아 있는 사람, 그냥 땅바닥에 쪼그리고 앉아 벽에 기댄 사람, 주차장 주변에 무리지어 모여 있는 사람…….
그들의 검은 부츠와 바짓단에는 흰색 지방덩어리가 달라붙어 있었다. 그들은 나처럼 후드 스웨터를 입고 있었다. 우리가 밖으로 나온 지 얼마 안 되어 직원 전용 중앙문이 열리면서 갑자기 노동자 한 떼가 우르르 쏟아져 나왔다. 그들 대부분은 나와 같은 초록색 고무장화를 신고 있었지만 흰색 프록코트는 걸치지 않았다. 그들의 색색가지 티셔츠에는 피가 묻어 있었다. 몇몇은 흰색 안전모를, 나머지는 회색 안전모를 쓰고 있었다.

우리는 음식을 파는 트럭 쪽으로 갔다. 인부들이 돈을 내고 비닐에 포장된 음식을 사고 있었다. 나는 카를로스를 따라 가운데 트럭으로 갔다. 트럭 뒤쪽 유리 진열장 안에는 스크램블 에그, 베이컨, 머핀, 빵, 크루아상, 고기와 감자가 들어 있는 패스트리 등이 유산지에 포장되어 있었다. 나는 2달러 50센트를 내고 패스트리 하나와 사이다 하나를 주문한 다음 카를로스를 따라갔다. 그는 흰색 프록코트와 안전모를 쓴 남자들과 마주칠 때마다 주먹을 들어 맞부딪쳤다. 흰색 프록코트의 사내들 근처에 자리를 잡은 카를로스는 내가 사이다를 반도 마시기 전에, 패스트리 포장을 채 벗기지도 못했는데 벌써 다 먹고 자리에서 일어났다. 나는 황급히 패스트리를 입 안으로 쑤셔넣고 사이다를 한 모금 마신 다음 비상구 쪽으로 사라진 카를로스를 쫓아갔다.

쇠창살이 있는 방에 걸린 벽시계는 9시 12분을 가리키고 있었다. 나는 카를로스를 따라 미로 같은 방들과 복도를 지나 우리가 맨 처음 프록코트와 안전모를 벗어두었던 곳으로 갔다. 탈의실에는 벌써 남자들 네댓 명이 와 있었다. 내가 장갑과 귀마개를 끼고 프록코트를 입는 사이 그들은 벌써 장비를 챙겨서 작업장으로 갔다. 휑해진 방을 보니 마음이 급해졌다. 하지만 장갑 긴 손으로는 귀마개를 할 수 없었다. 나는 장갑 두 개를 차례로 벗은 다음 다시 귀마개를 끼고 장갑 두 개를 다시 꼈다. 그러는 동안 많은 시간이 흘러갔다. 내가 문을 열고 계단 아래 공간에 이르렀을 때는 이미 이분체가 쟁쟁 소리를 내며 냉각실 문 쪽으로 이동하고 있었다. 머리 위의 간들은 벌써 높은 톱니바퀴 쪽 코너를 돌고 있었다. 카를로스는 나를 보더니 검지를 흔들어 보였다. 그리고는 손목시계를 가리키는 시늉을 하며 주의를 주었다. 다시 작업 리듬을 찾은 내가 일에 속도를 낼 무렵에는 허겁지겁 먹은 패스트리와 반도 못 마신 음료수가 속을 더부룩하게 했다. 따뜻한 바깥에 대한 기억은 완전히 사라지고 추위에 온몸이 덜덜 떨렸다.

간을 한 400개쯤 처리하고 났을 때 하비에르가 다시 나타났다. 안개를 뚫고 냉각실 입구 쪽에서 웬 키 작고 뚱뚱한 늙은이 하나를 데리고 왔다. 사내의 머리, 콧수염, 눈썹은 희끗희끗했고, 우리처럼 흰색 안전모와 프록코트를 입고 있었다. 그는 냉각실 안을 잽싸게 한 번 둘러봤다. 하비에르는 늙은이에게 여기라고 알려준 다음, 카를로스 귀에다 알아들을 수 없는 말을 몇 마디 건넸다. 말을 마친 하비에르는 돌아서서

가버렸고, 카를로스는 늙은이에게 또 다른 걸레를 건네주었다. 그리고 내 옆에 서서 갈고리를 닦으라고 지시했다. 나는 늙은이에게 웃으며 눈인사를 건넸다. 그는 무뚝뚝하게 고개 숙여 인사한 다음 갈고리 쪽으로 돌아서서 묵묵히 일했다. 늙은 남자와 나는 갈고리들의 반환점인 낮은 톱니바퀴 쪽과 카를로스가 간들을 낚아채려고 대기하고 있는 지점 사이의 좁은 공간에 나란히 서 있었다. 우리의 발 뒤쪽에는 물이 담긴 양동이가 있었다. 두 사람이 닦으니 별로 닦을 것도 없었지만 그래도 우리는 열심히 갈고리를 닦고 또 닦았다. 늙은 남자가 열중해서 박박 문질러 닦는 바람에 나도 덩달아 그렇게 했다. "이름이 뭐예요?" 나는 늙은 남자가 후드 티셔츠도 모자도 쓰고 있지 않다는 것을 알고 이렇게 외쳤다. 하지만 그는 내 말을 알아듣지 못했다. 그래서 나는 스페인어로 한번 더 크게 귀에 대고 말했다. 그는 여전히 머리를 가로저었다. 그의 관심은 온통 갈고리와 손에 든 걸레에 쏠려 있었다.

손수레 몇 개를 더 채우고 났을 때 갑자기 머리 위 레일이 또 멈추었다. 카를로스는 예의 몸짓으로 휴식시간을 알려주었다. 점심시간 30분이 주어진 것이었다. 나는 탈의실로 가서 프록코트를 벗은 다음, 새로 온 남자에게 다시 말을 걸었다. 그는 멕시코 미초아칸 주 출신으로 이름은 라몬이었다. 나이는 59세였고 나처럼 그날 처음 도축장으로 출근했다. 그는 제조실에서 일하는 두 아들 덕분에 도축장에 취직하게 되었는데 오마하에 오기 전에는 캘리포니아 주에서 건설 노동자로 일했다고 말했다.

나는 냉각실 입구의 콧수염 사내 두 명과도 인사를 했다. 키 큰 남자는 크리스티안, 키 작은 남자는 움베르토였다. 멕시코 출신인 크리스티안은 4년째 근무 중이었다. 그는 곧 귀국할 생각이라며, 미국에 온 이후로 멕시코에 남겨둔 두 딸을 한 번도 보지 못했다고 말했다. 움베르토는 1년 전 도축장에 취직했으며, 전에는 모종을 키우는 육묘회사에서 일했다고 했다. 30대인 크리스티안과 움베르토는 냉각실 입구에 서서 이분체들 때문에 생기는 물방울들을 대걸레로 닦았다. 그들은 진지한 표정으로 일했지만 시간이 날 때마다 장난을 쳤다. 몇 주 후 우리와 친해지자 우리가 일할 때 살금살금 뒤쪽으로 와서 대걸레를 불쑥 들이밀기도 했다. 기름덩어리를 던지기도 했고 고무장갑을 쇠막대 끝에 매달고 흔들기도 했다.

　　냉각실 안쪽에는 또 다른 사내 둘이 있었다. 레일러railer라 불리는 그들은 냉각실에서 가장 고된 일을 했다. 톱니가 달린 갈고리로 180~270킬로그램의 이분체를 찍어서 힘껏 밀거나 당기는 일이었다. 젊고 힘센 청년이 아니면 할 수 없는 일이어서인지 그들의 나이는 10대 후반과 20대 초반이었다. 근육질의 백인 청년 이름은 타일러였는데 붙임성이 좋아서 나와 금세 친해졌다. 타일러는 귀마개를 동그랗게 말아서 빠져나오지 않게 하는 법을 내게 알려주기도 했다. 마약 혐의로 복역한 적이 있는 타일러는 사회봉사명령의 일환으로 도축장에서 일하고 있는 중이었다. 그는 유죄 판결을 받기 전에 다른 도축장에서도 레일러로 일한 적이 있었다고 했다.

또 다른 레일러의 이름은 안드레스였는데 그는 약간 공격적이었다. 날 처음 보자마자 '치노(chino, 스페인어로 중국놈이라는 뜻—역자)'라고 놀리더니 한동안 계속 그렇게 불렀다. 노란 방수복을 입은 타일러와 안드레스는 매우 가까운 사이였다. 둘은 짐짓 허세를 부리거나 서로 비아냥대면서 장난을 쳤다. 상대를 거칠게 벽에 밀어붙이는가 하면, 주먹으로 때리기도 하고, 탈의실에서 팔굽혀펴기 내기를 하기도 했다. 그들은 입만 열면 서로에게 욕을 퍼부었다. 안드레스는 타일러에게 '흰 빵white bread'이라고 했고 타일러는 안드레스에게 '밀입국한 멕시코놈'이라고 했다. 또 안드레스는 타일러에게 '흰 비곗덩어리'라고 했고 타일러는 안드레스에게 '콩알만 한 놈'이라고 했다. 하지만 그들이 서로 좋아하고 있음은 분명했다. 그들의 아옹다옹하는 모습은 크리스티안과 움베르토, 라몬과 나에게 적잖은 즐거움을 주었다. 그리고 얼마 후 우리 여섯 명은 꽤 가까워졌다. 냉각실에는 빨간 안전모를 쓴 감독관과 노란 안전모를 쓴 검사관이 잘 나타나지 않아서 어울릴 시간이 많았기 때문이다.

출근 이틀째 되던 날, 카를로스는 다른 팀에 일을 가르치러 갔다. 그 팀은 냉각된 간을 손수레에서 꺼내 용기에 담아 랩을 씌운 다음 박스에 두 개씩 집어넣는 일을 했다. 간들을 박스에 담아 한쪽에 쌓아두면 지게차가 와서 냉장고 안에 집어넣었다. 간들은 곧 유통업체로 발송

될 것이었다. 카를로스와 함께 간을 포장하는 두 사람은 레이와 마누엘이었다. 이상하게도 그들은 다른 노동자들과 별로 친하게 지내지 않았다. 그것은 아마도 그들의 작업이 우리와 달리 머리 위 레일에 좌지우지되지 않기 때문이리라. 라몬과 나는 간들이 이동하는 한 무조건 움직여야 했다. 그건 크리스티안과 움베르토, 타일러, 안드레스도 마찬가지였다. 그들도 사체들이 레일을 타고 경사로를 내려올 때 움직여야 했다. 하지만 카를로스 패거리는 레일에 얽매일 필요가 없었다. 제때 간을 매단 손수레가 도착하기만 하면 되었다. 카를로스 패거리는 한꺼번에 미친 듯이 일하고 나서 한 시간 동안 아예 모습을 감추어버리기도 했다. 그리고는 휴식시간이 한참 지난 다음 어슬렁거리며 나타났다.

우리는 간을 포장하는 인부들의 자유를 부러워했다. 간들이 냉각실 안을 오르락내리락하는 동안 우리는 레일의 노예였다. 체인 앞을 단 1분도 떠날 수 없었다. 하지만 간 포장하는 사람들은 달랐다. 카를로스와 레이와 마누엘은 휴식시간이 끝난 지 한참 지난 다음에야 돌아왔다. 호주머니에 손을 넣고 느긋하게 걸어오면서 머리 위 레일에서 간을 떼어내느라 정신없는 우리 쪽을 힐끗 쳐다봤다. 서로 으르렁거리던 우리 두 패거리는 마침내 텅 빈 손수레를 누가 닦을 것이냐는 문제를 놓고 충돌하게 되었다.

피 묻은 손수레를 좋아하는 사람은 아무도 없었다. 손수레를 닦으려면 냉각실 벽에 튀어나와 있는 수도꼭지에 호스를 연결해야 했는데 수압이 강해서 간을 매단 다른 손수레에까지 물이 튈 수 있었다. 게다가 말라붙은 피는 물을 뿌려도 잘 씻어지지 않았다. 그래서 손수레를 청소하는 사람은 세제가 묻은 걸레로 피 묻은 데를 먼저 문질러 닦은 다음 물을 뿌렸다. 어쨌든 이 일을 하다 보면 옷이 젖었고, 고무장갑도 잘 찢어졌다. 동상 걸린 손으로 온종일 일하는 것은 고역이 아닐 수 없었다.

간 매다는 일과 간 포장하는 일을 모두 해본 사람은 카를로스밖에 없었다. 카를로스는 그동안 간 매다는 사람들이 손수레를 닦아왔으니 계속 그렇게 해야 한다고 주장했다. 라몬과 나는 만일 우리 중 한 명이 빈 손수레를 닦으러 체인 앞을 떠난다면 체인 앞에는 한 사람밖에 안 남는다고 반박했다. 만약 남은 한 사람이 간도 매달고 갈고리도 닦아야 한다면 곤란하지 않겠느냐는 말이었다. 하지만 손수레를 필요로 하는 사람은 나와 라몬이었다. 우리는 간을 매달기 위해 새 손수레가 필요했지만 카를로스 패거리는 아쉬울 것이 없었다. 카를로스는 계속 손수레를 방치했고 할 수 없이 우리가 손수레를 가져다가 물을 뿌렸다.

간을 포장하는 인부들과 간을 매다는 인부들 간의 싸움은 어느 날 갑자기 끝나버렸다. 농무부 검사관이 작성한 '불이행보고서Noncompliance Report' 때문이었다. 검사관은 손수레를 닦으러 간 나를 대신하여 간을 매단 라몬을 문제 삼았다. 더러운 걸레로 갈고리를 닦았던 라몬이 손을 씻지도 않고 간을 또 만졌으니 간이 오염되었을 것이란 주장이었다.

검사관은 보고서를 작성하기 전 우리가 일하는 모습을 계속 주시했다. 냉각실 입구에 서 있는 크리스티안과 움베르토는 검사관이 경사로를 내려올 때나 탈의실을 거쳐 냉각실 안으로 들어올 때 휘파람을 불어 우리에게 그의 접근을 알려주었다. 원래 휘파람 소리는 그렇게 자주 나지 않았었는데 얼마 동안은 하루에도 수차례씩 휘파람 소리가 났던 것이다. 우리는 검사관이 온다는 사실을 알아차리고 더 신경 써서 일했다. 덕분에 우리의 작업은 트집 잡히지 않았다.

하지만 손수레 청소로 생긴 빈자리 때문에 불이행보고서가 발행되었다. 그리고 그 때문에 우리 일은 빨간 안전모를 쓴 감독관, 초록 안전모를 쓴 품질관리부 직원, 현장 책임자의 관심을 끌게 되었다. 우리를 감독하는 하비에르와 제임스는 더 이상의 불이행보고서는 곤란하다고 말했다. 우리는 "하비에르와 카를로스가 가르쳐준 대로 하고 있을 뿐"이라고 항변했다. 하비에르와 제임스는 검사관을 '머저리'라고 욕했다. 품질관리부 직원인 질은 우리에게 한 명만 체인에 남아 있을 때는 걸레로 갈고리를 닦지 말고 그냥 간만 떼어서 수레로 옮기라고 말했다. 하지만 그것은 미봉책에 불과했다. 걸레질하지 않은 더러운 갈고리가 킬 플로어를 돌다 검사관에게 발견된다면 또다시 불이행보고서가 발행될 것이기 때문이었다.

손수레 청소를 간 포장하는 사람들에게 맡길 수 있는 절호의 기회였다. 나는 제임스에게 빈 손수레 청소를 하느라 라인에 한 명밖에 안 남게 된다고 말했다. "간을 포장하는 사람들은 포장 일을 마친 후 시간이 많다, 더 이상 불이행보고서를 받지 않으려면 그들이 손수레를 청소해야 한다"고 주장했던 것이다.

제임스는 우리의 건의를 즉각 받아들였다. 라몬과 나는 하이파이브를 했다. 제임스가 카를로스에게 이야기하러 갈 때 우리는 엄지를 들어 올리며 활짝 웃었다. 제임스가 카를로스를 설득하는 데는 꽤 많은 시간이 걸렸다. 카를로스는 한사코 고개를 가로저었다. 제임스는 손수레와 간 라인을 연달아 가리키며 뭐라고 말했다. 제임스는 손가락으로 카를로스를 몇 번씩이나 가리켰다. 마침내 대화를 끝낸 제임스는 우리 쪽으로 와서 이렇게 말했다. "됐어. 이제부터는 저 친구들이 빈 손수레 닦는 것을 도와줄 거야."

불길한 앞날을 예고하는 절반의 승리였다. 빈 손수레 닦는 일을 '도와준다'는 말은 카를로스가 레이와 마누엘에게 물을 뿌리도록 지시한다는 의미였기 때문이었다. 하지만 어쨌든 권력은 우리의 손을 들어주었다. 크리스티안, 움베르토, 타일러, 안드레스도 "라인 노동자들이 비(非)라인 노동자들에게 이겼다"면서 연대와 협력이 만들어낸 승리에 환호했다. 어찌 보면 무의미할 수도 있는 작은 승리였지만 우리는 감격해했다. 하루 10시간씩 추운 냉각실에서 단조로운 일만 하다 보니 작은 성취조차 큰 기쁨으로 다가왔다.

이런 도취의 순간만 있었던 것은 아니다. 사고에 가까운 아찔한 일도 많았다. 한번은 손수레가 쓰러지는 바람에 무척 당황했다. 근무 첫날 나는 손수레의 한쪽 면을 먼저 다 채우지 말고, 아래쪽부터 여러 면을 골고루 채운 다음 위쪽을 채우라고 교육받았다. 하지만 그 가르침을 잊고 한쪽 면을 먼저 꽉 채운 다음, 다른 면으로 돌려버렸다. 균형을 잃은 손수레는 한쪽으로 기울어졌고 결국 넘어졌다. 순식간에 간 50여 개가 땅바닥으로 쏟아졌다. 크리스티안과 움베르토는 즉각 휘파람을 불었고, 소리를 듣고 달려온 타일러와 안드레스가 원상복구를 도와주었다. 그동안 크리스티안과 움베르토는 감독관이나 검사관이 오는지 망을 봐주었다. 누군가 다가올 경우 타일러와 안드레스는 우리끼리 일을 마무리하도록 내버려두고 자기 자리로 돌아가기로 되어 있었다. 우리는 서로 협조하되, 책망받을 짓은 하지 말자고 약속해둔 터였다.

하루는 작업을 끝낸 손수레를 줄지어 세워놓는 곳에서 난리가 났다. 15센티미터 너비 배수로의 금속판이 간이 담긴 손수레의 무게를 이기지 못하고 찌그러지면서 바퀴가 배수로에 빠졌기 때문이다. 손수레는 한쪽으로 기울어졌고 간 100여 개가 우르르 바닥으로 쏟아졌다.

라몬과 내가 한 조를 이루어 일한 지 여러 주가 흘렀다. 우리는 좀 더 편하게 일하기 위해 몇 가지 약속을 했는데 그중 하나는 휴식시간을 따로따로 갖는 것이었다. 모든 노동자가 밖으로 나갈 때 같이 갔다가 들어오는 것보다 조금 일찍, 그리고 조금 늦게 나가서 제대로 쉬다 오자는 것이었다. 라몬은 휴식시간 시작 5~10분 전에 혼자 먼저 나가서 휴식시간이 끝나기 전에 돌아왔다. 사람들이 몰리는 시간을 피해서 여유롭게 휴식을 즐기다 돌아오는 것이었다. 반대로 나는 정해진 휴식시간보다 늦게 나갔다가 5~10분 정도 늦게 돌아왔다. 나름 그런대로 살 것 같았고 일을 좀 더 편히 할 수 있었다. 라몬과 나는 서로 집이 가깝다는 것을 알고 난 다음부터 함께 출근했다. 퇴근길에도 은행, 이발소, 식료품가게, 자동차 대리점에 같이 가면서 점점 더 친해졌다.

하지만 냉각실 일은 너무나 단조로웠다. 온종일 하는 일이라고는 피 묻은 갈고리를 걸레로 닦고, 간을 갈고리에서 떼어내 또 다른 갈고리에 거는 것뿐이었다. 단순작업을 반복할 때는 최면에 걸린 듯한 느낌마저 들었다. 때 묻은 흰색 벽을 바라보며 하루를 시작했고 하루를 끝냈다. 작은 승리도 있었지만 확실히 나의 세계는 급속도로 축소되고 있었다. 난생처음 착용하는 흰색 프록코트와 초록색 고무장화, 장갑 두 켤레, 귀마개. 나는 어느덧 죄수처럼 폐쇄공간에 갇혀 있었다. 일종의 감금상태에 놓여 있는 냉각실 노동자는 때로 반항하기도 했다. 사체를 땅바닥에 떨어뜨린다든가, 간을 실은 손수레를 넘어지게 한다든가, 노동자들끼리 농담을 주고받는다든가, 별것 아닌 일에 화를 낸다든가, 일부러 엉터리로 일한다든가, 부상을 신경 쓰지 않는다든가 하는 행위가 그것이었다. 인부들은 작은 일탈을 즐거워하며 원래 삶이란 획일적이고 동질적일 수 없다고 목소리를 높였다. 규칙성과 동일성이 지배하는 일상에 반기를 드는 것이었다. 고장 한 번 안 나는 기계에 성질을 내거나, 고장 잘 나는 기계에 짜증을 내는 일도 참을 수 없는 시간의 느림에 대한 일종의 반항이었다.

기계 고장도 뜸하고 단조로운 작업이 지루하게 느껴질 때, 사람들은 일부러 일을 만들어내기도 했다. 예를 들어 회사 측이 '난폭한 장난'

이라 명명한 주먹질은 심리적으로나 물리적으로 생존에 긴요한 행위였다. 장난, 농담, 휘파람, 고함, 태업, 고의적 불복종, 미친 듯이 열중하거나 복장 터지게 느릿느릿 일하는 것, 사소한 일에 벌컥 화내는 것 등은 일상이라는 끝없는 수평선 위에 우뚝 솟은 하나의 탑과 같았다. 하늘도 태양도 없는 싸늘한 감옥, 매일 소 수천 마리가 도살되는 음침한 동굴, 이곳에서 살아남으려면 기술이 필요했다. 도축장은 라이트 모리스wright morris가 묘사한 거대한 평원만큼이나 숨 막히는 곳이기 때문이었다. "다른 모든 물건처럼, 곡물 자루를 들어 올리는 양곡기가 그렇게 생긴 데에도 나름대로 이유가 있다. 하늘을 보라. 이성을 위한 이성, 그 너머에 강력한 존재가 있으니 바로 대지와 하늘이다. 하늘은 엄청나게 크다. 수평선은 끝없이 뻗어 있다. 사람들은 하늘을 향해 솟아 있는 수직선 하나에도 환호성을 지른다. 평원에서 나고 자란 사람은 안다. 왜 사료가게와 물탱크가 하늘 높이 솟아 있는지를 말이다. 이는 결코 허영심 때문이 아니다. 삶에 대한 갈망이 그러한 건축물을 낳았다. 그것은 '내가 여기에 살아있음'을 알리고 싶은 마음이다."

매일 9시간 동안 젖소, 암소, 송아지들이 12초 간격으로 도살되었다. 하지만 지루한 일상 속에서 도살의 잔인함은 한낱 풍문일 뿐이었다. 퇴근 무렵 도축장에는 간 2,394개와 발 9,576개가 쌓이지만 그것이 어디에서 분리되었는지, 어떻게 해체되고 세척되었는지에 관심을 기울이는 사람은 아무도 없었다. 안타까운 것은 내일도 오늘과 똑같으리라는 사실이었다. 밤새 침대에 누워 기계의 소음과 진동으로부터 한숨 돌리고 나면 똑같은 일이 다시 시작되었다. 동물을 죽이고 갈기갈기 찢는 데 사용되는 칼, 장비, 갈고리들, 가끔 사람들의 팔다리까지 넘보는 이 기계들은 여전히 노동자를 기다리고 있었다. 살아있는 소를 보지도, 듣지도, 냄새 맡지도, 만지지도 않는다 해서 도살자가 아닌 것은 아니었다. 냉각실 인부들은 오늘도 내일도 두꺼운 옷을 입고 김이 모락모락 나는 간을 바라볼 것이었다. 쾡쾡 소리, 쨍그랑 소리, 귀청 떨어질 듯한 선풍기 소리도 변함없을 것이었다. 냉각실 어디에도 피 흘리는 소는 없으며, 끝없는 간들의 행렬만 있을 뿐이었으나 내가 여기 있음을 알리는 소소한 행위들은 흔들림 없는 일상에 작은 파문을 일으켰다.

6장
악역을 맡은 자

작업 8번, 프리스티커(presticker)

스티커(stiker)가 소의 경정맥과 경동맥을 절단할 수 있도록 소형 칼로 목을 절개하는 사람. 소의 얼굴, 팔, 가슴, 목, 배를 찌를 경우 완전히 기절하지 않은 소가 발길질할 수도 있다.

"당신들, 다음 주엔 간에서 해방될 거야."

금요일 오후 우리가 탈의실에서 방수복을 벗으며 퇴근 준비를 하고 있을 때 빨간 안전모를 쓴 감독관 제임스가 주급을 수표로 건네주며 이렇게 말했다. "하지만 걱정하지 마. 새 일거리를 알아보고 있으니까. 월요일이 되면 뭔가 할 일이 있을 거야."

정확히 어딘지는 아무도 몰랐지만 러시아인가 한국인가가 미국산 간 수입을 잠정 중단했다고 했다. 그래서 도축장은 수출이 재개될 때까지 간 라인을 정지하기로 했다. 분위기가 심상치 않았다. 언제 간 라인이 재개될지 불확실했다. 칼질도 못하고 나이도 많은 라몬은 도축장 내에서 다른 일을 해낼 수 있을지 걱정했다. 나도 불안하기는 마찬가지였지만 같이 걱정해주며 그를 위로했다. 한편으로는 단조로운 일상에서 마침내 탈출할 수 있게 된 것이 내심 반갑기도 했다. 도축장에서 다른 일을 할 기회가 찾아온 것일 수도 있지 않은가. 우리는 퇴근길에 멕시코 식료품가게에 들렀다. 라몬은 타말레(tamale, 옥수수 가루, 다진 고기, 고추로 만든 멕시코 요리-역주)와 맥주를 샀고, 나는 치즈와 스낵과 살사 소스를 샀다. 식료품을 차에 실을 때였다. 문득 라몬이 말했다. "다른 일자리를 알아봐야 하는 건 아닐까?" 나는 나도 모르겠다고 대답했다.

월요일 아침 우리는 손을 주머니에 넣은 채 킬 플로어 사무실 건너편 복도에 서 있었다. 하비에르가 휘파람을 불며 지나갔다. 우리는 그를 멈춰 세운 뒤 앞으로 우리가 어떤 일을 할지 물었다. 하지만 그는 아는 것이 없었다. 우리는 작업복으로 갈아입고 카페테리아 근처에서 계속 기다렸다. 한 15분쯤 지났을까? 작업이 개시되었는지 킬 플로어 노동자들이 우리 앞을 우르르 지나갔다. 라몬은 누가 안에서 우리를 기다리고 있지는 않은지 카페테리아 안을 확인해보겠다고 했다.

도축장의 다른 모든 업무가 시작되자 불안감이 엄습했다. 혹시 일거리가 없다고 해고되는 것은 아닐까? 나는 더 이상 기다릴 수가 없었다. 현장 책임자를 찾아 킬 플로어로 들어갔다. 마침 빌 슬로언이 빨간 안전모를 쓴 리카르도와 이야기 중이었다.

나는 용기 내어 물었다. "제가 일할 만한 곳이 어디 없을까요?"

그러자 빌이 말했다. "칼질해본 경험 있어요?"

"아뇨. 하지만 금방 배울 수 있어요." 리카르도는 머리를 가로저었다.

"혹시, 활송 장치 쪽에는 사람이 필요하지 않나요? 전에 목장에서 일한 적이 있어서 살아있는 소들을 잘 모는데……." 내가 이렇게 간청하자 빌은 리카르도를 쳐다보았다. 그리고는 고개를 까딱하고는 무전기를 꺼내 뭐라고 말했다. 잠시 후 리카르도는 나에게 따라오라고 손짓했다. 우리는 킬 플로어의 청결한 쪽 노동자들이 그날의 첫 사체를 기다리는 곳을 지나, 허리를 구부린 채 반쯤 열린 차고 문을 통과했다.

불결한 쪽에 도착하자 거꾸로 매달린 소들이 눈에 들어왔다. 우리는 생산 라인과 반대 방향으로 나아가다가 사방이 막힌 약간 높은 단상 쪽으로 이동했다. 단상 위에는 허리 높이의 벽에 몸을 기댄 검은 티셔츠의 남자가 총을 들고 서 있었다. 6초마다 '프흐트 프흐트' 하는 소리를 내며 볼트가 소의 머리를 관통하고 있었다. 볼트는 두개골을 강타한 다음, 다시 제자리로 돌아왔다. 소는 초록색 컨베이어 위로 떨어졌다.

우리는 계단을 올라 단상 위에 이르렀다. 아침 7시 30분이었는데, 총을 든 남자의 목에는 송골송골 땀이 맺혀 있었다. 그의 앞을 지나 알루미늄 문을 열고 밖으로 나오자 갑자기 고약한 냄새가 코를 찔렀다. 분뇨와 토사물 냄새에 눈과 목이 따끔할 정도였다. 눈앞에는 도축장 담벼락과 반쯤 탁 트인 공간이 펼쳐져 있었다. 그리고 달그락 소리를 내며 앞의 소의 엉덩이에 코를 박은 채 줄지어 활송 장치에 오르는 소들이 눈에 띄었다. 활송 장치 양옆에는 콘크리트벽이 있었다. 높이는 1.5미터, 두께는 30센티미터쯤 되어 보였다. 활송 장치 양쪽에는 두 사내가 서 있었는데 둘 다 손에 전기충격기, 커다란 플라스틱 몽둥이, 가죽 채찍 등을 들고 있었다. 전기충격기는 고무래 같이 생긴 막대기로 갈퀴 끝 부분은 금속이었고, 손잡이에는 전선이 연결되어 있었다. 인부들은 이런 도구들을 사용해서 소들을 활송 장치 끝 어두운 구멍 쪽으로 밀어넣었다. 난폭하게 떠밀린 소들은 서로 부딪히며 앞으로 나아갔다. 구멍 안쪽에는 소들의 복부를 떠받치는 컨베이어가 있었다. 소들은 이 컨베이어에 실려 허공에 번쩍 들린 채 앞으로 이동되었다. 그리고 '노킹박스' 안의 검은 티셔츠의 사내에 의해 의식을 잃었다.

킬 플로어 불결한 쪽의 주석 지붕은 기껏해야 내 머리보다 1.2미터쯤 더 높은 것 같았다. 천장의 형광등 덮개에는 소들의 배설물이 잔뜩 묻어 있었다. 소들의 하치장인 콘크리트 독 옆에는 소의 무게를 달기 위한 저울이 놓여 있었다.

나는 활송 장치 위쪽에 있는 콧수염을 기른 뚱뚱한 사내 카밀로에게 인도되었다. 임시 우리와 활송 장치 위쪽을 오가며 일하는 사람은 카밀로 말고도 셋이나 더 있었다. 키 작고 마른 질베르토는 나와 카밀로 중간에서 일했다. 그는 휘파람을 불며 소들을 도축장 안쪽으로 밀어넣었다. 구부러진 활송 장치와 임시 우리를 맡은 사내는 19세 청년 페르난도였다. 그는 나를 보자마자 조직폭력배가 아니냐고 물었다. 또 다른 인부는 라울이라는 30대 남자였는데 별로 말이 없었다. 그는 안전모도 쓰지 않은 채 파란색 두건을 두르고 워크맨을 들으며 일했다.

카밀로와 질베르토는 '활송 장치를 빈틈없이 채우는 것', 소들을 활송 장치에 태워 노킹박스까지 이동시키는 일이 우리의 임무라고 말했다. 대부분의 소는 구부러진 활송 장치 두 개 중에서 첫 번째 활송 장치에 태웠다. 하지만 5~6마리 정도는 두 번째 활송 장치에 태웠다. 혹 첫 번째 활송 장치에 빈자리가 생기기라도 하면 두 활송 장치가 하나로 합쳐질 때 두 번째 쪽에 있는 소를 첫 번째 쪽에 끼워넣기 위해서였다. 소들이 처음 도축장에 도착하면 라울이나 페르난도가 마지막으로 하차한 소의 등에다 주황색 로트lot넘버 도장을 찍었다.

로트넘버는 한 사람이 판매한 소들의 숫자다. 그것은 1이 될 수도 있고, 수백이 될 수도 있다. 도축장에서는 소의 건강상태와 나이 등을 파악하기 위해 한 사람이 판매한 소들을 한 그룹으로 묶어 관리했다. 노커는 소의 등에 찍힌 로트넘버를 보고 커다랗게 나팔을 불었다. 이 소리는 한 그룹의 소가 모두 도살되고, 다른 그룹의 소가 도살되기 시작할 것이라는 뜻이었다. 이처럼 감독관과 인부들은 소들을 그룹별로 관리했다.

카밀로는 내게 전기충격기를 건네며 농무부 검사관이 있을 때는 사용하지 말라고 강조했다. 검사관이 접근하면 노동자들은 짧게 휘파람을 분 다음, 손으로 눈을 가리켜 서로에게 이 사실을 알려줬다. 활송 장치 쪽으로 오는 길은 두 개밖에 없었다. 바로 소 우리가 있는 뒤쪽과 킬 플로어가 있는 앞쪽이었다.

나는 활송 장치 앞에 배치된 지 얼마 안 되어 질베르토와 카밀로가 전기충격기를 너무 자주 사용하고 있음을 눈치챘다. 그들은 소의 꼬리에 충격기를 갖다 대는가 하면, 항문 안에 충격기를 집어넣었다. 충격을 받은 소는 펄쩍 뛰어오르며 발길질을 해댔고, 연달아 다른 소들이 우렁차게 울어댔다. 소몰이 인부 질베르토는 기계적으로 금속 봉을 휘둘렀다. 거의 모든 소에게 전기충격을 가하는 것 같았다. 노킹박스 앞 구멍 부근에서는 한 술 더 떴다. 소들이 꽉 들어차 있을 때에도, 소의 코가 앞의 소의 엉덩이에 닿을 듯 가까울 때에도, 심지어 소의 머리가 앞의 소의 두 뒷다리 사이에 박혀 있을 때에도 전기충격기를 들이댔다. 그러다 보니 뒤의 소가 앞의 소 등 위에 올라타는 일까지 생겼다.

소들은 트럭 안에서부터 배설물로 지저분하기 짝이 없었다. 엉덩이에 똥을 잔뜩 묻힌 소를 활송 장치에 태우면 뒤에 바짝 붙어 있는 다른 소의 머리에 똥이 묻기 일쑤였다. 소 발굽이 콘크리트 바닥에 부딪칠 때에도 배설물이 활송 장치, 심지어 인부들의 옷, 팔, 얼굴로 튀었다.

구부러진 활송 장치에 올라탄 소들은 머리를 흔들면서 몸부림쳤다. 인부들은 소들로부터 불과 몇 센티미터밖에 떨어져 있지 않았다. 우리는 소와 매우 가까이에 있었고 우리를 소들로부터 떼어놓는 것은 어깨 높이의 벽밖에 없었다. 가끔 소들은 벽 너머로 코를 내밀고 쿵쿵거리며 우리의 팔과 배를 비벼댔다. 나는 장갑을 벗고 맨손으로 소들의 촉촉하고 부드러운 코를 어루만졌다. 아무것도 가로막지 않는 순수한 접촉의 순간이었다. 아주 가까운 거리에서 본 소들은 정말 늠름했다. 분뇨와 토사물 때문에 꼴은 말이 아니었으나 우람한 모습이 나를 압도했다. 근육질의 소들은 힘이 세 보였고 날카로운 뿔은 단단했다. 어떤 소들은 벨벳처럼 부드러운 가죽을 갖고 있었다. 기다란 속눈썹 아래에 툭 불거진 안구에서는 광채가 났다. 소들의 수정처럼 맑은 눈에는 일그러진 모습의 한 남자가 얼비쳤다. 안전모를 쓰고 주황색 몽둥이를 들고 있는 노동자는 바로 나였다. 나는 체제의 수호자, 폭력적인 행위 덕분에 이익을 보고 있으면서도 그것을 물리적·언어적·사회적으로 은폐하고자 하는 사람들 중의 하나였다. 날마다 소 2,500마리가 활송 장치 위로 사라져갔다. 소들은 구멍 안으로 쫓겨가면서 무엇을 보았을까? 삶의 마지막 순간에 무엇을 경험했을까?

위생적인 냉각실에서 끝없이 단조로운 일을 하며 무감각해져 있었던 나는 활송 장치 앞의 소들을 보고 충격을 받았다. 일단 나는 전기충격기를 함부로 사용하는 질베트로와 카밀로에게 자제를 부탁했다. 카밀로는 병원에 가느라 조퇴한 라울을 대신하러 활송 장치 아래쪽 라울의 자리로 갔다. 나는 카밀로의 자리에 대신 섰다. 그리고 그의 전기충격기를 벽에 기대어 놓고 주황색 플라스틱 몽둥이를 꺼내 들었다. 동료들은 내게 대놓고 화를 내지 못하자 소들에게 화풀이를 했다. 활송 장치 부근에는 "헤이, 헤이, 이야, 이야" 하는 고함소리가 종일 쩌렁쩌렁했다. 인부들은 플라스틱 몽둥이로 소의 등을 사정없이 후려쳤고, 소들은 눈알을 뒤룩뒤룩 굴리며 구슬프게 울부짖었다. 소의 머리를 박살내는 노킹박스의 기계음도 한 시간 내내 쉬지 않고 '프흐트 프흐트' 했다.

회색 안전모를 쓴 나는 불결한 쪽 인부로, 불결한 쪽 화장실과 식당을 이용해야 했다. 우리는 모두 불결한 남자들이었고, 그것은 더 이상 흰색 안전모의 청결한 남자들과 어울려서는 안 된다는 뜻이었다. 하지만 노동자들은 휴식시간에 흰색 회색 할 것 없이 한데 어울렸다. 농무부 검사관들도 반쯤 개방된 활송 장치 주변에서 담배를 피우며 한담을 나누고 바람을 쐬었다.

그날 오후, 킬 플로어에서 가장 먼저 활송 장치 일이 끝났다. 그날의 마지막 소를 활송 장치에 태우면 더 이상 할 일이 없었기 때문이었다(40분 후면 그 소는 두 동강 난 채로 냉각실에 매달리게 된다). 먼저 일이 끝난 나는 복도에서 라몬을 기다렸다. 한 시간 후 청결한 남자들의 화장실에서 라몬이 나왔다. 그의 머리칼과 셔츠는 땀에 흠뻑 젖어 있었고 옷과 팔은 내장 조각 투성이었다. 그에 따르면 그날 아침, 그는 머리 위 레일에 매달린 소의 뒷다리 족쇄를 푸는 일을 했다. 하지만 그 일은 너무 힘에 벅찼다. 감독관도 그걸 알았는지 오전 휴식시간이 끝난 다음 일을 바꿔주었다. 창자실에 간 라몬은 소장 세척을 맡았다. 소장 입구에 짧은 관을 넣은 다음, 물을 흘려보내는 것이었다. 라몬은 창자실의 냄새가 지독하다고 투덜거렸다. "일은 고되지만 그래도 적응해야지 않겠어?" 하며 한숨을 내쉬었다. 라몬은 한참 동안 입을 다물고 있더니 머리카락에 붙은 내장 조각을 떼어 창밖으로 던지며 말했다. "아무래도 다른 일을 알아봐야겠어. 이 일은 미래가 없는 것 같아." 나는 라몬을 집 앞까지 바래다주었다. 그리고는 출퇴근 시간이 달라졌으니 이제 따로 가는 것이 좋겠다고 말했다. 활송 장치 일은 아침 6시 반에 시작되어 4시쯤 끝났지만 창자실은 아침 7시부터 오후 5시까지 일했기 때문이었다.

다음 날, 나는 활송 장치 인부들과 크게 다퉜다. 발단은 전기충격기였다. 카밀로가 노커를 대신하러 가자 나는 카밀로를 대신하여 질베르토 맞은 편, 즉 활송 장치 위쪽에 서 있게 되었다. 나는 플라스틱 몽둥이로 소를 몰았다. 그러자 질베르토와 페르난도가 전기충격기를 사용하라고 고함을 질렀다. 활송 장치는 이미 소들로 빈틈이 없었건만 그들은 막무가내였다. 그들에게 중요한 것은 활송 장치를 꽉 채우는 것이 아니라, 노커가 쉬지 못하도록 노커 앞에 최대한 많은 소를 대기시켜놓는 것, 색출자 앞에 최대한 많은 소를 쌓아놓는 것이었다. 전기충격기를 들이대지 않아도 소들은 빨리 움직였고, 벽 구멍을 통해 노킹박스 안에 도달하는 데 아무런 문제가 없었다. 그런데도 질베르토와 페르난도는 "더 빨리!"라고 외쳤다. 전기충격을 받은 소가 박스 안으로 돌진해 들어가기를, 뒤쪽에서 밀고 올라오는 소들이 앞의 소 때문에 멈추는 일이 없기를 바랐다.

라인이 너무 느리다 싶었는지 난데없이 페르난도가 자기 자리를 박차고 나와 활송 장치 쪽으로 뛰어왔다. 그는 험상궂은 표정으로 내 플라스틱 몽둥이를 강탈하고는 내 눈앞에 전기충격기를 들이댔다. "야, 이 미친놈아!" 그는 고함을 질렀다. "이 젠장할 전기충격기를 쓰란 말이야!"

"왜 그래야 하는데?" 느닷없는 간섭에 나도 화가 났다. "왜 그걸 사용해야 해? 소들이 잘 가고 있잖아?"

"괴롭히고 고문하려고 그런다, 왜?" 페르난도는 대드는 내게 이렇게 비아냥거렸다. "이제 알았으면 전기충격기 들어. 라인이 빨리빨리 돌아가도록 하란 말이야!"

그는 냅다 소리를 지르고는 씩씩거리며 자기 자리로 돌아갔다.

활송 장치 건너편에 나와 마주보고 서 있던 질베르토는 어깨를 한 번 으쓱해 보였다. 그리고 그의 전기충격기를 소의 항문에 집어넣었다. 깜짝 놀란 소는 거세게 발길질해댔고 그 반동으로 앞의 소를 들이받았다.

"도대체 왜 그러는 거야?" 나는 질베르토에게 화를 냈다.

그는 다시 어깨를 으쓱하더니 일을 계속 했다. 나는 울화통이 치밀어 올라 참을 수가 없었다. "이봐, 왜 그렇게 하는 거냐니까?" 내가 다시 묻자 질베르토가 더 이상 못 봐주겠다는 듯이 대답했다.

"너, 내가 전기충격기를 왜 쓰는지 알고 싶어?"

그는 전기충격기로 나를 가리켰다.

"난 해고당하기 싫어. 소들을 계속 움직이게 하지 않으면 소 때문에 우리가 쫓겨날 수도 있어. 그게 이유야."

그날 오후 나는 질베르토와 많은 이야기를 나누며, 그에게 열두 살, 아홉 살, 여섯 살짜리 아이가 셋 있으며 그날이 바로 새 학년이 시작되는 첫날이라는 것을 알았다.

내가 활송 장치 앞에서 일한 지 3일째 되던 날, 감독관 스티브는 내게 활송 장치를 빈틈없이 꽉 채우라고 명령했다. 어쩔 수 없이 나도 전기충격기를 더 자주 사용했다. 알고 보니 인부들이 전기충격기를 남용하는 이유는 페르난도의 말처럼 소들을 고문하려는 것이 아니었다. 그저 동료나 감독관들과 충돌하지 않기 위해서였다. 라인을 꽉 채우는 일이 최우선이라면 전기충격도 불가피한 것인지 몰랐다. 나는 소들을 살짝 찌르며 감전시키지 않으려고 최대한 노력했다. 어쨌든 전기충격기를 쓰니 확실히 소들의 흐름이 원활해졌다. 동료들과 감독관도 만족해했으며, 플라스틱 몽둥이로 소들을 몰 때보다 힘도 덜 들었다.

나는 노킹박스 근처에 있는 이때가 소를 죽이는 일을 관찰할 좋은 기회라고 생각했다. 그래서 가끔 카밀로에게 노커 일을 시키는 감독관을 찾아가서 나도 그 일을 배울 수 없겠냐고 물었다.

"알았어, 나중에 너한테도 가르쳐줄게. 지금은 돌아가서 활송 장치나 꽉 채워."

그날 오후, 나는 카밀로에게 노커가 어떻게 소를 죽이는지 가르쳐달라고 부탁했다. 그는 나를 노킹박스 부근으로 데려가더니 노킹박스 안에는 여러 가지 제어 장치가 있다고 설명해주었다. 전체 시스템을 끄고 켜는 버튼, 컨베이어를 소의 아랫배에 거는 첫 번째 레버, 측면 벽을 이동시키는 두 번째 레버가 그것이었다. 카밀로는 두 레버로 소들을 완전히 결박할 수 있다고 말했다. 그리고 소가 기절한 후에는 체인을 움직이는 장치를 작동시킨다고 덧붙였다.

노킹박스 위쪽 허공에는 노란색 튜브가 달린 공기압축식 총이 매

달려 있었다. 카밀로는 총 쏘는 일이 어렵다고 말했다. 소의 몸은 고정
되어 있지만 소의 머리는 움직일 수 있는 상태여서 한 방에 명중시키기
어렵다는 것이었다. 소가 잠시 숨 고를 때를 참을성 있게 기다렸다가 눈
위 7센티 지점을 겨냥해야 했다.

　카밀로는 소 몇 마리를 기절시킨 다음, 구경하고 있던 나에게 총
을 잡아보라고 했다. 나는 그의 권유대로 노킹박스 안쪽으로 들어갔다.
카밀로는 컨베이어와 다른 레버들을 조종하고 있었고, 나는 총을 집어
들었다. 총에 정신이 팔린 나머지 소가 노킹박스 안으로 들어오는 것
도 눈치채지 못했다. 소는 눈을 희번덕거리며 격렬하게 저항했다. 하
지만 오래지 않아 지쳤는지 잠시 가만히 있었고 나는 그때를 놓치지
않고 방아쇠를 당겼다. 그런데 이상하게 아무 소리도 나지 않았다. 안
전장치가 되어 있어 볼트가 발사되지 않았던 것이다. 나는 다시 한 번
힘을 주어 방아쇠를 당겼다. 이번에는 성공했다. 소의 머리에 구멍이
났고 피가 솟구쳤다. 눈동자가 돌아갔고 머리통은 흔들거렸다. 늘어진
목은 부르르 경련을 일으켰고, 혀는 입 바깥으로 축 늘어졌다. 나는 카
밀로를 바라보았다. 그는 나에게 총을 다시 한 번 더 쏘라고 손짓했다.
나는 소의 머리에 대고 한 번 더 쐈다. 그제야 소의 머리통은 완전히 축
늘어졌다. 카밀로는 소를 아래쪽 초록색 컨베이어로 밀어 떨어뜨렸다.
소의 뒷다리에게는 곧 족쇄가 채워졌다. 하나를 처리하자마자 또 다른
소가 노킹박스 안으로 들어왔다. 발광하는 소의 눈은 공포에 휩싸여 있
었다. 내가 소 두 마리를 더 죽인 뒤, 카밀로는 이제 되었다며 총을 도

로 가져가버렸다. "사람들이 우리 쪽을 보고 있어." 멀리서 빨간 안전모를 쓴 감독관 두 명이 내게 활송 장치로 돌아가라고 손짓하고 있었다.

활송 장치 앞으로 돌아오자 페르난도가 물었다. "너, 거기 왜 갔어? 노커가 되고 싶어?"

"응, 뭐, 그럴 수도……"라고 얼버무리자 그가 말했다. "거짓말하지 마. 네가 그걸 하고 싶어할 리가 없어. 우린 모두 그 일을 좋아하지 않아. 나도 그 일을 싫어하고. 넌 이제 악몽에 시달리게 될 거야."

얼마 전 내게 소들을 괴롭히러 전기충격을 가한다고 하던 페르난도 입에서 이런 말이 나올 줄이야. 하지만 페르난도뿐만이 아니었다. 도축장 인부 모두가 소 죽이는 일을 기피했다. 나는 점심시간에 음식을 데우면서 품질관리부 여직원 질에게 말을 걸었다. 질과는 전에 냉각실에서 간 매다는 일을 감시하는 검사관에 대해 서로 이야기를 나눈 적이 있었다.

"당신 요즘 우리 쪽에서 일한다면서요?" 그녀가 물었다.

"아, 네."

"일은 마음에 들어요? 간 매다는 것보다 나아요?"

나는 긍정도 부정도 않고 어깨만 으쓱했다.

그러자 질은 코를 싸쥐면서 말했다. "거긴 냄새가 많이 나죠?"

"맞아요, 정말로 그래요. 혹시 간 라인이 언제 재개되는지 알아요?"

"잘 모르겠는데."

"그렇군요. 참, 나는 노킹박스 일을 배우고 싶어요."

"네? 노커가 되고 싶다고요?" 그녀는 깜짝 놀란 듯 나를 다시 쳐다보았다. 믿을 수 없다는 말투였다.

나는 어깨를 으쓱해 보였다.

"오호? 정말로요? 난 지금도 마음 한켠이 늘 불편한데."

"죄책감 때문인가요?"

"그렇죠. 밖에 나가서 소들의 작고 귀여운 얼굴을 볼 때는 정말 마음이 좋지 않아요."

"하지만 당신이 도축장에서 근무하는 한 당신도 소들을 죽이고 있는 거예요. 내 말은 그러니까, 음, 우리 모두 이런저런 방식으로 소들을 죽이는 일에 가담하고 있다는 거죠."

갑자기 어색한 침묵이 흘렀다. 나는 화제를 바꾸어 그녀에게 이렇게 물었다.

"여기서 일한 지 얼마나 되었어요?" 질은 3년째 근무 중이며 농무부 검사관 자격을 얻고자 대학에 다니고 있다고 말했다. 또한 그녀는 자녀가 셋이나 되어서 자격증을 취득해도 당장 검사관에 지원하지는 않을 것이라고 했다. 검사관이 되면 발령받은 곳으로 떠나야 하기 때문이었다.

다음 날 나는 매년 실시하는 무료건강검진을 받으려고 1시간 일찍 출근했다. 혈중 콜레스테롤 수치를 측정하고, 혈압을 검사한 다음, 다리를 쭉 펴고 앉아 허리를 얼마나 앞으로 굽힐 수 있는지 확인하는 유연성 검사도 했다. 식습관, 수면습관, 음주 및 흡연습관도 종이에 적었다. 회사 측은 검진 비용을 부담하는 한편 스크램블 에그, 우유, 주스, 시리얼, 바나나, 포도, 베이글, 크림치즈 등으로 구성된 아침 식사를 무료로 제공했다.

나는 건강검진을 주선한 안전 코디네이터 릭과 마주 앉아 아침식사를 했다. 그러다 문득 나는 노커 일을 해보고 싶다고 말했다. 깜짝 놀란 그는 '쿨룩!' 하고 기침까지 했다. 그리고 잠시 후 "당신에게는 사무직이 어울려요"라고 덧붙였다. 근처 대학에 등록하여 좀 더 나은 직업을 찾아보라는 권유도 덧붙였다.

조금 있다가 크리스티안, 움베르토, 타일러, 그리고 냉각실 레일러들이 아침식사를 하러 왔다. 나는 그들과 반갑게 인사를 했다. 일하러 가야 하는 크리스티안과 움베르토는 서둘러 아침을 먹고 자리를 떴다. 그들이 가버린 후 나는 타일러에게 어제 노킹박스에 들어가서 소세 마리를 죽였다고 말했다. 그러자 타일러는 다시는 그 일을 하지 말라고 충고했다.

"이봐, 계속 그 일을 했다가는 머리가 돌아버릴 거야. 노커들이 세 달에 한 번씩 정신과 의사나 심리 치료사를 찾아간다는 이야기 못 들어봤어?"

"정말? 왜?"

"왜라니, 이 사람아, 소를 죽이는 지랄 같은 일을 하면 미쳐버리게 되어 있어." 타일러는 이렇게 내뱉었다.

다행인지 불행인지 노커가 되겠다는 나의 꿈은 물거품이 되었다. 활송 장치에 배치된 지 나흘 만에 쫓겨나게 되었기 때문이다. 4일째 되던 다음 날 나는 운수 사납게 아침부터 지각을 했다. 부랴부랴 작업복으로 갈아입고 활송 장치 앞으로 가자 이번에는 소 배설물이 내 오른쪽 눈을 강타했다. 황급히 노커의 세면기에서 눈을 씻었지만 여전히 따끔거렸다. 이러다 세균에 감염되어 눈병에 걸리는 것은 아닐까 걱정도 되었다. 그날따라 동료들, 특히 페르난도는 더 악다구니를 부렸다. 내가 이전보다 전기충격기를 자주 사용하는데도 내게 시비를 걸었다. "젠장맞을 전기충격기를 많이 쓰란 말이야!" "거지 같은 네 활송 장치 좀 잘 보고 있어!" "빌어먹을 환풍기는 꺼버려!" 페르난도와 나는 활송 장치 위쪽의 커다란 환풍기를 켜느냐 마느냐 하는 문제로 자주 다투고 있었다.

　출근한 지 한 시간쯤 지났을까? 커다란 갈색 송아지 한 마리가 컨베이어 벨트에 오르기 직전에 쓰러졌다. 생산 라인 전체가 정지되었다. 검사관 네 명과 킬 플로어 책임자인 로저 슬로언과 그의 아들 빌이 달려왔다. 그들은 쓰러진 소에게 휴대용 가축 총을 겨누었다. 그리고 기절한 소의 앞다리에 케이블을 걸어 윈치로 노킹박스에서 끌어냈다. 방해물을 제거하고 나서 라인은 재가동되었다.

　그런데 잠시 후 또 다른 소가 첫 번째 활송 장치 위에서 쓰러졌다. 빨간 안전모를 쓴 스티브가 뛰어와서 라울과 페르난도에게 다른 소들을 두 번째 활송 장치에 태우라고 지시했다. 몇 분 후 또 다른 감독관 미구엘이 왔다. 그는 무전기로 교신하더니 오전 휴식시간을 앞당기겠다고 말했다. 우리는 나머지 소들을 두 번째 활송 장치에 태워 노킹박스 쪽으로 이동시켰다. 곧 라인이 정지되었고 쓰러진 소는 휴대용 가축 총을 맞았다.

오전 휴식이 끝난 지 40여 분쯤 되었을 때 세 번째 사고가 일어났다. 소가 활송 장치 안에서 또 쓰러진 것이다. 나는 노킹박스 쪽으로 뚫린 구멍, 그러니까 제일 앞쪽에 서서 플라스틱 몽둥이로 소들을 구멍 속으로 밀어넣고 있었다. 질베르토는 내 뒤쪽에서 소들에게 전기충격을 가하며 앞으로 가길 재촉하고 있었다. 갑자기 엉덩이에 전기충격을 받은 젖소 하나가 앞발을 번쩍 들더니 그 앞에 있던 암소의 등에 올라탔다. 그 순간 모든 소가 동요하면서 내 앞에 있던 소들이 나의 플라스틱 몽둥이를 보고 주춤주춤 뒤로 물러나기 시작했다. 암소 앞에 있던 소들이 후퇴하기 시작하자, 암소 등에 탄 젖소가 발라당 뒤집어졌다. 그리고 그렇게 쓰러져 활송 장치 바닥에 등을 붙인 채 활송 장치 양쪽에 있는 벽 사이에 끼이고 말았다. 젖소는 몸을 바로하려 했지만, 활송 장치가 좁은 데다 배설물과 토사물로 바닥이 미끄러워 일어나지 못했다. 버둥거리던 젖소는 이내 포기한 듯 숨을 몰아쉬며 머리를 벽에 쿵쿵 들이박았다. 젖소의 뒤쪽에 늘어선 소들은 드러누운 젖소 때문에 앞으로 갈 수가 없었다. 그러자 갑자기 질베르토가 충격기로 나를 가리키며 "너 때문이야!"라고 고함쳤다.

라인이 중단되었고 경계경보가 울렸다. 페르난도가 헐레벌떡 달려왔다. "아주 잘했군, 팀. 빌어먹을……." 그는 이렇게 비아냥거렸다. 질베르토가 벽에서 고리 한 쌍을 떼어내어 페르난도에게 던졌다. 나는 물러나 벽에 기대고 섰다. 페르난도는 젖소의 콧구멍에 고리를 넣었다. 그리고 양쪽을 꽉 조여서 콧구멍에 물리도록 했다. 그리고 노란색 밧줄을 연결한 다음 잡아당겼다. 바닥에 등을 대고 드러누워 있는 젖소를 일어나게 하려는 것이었다. 감독관 스티브와 경보를 듣고 달려온 다른 인부들까지 줄을 잡아끌었다. 밧줄을 당기는 힘이 너무 강해 콧구멍이 찢어질 지경이었다. 결국 콧구멍이 벌렁 뒤집히면서 고리가 핑 날아가 후안의 손을 때렸다. "제기랄." 드러누운 소의 등은 활송 장치 바닥의 배설물과 토사물로 엉망이 되었다.

내 옆에는 유지보수팀의 인부 리처드가 벽에 등을 기댄 채 서 있었다. 그는 전기충격기를 대체할 공압식 진동기를 손보느라 근처에 머무르고 있었다. 그는 눈앞에 벌어진 광경에 입을 다물지 못했다. 스티브는 질베르토에게 나머지 소들을 쓰러져 있는 젖소 위로 지나가게 하라고 손짓했다. 그리고는 두 손가락으로 눈을 가리켜 보였다. 농무부 검사관이 오는지 망을 보라는 뜻이었다. 질베르토와 페르난도는 전기충격기로 나머지 소들을 몰았다. 전기충격을 받은 소들은 쓰러져 누운 젖소의 목과 배를 마구 짓밟았다. 발을 구르고, 발길질도 했다. 리처드는 머리를 절레절레 흔들면서 말했다. "이건 아니야. 쓰러진 젖소 위로 다른 소들을 지나가게 하다니……. 난 더 이상 못 보겠어. 난 이 일에서 빠질래." 나도 리처드와 같은 마음이었으나 자리를 피할 수는 없었다. 나는 소 세 마리가 지나가는 것을 지켜보다가 결국 스티브에게 다가갔다.

"계속 이 젖소를 밟고 지나가게 할 작정이에요? 젖소 내장이라도 터지면 다신 일어나지 못할 텐데……."

스티브는 내 말을 못 들은 척했다. 하지만 잠시 후 질베르토에게 통행 중지를 명령했다. 그리고 리처드를 향해 돌아섰다. 둘 사이는 20~30센티미터로 매우 가까웠지만 화가 난 스티브는 고함을 질렀다. "너 말이야, 입 닥치고 아무한테도 이야기하지 마. 이 일에 대해서 절대 아무것도 말하지 말란 말이야. 알았어? 나는 가서 케이블로 이놈을 끌어낼 테니까."

리처드는 당황한 듯했다.

"네, 알겠습니다."

"꼭 입 다물어." 스티브는 재차 다짐을 받아두었다.

스티브는 인부들에게 케이블을 갖고 오라고 명령했다. 그 순간 무전기가 삑삑거렸다. 감독관 하나가 농무부 검사관이 접근 중임을 알려 준 것이었다. "작업 중지!" 스티브는 신경질적으로 소리를 질렀다. 그리고 케이블 대신에 페르난도에게 호스를 가져오라고 말했다. 우리는 호스를 스티브에게 전달했고, 그는 물을 틀어 짓밟힌 젖소의 배를 닦았다. 검사관에게 다른 소들의 발자국을 들키면 안 되기 때문이었다.

잠시 후 농무부 검사관이 다가왔다.

"이 고깃덩어리를 어떻게 처리할까요?"

스티브는 짐짓 아무것도 모른다는 듯 검사관에게 물었다. 여느 때처럼 대충 소를 살펴본 농무부 수의사는 "지금 죽여서 문 밖으로 끌고 나가는 게 좋겠군요"라고 대답했다.

"어느 쪽으로 갈까요? 이쪽이요?" 스티브가 임시 우리 뒤쪽으로 휘어지는 활송 장치를 가리키며 물었다.

"어느 쪽이든 상관없소. 그저 바깥으로 끌어내면 좋겠소. 라인을 막고 있으면 안 되니까."

수의사는 젖소가 도축장 안에서 처리되길 원하지 않았다.

돌연 스티브는 나와 다른 인부들 쪽을 향해 말했다. "식당에 가서 리카르도를 찾아와."

이번 일 때문에 해고되겠구나 싶었다. 페르난도와 질베르토 모두 내 잘못이라고 우겼고, 스티브 또한 검사관이 경위를 물어볼 때 내가 곁에 있는 것을 원하지 않았기 때문이다. 나는 우울한 마음으로 리카르도를 찾으러 갔다. 하지만 그는 식당에 없었다. 나는 터덜터덜 활송 장치로 돌아왔다. 그 사이에 검사관은 어디론가 갔고 쓰러진 젖소 역시 치워지고 없었다. 라인은 정상화되었고, 소들은 다시 활송 장치 위에 태워졌다. 질베르토가 활송 장치 앞에서 로저, 빌, 리카르도에게 침을 튀겨가며 무언가를 열심히 설명하고 있었다. 이야기를 다 들은 빌 슬로언은 나를 향해 물었다. "무슨 일이 있었지?" 나는 전방의 소들이 후퇴하는 바람에 젖소가 뒤로 밀렸다고 말했다. 뒤집어진 젖소의 콧구멍에 고리를 건 일이나, 쓰러진 젖소 위로 다른 소들을 지나가게 한 일은 말하지 않았다. 로저, 빌, 리카르도는 한쪽에 모여 자기들끼리 회의를 했다. 그리고는 나와 질베르토에게 이렇게 경고했다. "이런 일이 또 생기면 당신 둘은 해고요."

로저와 빌이 가버린 뒤에도 리카르도는 계속 남아 노커와 이야기하고 있었다. 나는 리카르도에게 다음 월요일에는 간 라인이 재개되는지 물었다. 그는 그럴 것 같다고 대답했다. "전 정말 이곳이 싫어요. 전기충격기를 너무 많이 사용해요." 나는 간 라인으로 복귀하고 싶다고 했고 리카르도는 알아보겠다고 했다.

그 뒤 한 시간 정도 지났을까. 처음 보는 공익요원이 활송 장치 쪽으로 오더니 누군가 해고될 것이라고 떠들었다. 질베르토와 나는 서로 흘겨보며 아무 말도 하지 않았다. "그게 누군지는 나도 몰라. 하지만 누군가가 잘리고 내가 여기 와서 일하게 될 거라고 말하던걸?" 그러자 페르난도가 나를 가리키며 키득키득 웃었다. "잘되었군, 이 미친놈에게 집에 가라고 말해줘." 마지막 소까지 노킹박스 쪽으로 보낸 다음 나는 불결한 쪽 식당으로 갔다. 리카르도는 나를 보더니 한쪽으로 데리고 가서 다음 주부터 냉각실 근무가 재개될 것이라고 말했다. "여유 인력이 있으니까 오늘 당장 활송 장치 일을 그만둬. 다른 사람이 대신 할 거야. 다음 주부터 라몬과 냉각실에서 일하도록 해."

나는 라몬에게 이 사실을 알리려고 청결한 쪽 식당으로 갔다. 라몬은 간 라인 복귀 소식에 환호했다. 냉각실 감독관인 제임스는 우리에게 다음 주 월요일 작업을 위해 미리 손수레와 갈고리를 깨끗이 닦아놓으라고 했다. 그날 오후부터 당장, 사람들 눈에 띄지 않도록 조심하면서 말이다.

"다 닦은 다음에는 박스실에 가서 박스 좀 접어. 놀면서 대충 해도 돼. 내일(금요일) 접을 것도 좀 남기도록! 세 시쯤에는 퇴근해도 좋아. 대신 아무한테도 들키지 않도록 조심해. 나는 당신들이 온 종일 일한 것으로 기재해놓을 거니까. 다음 주 월요일이 되면 모든 일이 이전처럼 돌아갈 거야. 아침 일곱 시부터 간 매다는 일을 시작하면 돼."

활송 장치 앞에서 보낸 3일 반 동안 나는 소 약 6,000마리를 노킹 박스 안으로 밀어넣었다. 그리고 많은 소가 총에 맞아 죽는 것을 가까이에서 지켜봤다. 그중 세 번은 내 손으로 소들을 직접 죽였다. 하지만 난 노커가 아니었고 소들을 활송 장치에 태워 노킹박스 안으로 보내는 일이 주된 임무였다. "소를 죽이는 지랄 같은 일을 하면 미쳐버리게 되어 있어." 타일러의 말은 그 후로도 오랫동안 나의 뇌리를 떠나지 않았다. 당시 내 정신상태는 돌아버린다는 말이 딱 어울렸기 때문인지도 몰랐다. 나뿐 아니라 활송 장치의 많은 인부들 또한 미치기 일보 직전이었다. 활송 장치 앞에서 보낸 3일 반은 페르난도, 라울, 질베르토, 카밀로가 보고 듣는 것이 무엇인지, 소들을 죽이는 일이 어떤 것인지 알아내기에는 턱없이 짧은 시간이었다. 활송 장치 인부들은 여러 가지 미친

짓, 예를 들어 전기충격기의 잦은 사용, 쓰러진 소 위로 다른 소들을 달리게 하는 것, 도미노 쌓기 하듯 소들을 줄 세우는 것에 익숙해져 이를 모두 정상적이라 여기고 있었다. 그렇게 무덤덤해지기까지 얼마나 많은 시간이 필요하냐는 데에는 개인차가 있었다. 하지만 결국은 모두 그렇게 무감각해져버렸다.

하지만 나는 그렇게 모든 것을 당연하게 받아들이고 싶지 않았다. 그것은 릭, 질, 타일러, 그리고 킬 플로어의 다른 많은 노동자들도 마찬가지였다. 인부들은 노커에 관해 터무니없는 이야기들, 예를 들어 소를 죽이려면 악령의 힘을 빌어야 한다는 등의 이야기를 지어내어 노커의 작업을 '남의 일'로 만들어버렸다. 특히 활송 장치 인부들은 이러한 신화 만들기에 앞장섰다. 유지보수팀의 리처드는 "난 더 이상 못 보겠어. 난 이 일에서 빠질래"라고 말했지만 사실 그는 누구보다도 킬 플로어의 도살 작업에 깊숙이 관여하고 있었다. 결국 리처드의 고백은 자신이 그들과 다른 부류가 아니라 같은 부류임을 강조하는 꼴이 되었다.

물론 리처드의 말은 진심이었을 것이다. 나부터 노킹박스보다는 간 수십만 개가 있는 냉각실을 택하고 싶다. 철저히 분업화된 냉각실에서 시선은 차단되고, 경험은 해체되며, 도살 작업의 폭력성은 중화되었다. 냉각실로 다시 돌아온 다음 내가 제일 먼저 깨달은 것은 분할과 해체와 중화가 인부들을 편안하게 만들어준다는 사실이었다. 인부들은 도축장 한복판에서 가장 핵심적인 일을 하고 있으면서도 자신은 도살자가 아니며, 자기가 하는 일은 정상적인 것이라고 생각하고 있었다.

단조로운 작업 리듬을 지닌 냉각실은 벽, 파티션, 추위라는 물리적 장벽 덕분에 도살행위와 단절되어 있었다. 하지만 물리적 격리보다 중요한 것은 심리적, 도덕적 격리였다. 나 또한 질, 그리고 다른 킬 플로어 노동자들처럼 도살은 노커에만 국한된다고 믿으려 애썼다. 내 일은 도살과 무관하다고 은근슬쩍 넘어가고 싶었다. 하지만 이러한 욕망은 현실과 동떨어진 것이었다. 그렇다고 떨쳐내기 쉬운 것은 아니었다. 실제로 많은 인부들이 살아있는 소를 고기로 바꿔놓는 불가역적인 죽음의 라인이 노커로부터 시작된다고 믿고 있었다. 의학적으로 볼 때 소의 마지막 숨통을 끊는 사람은 스티커였다. 하지만 소는 스티커 앞에 도달하기 전에 의식을 잃어버렸다. 털이 수북한 소의 머리를 향해 총을 겨누는 사람은 노커였다. 대기 중인 소들에게 연달아 방아쇠를 당기면서 번뜩이는 소 눈알을 쳐다보는 사람, 그 눈알에 얼비치는 단 한 사람이었다. 서로 다른 작업을 하는 킬 플로어 노동자 수백 명은 같은 말을 후렴구처럼 반복했다. "소를 죽이는 건 노커 혼자만의 일이다." 킬 플로어는 120+1이라는 간단한 수식으로 도식화될 수 있었다. 그 1 때문에, 가장 힘들고 추악한 일을 맡은 1 덕분에, 책임전가에 익숙한 '킬 플로어 노동자' 120명은 매일 이렇게 말할 수 있었다. "난 빠질래. 도저히 못 보겠어." 노커 혼자 도살을 담당하고 있다는 믿음이 오늘도 도축장을 별 탈 없이 잘 돌아가게 한다.

도축장을 그만 둔 뒤 나는 도살의 도덕적 책임이 누구에게 있는가에 관해 한 친구와 토론한 적이 있다. 쟁점은 소비자냐, 도살에 직접 투입되는 121명이냐는 것이었다. 친구는 행위자인 인부들에게 더 큰 책임이 있다고 단언했다. 소비자는 간접적으로 책임을 느낄 뿐이라는 주장이었다. 나는 그녀와 의견이 달랐다. 인부들의 손에 피를 묻힌 사람들, 도살의 현장과 멀리 떨어진 채 아무런 죄책감도 느끼지 않고 혜택만 보는 사람들이 더 큰 책임감을 느껴야 한다고 주장했다. 도축장은 정상적으로 취업하기 어려운 사람들을 고용하여 끔찍한 일을 시키고 있을 뿐이었다. 내 친구와 같은 이들은 사회 곳곳에 셀 수 없이 많다. 그들은 소수의 약자에게 도덕적이지 못한 일을 은밀히 지시한다. 이들 배후조종자는 노골적으로 혹은 넌지시 시민권과 세금과 인종과 성별과 조상을 들먹이며 약자에게 악역을 맡긴다.

　'120+1'에게 책임을 전가하지 않고, 도덕적 책임을 통감하며, 수혜를 인정하는 사람은 드물 것이다. 하지만 도살을 직접 체험하거나 목격하면 사태가 달라질 수도 있다. 철학자 존 로크John Locke는 이렇게 말했다. "행위에 대한 책임은 타인에게 전가할 수 있지만, 경험으로 느낀 책임감은 전가할 수 없다." 이 말은 도살행위의 수혜자들이 몸소 칼을 잡을 때 '책임'을 통감하게 될 것이란 뜻이다. 보고, 듣고, 냄새 맡고, 맛보고, 만져보고 난 후에야 120+1중에서 1이 된다는 것이 어떤 것인지 알게 될 것이다.

7장
눈 가리고 아웅 하기

작업 73번, 꼬리 거두는 사람(tail harvester)
칼로 꼬리를 잘라 내장 라인에 건다.

"좀 피곤해 보이는데……."

활송 장치에서 냉각실 간 라인으로 복귀한 지 1주일쯤 되었을 때였다. 어느 날 하비에르가 오전 휴식시간에 말을 건네왔다.

"응. 맞아. 어젯밤 4시간밖에 못 잤거든."

"왜? 투잡이라도 뛰는 거야?"

"아니, 책 좀 읽느라고. 넌 어때?"

"나도 피곤해."

"너야말로 투잡 아니야?"

하비에르는 고개를 가로저었다.

"그럼 왜 그렇게 피곤한데?"

"나도 잘 모르겠어." 그는 말꼬리를 흐렸다. "그냥 좀 몸이 무거워."

"줄리아는 어딨어? 요즘 한 며칠 안 보이던데."

줄리아는 초록 안전모를 쓴 품질관리부 여직원이었다. 나와는 모든 노동자가 라인으로 되돌아간 휴식시간 끄트머리에 잠깐씩 이야기를 나눈 적이 있었다.

"나도 몰라." 하비에르가 대답했다. "여기 없나 봐. 계속 안 보여."

"난 줄리아가 마음에 들어. 똑똑하고 착한 것 같아. 휴가라도 간 건가?"

하비에르는 고개를 흔들며 "그건 아닐걸. 회사를 떠난 것 같아. 얼마 전 인부들 중 한 명과 마찰이 좀 있었거든."

"무슨 일로?"

하비에르는 비밀이라도 털어놓듯 속닥거렸다.

"너도 알다시피 품질관리부 일이 감시하는 거잖아?" 그는 검지로 두 눈을 가리키면서 말했다. "근무 태만인 인부들을 찾아내야 하거든. 얼마 전 한 남자가 손을 안 씻었나 봐. 줄리아는 감독관 스티브에게 말했고, 스티브는 줄리아 있는 데서 그 인부에게 주의를 주었대. 화가 난 남자는 줄리아를 몇 대 때렸고."

"정말?"

"그래. 아주 난리가 났지. 줄리아는 경찰을 부르겠다고 했어."

"그래서, 그 남자는 해고되었어?"

"아니, 3일 근신 처분을 받았어."

"줄리아가 회사를 떠난 게 그 일 때문이었구나."

"그건 아냐. 며칠 뒤 로저가 2층 사무실에서 봤는데, 줄리아가 어떤 남자 옆을 지나는 척하면서 등을 밀었대."

"뭐라고? 그녀가 인부를 밀었다고?"

"응. 그래. 그 남자는 아무짓도 안 했는데 그냥 떠밀었대. 그걸 본 로저는 무전기로 줄리아를 불렀지."

"로저가 그녀를 해고했나?"

"아니. 그냥 집에 가서 네가 한 짓을 좀 생각해보라고 그랬대. 그런데 집에 간 줄리아는 다시 돌아오지 않았지. 내 생각엔 아무래도 회사를 그만둔 것 같아."

"세상에나!"

"하여튼 그 사건 때문에 로저가 나에게 품질관리부 일을 해보지 않겠느냐고 묻는 거야. 난 하기 싫은데 말이야."

"왜 하기 싫어?"

"너도 알다시피 돈은 더 받겠지." 그는 엄지와 검지를 비비면서 말했다. "하지만 어려워. 검사관들, 감독관들, 노동자들, 빌과 로저까지 상대하려면 신경 써야 할 일이 한둘이 아니거든. 문제가 생기면 회사와도 껄끄러워지고 말이야."

"그건 그렇겠네. 품질관리부 일은 도축장이 잘 돌아가도록 하는 거니까."

"맞아. 그래서 난 돈을 더 많이 준대도 품질관리부 일은 하기 싫어."

"이봐." 나는 플레인 요구르트 뚜껑을 빈 용기 안에 집어넣으면서 농담처럼 말했다. "나한테 승진기회가 온 것 같은데……."

하비에르는 정색하며 말했다.

"사실 난 제임스와 네가 이 일을 맡으면 어떨까 이야기했어."

"정말? 음, 좋아. 내가 한번 해보지 뭐. 나는 노동자들도 많이 알고, 농무부 검사관들과도 제법 알고 지내니까."

하비에르는 헤어캡 속으로 손을 집어넣어 머리를 묶었다.

"그래, 넌 그 일을 잘할 것 같아."

"나 말고 후보자나 지원자가 있어? 여기서 오래 근무한 사람이라든지?"

"오래 근무한 사람은 많지. 하지만 품질관리부 일은 영어를 잘해야 해. 도축장 인부들 중에는 영어를 잘 읽고 쓰고 말할 수 있는 사람은 드물어. 다들 너보다 도축장에 대해서는 잘 알지만 영어를 못해." 하비에르가 말했다.

나는 일어나서 점심 도시락을 냉장고 안에 넣었다. "그 일을 지원하고 싶으면 어떻게 해야 하지?"

"로저나 빌에게 말해야지."

단순작업이 무한 반복되는 냉각실을 떠나고 싶었던 나는 기대에 부풀었다. 나는 라몬에게 세제를 가져오겠다고 둘러댄 뒤 감독관 제임스를 찾아갔다. 제임스는 나의 말을 듣더니 빌에게 이야기해보라고 말했다. 하필 빌은 식중독으로 병원에 가고 없었다. 그날 중으로 돌아올 수 있을지도 확실치 않았다. 제임스와 이야기하고 있을 때 리카르도가 다가왔다. 제임스가 내 이야기를 하자 리카르도는 눈을 치켜떴다. 흥미롭다는 뜻인지, 의외라는 뜻인지, 건방지다는 뜻인지 그의 표정을 읽기 힘들었다. 어쨌든 나는 고용과 인사문제를 전담하고 있는 빌이 돌아오기를 기다려야 했다.

"로저에게 말하면 어떨까요?"

"안돼." 리카르도는 고개를 가로저었다. "빌에게 물어봐야지. 네가 로저에게 말한다 해도 로저는 다시 빌하고 이야기하라고 할 거야."

하지만 나는 기다리고 싶지 않았다. 점심시간이 끝난 뒤 냉각실에서 일하고 있을 때 나는 품질관리부 직원인 질과 눈이 마주쳤다. 20대 백인 여성인 그녀는 금발에 초록색 눈동자를 갖고 있었다. 우리는 간 라인의 갈고리에 대해 이러쿵저러쿵 말이 많은 농무부 검사관에 대해 같이 흉을 본 적 있었다. 그녀는 위층에서 나를 내려다보면서 나에게 올라오라고 손짓했다. 하지만 나는 질에게 냉각실로 내려오라며 아래쪽을 가리켜 보였다. 한 30분쯤 후에 질이 나를 찾아 냉각실로 내려왔다. 나는 질을 탈의실로 데려가서 품질관리부에서 일하고 싶다고 말했다. 놀랍게도 질은 줄리아가 그만두기 훨씬 전부터 나를 빌에게 추천했다고 말했다. 품질관리부 직원을 충원해야 한다면 내가 적임자라고 빌에게 말한 적 있다는 것이었다. 나는 의사결정권을 가진 사람이 누구인지를 물었고, 질은 로저와 빌 둘 다라고 말했다. 로저는 처리해야 할 큰 일이 너무 많아서 작은 일은 빌에게 맡겨버린다는 것이었다. 질은 또 나에게 영어로 '좋아good'를 적을 줄 아느냐고 물었다. 내가 물론이라고 대답하자 그녀는 쫓겨난 줄리아가 'good'을 쓸 줄 모르는 사람이었다면서, 그 사실을 절대 다른 사람에게 말하지 말라고 신신당부했다. 나는 질에게 나를 훈련시켜줄 수 있느냐고 물었다. 그녀는 그냥 한 1주일 정도 자기를 따라다니면 된다고 답했다.

내가 라인으로 돌아오자 라몬은 무슨 문제가 생겼느냐고 물었다. 나는 라몬에게 내가 초록색 안전모를 쓰게 될지도 모른다고 말했다. "잘 되었구먼." 그는 그렇게 말하며 돌아섰다. 오후 휴식 때 나는 노란 방수복과 흰색 프로크코트를 급히 벗고 계단을 지나 위층 복도로 갔다. 그곳에서 나는 빨간 안전모를 쓴 감독관을 만났다. 로저가 어디에 있느냐고 물으니 '킬 플로어 사무실'이라는 팻말이 붙은 방을 가리켜 보였다. 나는 노크를 하고 문을 살짝 열었다. 방 안에는 감독관 5, 6명이 중앙의 회의 테이블에 둘러앉아 있었다. 그중에는 제임스와 리카르도도 있었다. 하지만 나를 아는 척하지는 않았다.

내 바로 왼편에는 책상이 하나 있었는데 배가 불룩 튀어나온 뚱뚱한 백인 남자가 앉아 있었다. 그는 깍지 낀 두 손을 뒤통수에 댄 채 사무실 의자에 편안히 기대 앉았다. 청바지에 잘 다림질된 줄무늬 셔츠, 금테 안경을 낀 남자였다. 회색, 아니 은발에 가까운 그의 머리카락은 듬성듬성했고, 헤어캡에 눌린 자국 따위는 없었다. 더러운 것 하나 묻지 않은 흰색 헬멧이 그의 책상 위에 놓여 있었다.

"로저 슬로언 씨?"

"그렇소."

"저는 팀이라고 합니다. 냉각실에서 간 매다는 일을 하고 있습니다. 최근 품질관리부에 결원이 생겼다고 들었습니다. 그 자리에 지원하려고 왔습니다."

로저는 일언반구도 없이 고개만 끄덕거렸다. 나는 그의 입술을 쳐다보았다. 빨간 안전모를 쓴 감독관들도 말없이 가만히 있었다.

"저는 영어를 할 줄 압니다. 읽고 쓰고 말하고 다 잘해요." 로저를 만나기 전 내 머릿속은 뒤죽박죽 무슨 말을 해야 할지 몰랐다. 그런데 그 앞에 서자 나도 모르게 하고 싶은 말들이 줄줄 쏟아져 나왔다.

"영어를 썩 잘하는군." 로저가 말했다. 비웃는 것은 아닌지 표정을 유심히 살폈지만 그런 것 같지는 않았다.

"고맙습니다." 나는 계속 말을 이었다. "저는 입사한 지 얼마 되지는 않았습니다만 많은 검사관과 알고 지내고 있습니다. 그 누구보다 이 일을 잘 해낼 수 있는 사람이라고 자부합니다. 질에게 업무에 관한 이야기도 대충 들었습니다. 저는 'HACCPhazard Analysis and critical control Point' 등의 규정들도 잘 알고 있습니다. 품질관리부에서 일할 기회를 주신다면 정말 감사하겠습니다." 로저는 슬슬 구미가 당기는 모양이었다.

"글쎄. 지금 이 자리에서 당장 결정할 순 없는 문제지. 내가 캐서린(부사장중한명)에게 말해보겠소. 작성해야 할 서류가 있을 거요. 지원서를 쓴 다음 면접을 합시다."

"내일은 어떠십니까?"

"가능한 한 빨리 날짜를 잡겠소."

나는 그의 약속에 고맙다고 말했다.

"제가 두 달 전 처음 일을 시작했을 때 누군가 저에게 열심히 근무하면 기회가 올 거라고 말했습니다. 제게 온 기회를 놓치고 싶지 않습니다." 생전 처음 보는, 흰색 헬멧의 이 남자 앞에서 이렇게 술술 말이 흘러나오다니 놀라웠다.

"어쨌든 방문해주어서 고맙소." 로저는 손을 내밀었고 나는 악수한 다음 방을 나왔다. 그리고 냉각실로 가는 계단을 두 칸씩 뛰어 내려갔다. 하지만 7분이나 늦게 라인에 도착했다. 라몬은 그날 오후 내게 말한 마디 건네지 않았다.

다음 날 아침 오전 휴식이 시작되기 전에 제임스가 냉각실로 들어왔다. 그리고 "킬 플로어 사무실로 9시 30분까지 오시오"라고 말했다.

"그럼 내 일은 누가 하죠?"

"하비에르에게 여기 내려와서 일하라고 하리다."

오전 휴식시간이 끝난 다음 하비에르가 나타나자 나는 탈의실로 직행했다. 몇 겹이나 되는 옷을 벗은 다음 9시 30분 정각에 킬 플로어 사무실을 노크했다. 제임스가 문을 열어주었다. 그는 커다란 회의 테이블 앞에 앉아서 오트밀을 먹고 있었다. 로저가 방으로 들어오며 제임스에게 말했다. "그거 당신 심장에 좋겠구먼." "네, 맞아요." 제임스는 잽싸게 한 그릇을 비우고 이내 자리를 떴다. 로저는 나에게 프런트 오피스 간부들이 올 때까지 기다리라고 했다. 곧이어 백인 여성 두 명이 나타났다. 한 명은 40대 초반으로 키가 크고 날씬했다. 나를 재빨리 위아래로 훑어보고는 자리에 앉았다. 다른 한 명은 5~8세 정도 더 나이 들어 보였고 키도 작았다. 안경 낀 얼굴에는 주름살이 많았다. 두 사람은 새 옷처럼 보이는 흰색 얇은 프록코트를 걸치고 있었다. 그들이 쓴 흰색 안전모에는 '방문객'이라 쓰여 있었다. 매부리코의 키 큰 여자는 캐서린으로 기술 담당 부회장이었다. 또 다른 이는 품질보증부 부장 샐리였다. 우리는 악수한 다음 동그랗게 마주 보고 앉았다.

로저는 내가 용감하게 그의 방문을 노크한 이야기를 꺼냈다. "난 정말 깜짝 놀랐어. 이렇게 저돌적인 젊은이는 처음 봤다니까." 캐서린은 나를 보고 말했다. "자기소개를 한번 해봐요. 지나온 삶과 앞으로의 목표를 말해보세요." 면접은 평범했고 나는 지원서에 적은 것을 다시 한 번 간추려 말했다. 그리고 마지막으로 이렇게 말했다. "경험은 없지만 열심히 하겠습니다. 저는 일을 빨리 배우는 편입니다. 기회를 주신다면 정말 감사하겠습니다."

로저와 캐서린은 내가 말하는 동안 몸을 앞으로 기울인 채 고개를 끄덕이기도 하고 미소를 짓기도 했다. 하지만 샐리는 표정도 반응도 없었다. 로저는 '이 저돌적인' 청년이 자기를 찾아오던 날의 이야기를 반복했다. 그는 벌써 내가 품질관리부 직원으로 임명된 것처럼 말했다. "외부인을 채용하는 것보다 내부인을 승진시키는 게 훨씬 낫지. 신규 채용은 어떤 결과가 나올지 예상하기 어렵지만 내부인을 승진시키면 결과를 어느 정도 예측할 수 있거든. 회사에 애정을 가진 우리 직원이 훨씬 더 좋아."

캐서린은 몸을 앞으로 더 숙이더니 내 눈을 들여다보며 말했다. "팀, 당신도 알게 되겠지만 우리는 한 가족처럼 움직이고 있어요. 만약 당신이 우리에게 충성한다면 우리는 당신을 잘 보살펴줄 거예요. 어려운 문제가 생길 때면 고민을 털어놓으세요. 우리는 언제든 당신 이야기를 들을 준비가 되어 있어요." 그녀는 '우리'라는 말을 특별히 강조하며 손으로 자신을 가리켰다. "우리는 당신을 돌봐주려고 애쓸 거예요. 품질관리부 일은 최고의 제품을 생산할 수 있도록 시설을 잘 관리하는 것이에요."

"처음부터 잘할 수는 없지." 로저가 끼어들었다. "우리는 자네가 처음부터 잘할 거라고 기대하지 않아. 완벽을 바라는 건 욕심이지. 그러고 보니 여기서 일한 지 벌써 20년이 흘렀네. 하지만 난 여전히 배울 게 있다고 생각해. 모든 것을 다 안다고 거드름 피우지 않아. 자네도 처음부터 모든 걸 다 알 순 없을 거야. 캐서린이 우리가 가족 같다고 말한 것은 사실이야. 이크. 그러고 보니 캐서린도 올해로 근무 20년째구먼. 제임스도 18년, 감독관 마이클도 19년이 되었네."

나는 업무에 관해 질문했다.

"품질관리부 일은 할만 해. 줄리아는 회사를 그만둔 걸 후회하게 될 거야." 로저는 계속 말을 이었다. "일은 많은 편이지만, 장점도 있어. 컨베이어 앞에 매달려 있지 않아도 되고, 제복과 장화, 무전기, 노트 패드도 갖게 될 거야. 별도의 사무실도 있어. 출근은 오전 5시, 퇴근은 5시 이후야. 초과 근무시간에 대해서는 수당이 나와. 당신은 질과 함께 돌아다니겠지만, 무슨 일이 생기면 빌이나 나에게 바로 보고해야 해. 노동자들에게 지시하지 말고 감독관에게 전달하면 되지."

로저는 마지막으로 이렇게 말했다. "프런트 오피스에 있는 샐리와 모든 문제를 상의하도록 하게." 대화를 나누는 중에 샐리의 이름이 거론된 것은 이번이 처음이었다. 그녀는 고개를 끄덕이며 미소 지었으나 입을 열지는 않았다.

나는 급여에 대해 물어보았다. "나는 킬 플로어의 모든 것을 직접 결정해. 임금을 올리는 일도 내 고유의 권한이지. 일단 자네 임금은 지금과 똑같은 수준에서 출발하는 게 좋겠구먼. 하지만 일을 빨리 배우면 임금이 곧 올라갈 거야. 자네는 금방 그렇게 될 것 같은데?"

우리는 킬 플로어의 소몰이 방식에 대해 잠시 토론했다. 나는 목장에서 일한 적이 있다고 말하면서 지금과 같은 방식은 문제가 많다고 말했다. "소들에게 그렇게 폭력을 휘두르는 건 소들에게 지는 것 아닐까요?" 캐서린과 로저는 당황한 듯 얼굴을 마주 보았다. 이내 로저는 어색하게 웃음을 터트렸다. "그래, 그럴 수도 있겠지. 우리 인부들을 캔자스시티로 보내서 소몰이법을 배우게 해야겠어. 거기 템플 그랜딘Temple Grandin이라는 교수가 동물 다루는 법을 강의하고 있지. 그녀라면 자네도 좋아할 것 같군."

"그분 혹시 소들을 좀 더 쉽게 이동시킬 수 있는 도축장을 고안한 분 아닙니까?" 로저와 캐서린의 눈이 휘둥그레졌다.

"저는 책 읽는 것을 좋아해요. 예전에 뇌 이상으로 사물을 제대로 인지하지 못하는 사람들에 관한 책을 본 적이 있어요. 사고로 시력을 잃어 흑백만 보이는 사람 등에 관한 책이었는데 템플 그랜딘 이야기도 담겨 있었어요. 그녀가 고안한 도축장에서 소들은 스트레스 없이 죽었죠. 도축장 이름이 천국으로 가는 계단이었는데……. 좋은 책으로 기억되는군요. 제목이 《화성의 인류학자》였던가, 뭐 그런 거였어요. 관심 있으시면 정확한 제목과 저자명을 알아봐드릴게요."

갑자기 정적이 흘렀다. 쓸데없는 말을 너무 많이 해버린 듯했다. 품질관리부 직원이 되기 위한 답변 그 이상의 발언을 했다. 적막한 냉각실에서 석고상처럼 굳어가던 나는 기계가 아니라는 사실을 누군가에게 보여주고 싶었던 것일까? 생각과 감정을 가진 인간임을 보여주고 싶은 욕구가 나도 모르게 분출했다.

잠시 후 로저가 말했다. "만약 사람들이 지금 우리처럼 마주앉아 대화한다면 세상은 더 나은 곳이 될 거야. 팀, 자네 요즘 사람들의 문제가 뭔지 아나? 대화를 하지 않는 거야." 그리고는 허리춤에서 모토로라 무전기를 꺼냈다. "제임스, 자네 복사본 갖고 있지? 제임스?" 로저는 나를 보고 윙크하더니 다시 무전기에 대고 말했다. "제임스, 지금 킬 플로어 사무실로 와주겠나?"

제임스가 방 안으로 들어왔다. "제임스, 좋은 소식과 나쁜 소식이 있네. 먼저 좋은 소식은 하비에르가 계속 자네 팀이라는 거야. 나쁜 소식은 이 청년은 아니라는 거지." 로저는 나를 가리키며 말했다. "이 젊은 이를 자네 팀에서 빼내가려고 하는데 언제부터 가능하겠나?"

"내일부터라면 괜찮습니다." 제임스가 대답했다.

로저는 나를 향해 몸을 돌리더니 이렇게 말했다. "내일 아침 다섯 시까지 이리로 출근하게." 그리고 손을 내밀어 악수를 청했다. 캐서린과 샐리도 자리에서 일어났다. 나는 그들과도 악수한 다음 고맙다고 말했다. 마침내 나는 품질관리부 직원이 되었다. 탈의실에 돌아와서도 흥분은 쉽게 가시지 않았다.

탈의실에서 나는 간 포장하는 일을 하는 레이를 만났다. 그는 의자에 앉아 부츠를 벗고 있었다. 아침 10시 30분. 아직 한창 일할 시간이었다. 레이는 23세의 청년으로 구레나룻을 기르고 있었다. 그와는 이야기를 나누며 알고 지내는 사이였다.

"무슨 일이야?" 내가 이렇게 묻자 레이가 대답했다. "일을 그만두려고." 불법체류자인 레이는 미국 시민권자의 사회보장번호를 빌려 도축장에 취직했고, 그 대가로 매주 100달러를 미국인에게 지불하고 있었다. 레이의 주급이 400달러였으니 봉급의 4분의 1을 상납하는 셈이었다. 레이에게 사회보장번호를 빌려주고 있는 릭이라는 남자는 자녀양육을 위해 그런 짓을 한다고 했다. 그런데 최근 릭은 레이에게 매주 150달러를 요구하면서, 만약 돈을 주지 않으면 이민국에 고발하겠다고 협박했다. "나는 그렇게 많은 돈을 줄 수 없어." 레이의 눈에 눈물이 고였다. "다른 일자리를 알아봐야겠어. 형 이름으로 일해야 할 것 같아."

"정말 큰일이네. 어쩌지?" 나는 그의 옆에 앉아 어깨에 손을 올려놓으며 이렇게 말했다. 동정심을 넘어 죄책감이 느껴졌다. 나는 입사 2개월 만에 사무직원으로 승진했다. 경력이 아니라 나의 지식과 영어 실력 덕분이었고, 경영진에게 직접 이야기할 수 있었기 때문이었다. 하지만 불법체류자에 영어도 잘 못했던 레이는 나처럼 경영진과 마주 앉아 대화할 수가 없었다. 만약 레이와 같은 노동자들이 경영진과 마주 앉을 수 있다면 세상은 좀 더 나은 곳으로 바뀌리라. 어쨌든 하루 10시간 냉각실에서 일하기 위해 주급의 4분의 1을 떼어주었던 레이는 더 이상 터무니없는 액수의 명의 대여료를 감당할 수 없어 회사를 그만두었다. 레이와 나는 서로 전화번호를 주고받은 다음 계속 연락하기로 약속했다. 하지만 1주일 후 내가 전화를 걸었을 때 그의 전화는 끊겨 있었다.

레이와 헤어져 냉각실로 돌아온 나는 크리스티안에게 레이 이야기를 했다. 크리스티안은 내 이야기를 도축장에 이민국 직원이 왔다는 말로 잘못 알아들었다. "그들이 여기 왔다고? 이민국 직원이 왔단 말이야?" 공포에 질린 그의 입에서는 스페인어가 튀어나왔다.

"아니, 아니야, 아니라고." 나는 크리스티안을 안심시켰다. "걱정하지 마. 이민국 직원은 안 왔어."

그날 오후 휴식 때 나는 냉각실 동료들에게 품질관리부 직원이 되었다는 것을 알렸다. 그들은 등을 툭 치며 웃었다. "빌어먹을, 잘되었구면.” 하이파이브를 하며 그들은 말했다. 하지만 라몬은 우울해 보였다. “너를 위해선 잘된 일이야.” 그는 퇴근길 차 안에서 조용히 중얼거렸다. “하지만 이제부터 나는 누구랑 일하지?”

새벽 4시 45분, 주차장은 텅 비어 있었다. 품질관리부 직원인 나는 새벽 5시에 출근했다. 한낮의 코를 찌르는 악취 대신 희미한 냄새만 감돌았다. 보안 검색대에는 아무도 없었다. 나는 라커룸으로 가서 초록색 고무장화와 흰색 안전모를 썼다. 그리고 곧장 품질관리부 사무실로 갔다. 질은 책상에 앉아 신문을 읽고 있었다. 그녀는 나에게 종일 자기를 따라다니며 자기가 하는 것을 보고 배우라고 말했다. 그녀는 또 농무부 검사관에게 말할 때는 조심해야 한다고 말하면서 특히 고참인 도널드를 상대할 때는 불이행보고서를 받지 않도록 주의해야 한다고 덧붙였다. 불이행보고서는 연방검사관이 작성하는 보고서로 회사에 ‘매우 불리한’ 것이었다. 불이행보고서를 많이 받은 회사는 벌금은 물론, 공장을 폐쇄당할 수도 있었다. 더구나 일반인들도 불이행보고서를 열람할 수 있어서 회사 이미지에도 치명타였다.

킬 플로어에는 농무부 검사관 13명이 있었다. 우선 최고 검사관 Inspector in charge, IIC인 수의사 그린 박사와 도살 직전 질병 유무를 검사하는 수의사 한 명이 있었다. 그리고 소비자 안전 검사관CSI인 도널드가 있었다. 그는 킬 플로어를 감시하며 식품안전규정 위반 사례를 적발했다. 품질관리부 직원들이 작성한 식품안전 관련 서류들을 검토하는 것도 도널드였다. 이 세 사람 이외에도 각 라인에 검사관 열 명이 배치되어 특정 장소, 예를 들면 머리 테이블(원65 주변), 내장 소장 테이블(원74 주변), 트림 레일(원88 주변) 등을 감시했다. 라인 소속 검사관은 불이행보고서를 작성할 권한이 없었다. 문제가 발견되면 그린 박사나 도널드에게 보고할 뿐이었다.

"도널드에게는 아무것도 말하지 마세요." 질이 다시 한 번 강조했다. "만약 도널드가 당신한테 뭘 묻거든 그냥 모르겠다고 말하세요. 아직 수습기간이라고 둘러대세요." 질은 무전기를 건네며 로저가 언제 부를지 모르니까 늘 긴장하라고 덧붙였다. 로저가 호출하면 즉시 응답해야 한다는 말이었다.

나는 업무를 파악하기 위해 이것저것 물어보았다. 그러나 질은 "그저 나 하는 것만 보고 따라하면 돼요"라고 했다.

정확히 5시 정각에 질과 나는 작업 개시 직전 실시하는 사전 검사를 위해 킬 플로어로 갔다. 사전 검사는 청결한 쪽과 불결한 쪽으로 나눠 하비에르와 함께 실시했다. "줄리아가 그만둔 이후로 하비에르가 불결한 쪽 사전 검사를 맡고 있어요." 질이 내게 설명했다.

"하비에르는 청결한 쪽을 검사할 수가 없어요. 청결한 쪽은 복잡하거든요. 청결한 쪽에 비하면 불결한 쪽 검사는 식은 죽 먹기죠. 앞으로 당신이 양쪽 모두를 검사하게 될 테니까 다음 주엔 하비에르한테 불결한 쪽 검사 방법을 배우도록 하세요."

정적에 휩싸인 킬 플로어는 낯설었다. 힘줄, 지방, 혈액으로 범벅되어 있던 기계들이 깔끔했다. 소를 이등분하기 전에 속을 모두 긁어내는 내장 테이블, 금속판들이 서로 잇대어져 있는 가로 1.5미터, 세로 12미터가량의 내장테이블은 공상과학영화에서나 볼 수 있는 소품 같았다. 머리 위 체인은 정지상태였다. 작업 개시 전의 청결한 쪽 킬 플로어는 놀랄 만큼 고요했다.

티셔츠에 면바지를 입고 하늘색 안전모를 쓴 두 남자가 우리 쪽으로 다가왔다. 그들의 안전모에는 'DCS'라고 쓰여 있었다. 한 사람은 10대 후반으로 얼굴에는 여드름이 나 있었다. 30대 후반으로 보이는 또 한 사람은 긴 곱슬머리를 하나로 묶고 있었다. "안녕." 질이 인사하자 그들도 고개를 숙였다. 그들은 용역업체에서 파견 나온 위생팀 인부들로 주간과 야간, 두 개 조로 나눠 일했다. 야간조는 도축장 인부들이 모두 퇴근한 후 청소를 했다. 기계에 묻은 피, 기름, 힘줄, 내장 조각을 닦아내는 일은 때로 도축장의 주된 작업보다 위험했다. 자칫 화상을 입을 수도 있는 화공약품을 사용하는 데다 청소를 하기 위해 가끔 기계 안으로 팔이나 몸통을 집어넣어야 했기 때문이었다. 위생팀 인부들은 유지보수팀의 제2조, 제3조가 기계를 수리하는 동안 그 옆에서 같이 청소를 했기 때문에 사고를 당하기도 했다. 이렇게 위험한 일을 했지만 위생팀 인부들의 임금은 시간당 7~8달러였다.

질은 스위치를 올려 불을 환히 밝힌 다음 갈고리, 레일, 통로, 벽,

천장 등을 샅샅이 살폈다. 기름기나 윤활유가 제대로 닦이지 않은 레일, 컨베이어 벨트, 체인을 찾아내기 위해 맨손으로 기계 표면을 훑기도 했다. 질이 더러운 곳을 지적하면 위생팀 인부 두 명이 기계 속으로 몸을 굽히고 청소를 했다. 두 남자 중 한 사람은 질이 가리키는 곳을 청소했고, 또 한 사람은 질보다 앞서가면서 다음 일을 기다렸다.

나중에 알게 된 것이지만 이 사전 검사는 일종의 확률 게임이었다. 도널드가 자세히 검사할 곳과 대충 넘어갈 곳을 예상해서 그것이 맞아떨어지면 그날은 승리였다. 질은 그간의 경험을 토대로 도널드가 어디를 검사할지 예측했다. 중요한 것은 청소원들이 어디를 열심히 청소했는지, 어디를 등한히 했는지가 아니었다. 도널드가 어디를 주의 깊게 들여다볼지가 중요했다.

질은 45분 이내에 킬 플로어의 청결한 쪽 사전 검사를 마쳐야 한다고 말했다. 도널드가 매일 아침 5시 45분 정각에 출근하기 때문에 우리는 5시부터 5시 45분까지 45분밖에 검사할 시간이 없었다. 도널드는 5시 45분에 농무부 검사관 사무실에서 나와 킬 플로어의 네 개 구역 중 한 구역을 택해 검사를 실시했다. 1, 3구역은 불결한 쪽으로 하비에르 담당이었고, 2, 4구역은 청결한 쪽으로 질 담당이었다.

아침마다 품질관리부, 유지보수팀 제3조, 위생팀 야간조는 함께 킬 플로어를 한 바퀴 돌았다. 사실 유지보수팀과 위생팀은 어디가 더러운지 잘 알고 있었다. 하지만 그들은 만족스럽지 못한 부분을 애써 숨기려 들었다. 품질관리부 직원들에게 들키면 잔소리만 듣게 되고, 무능력하다고 욕만 먹기 때문이었다. 사실 유지보수팀과 위생팀은 항상 사람이 부족해서 수리와 청소가 완벽하게 되어 있기를 기대하는 것은 무리였다.

질과 내가 플로어를 한 바퀴 돌 때쯤 질이 무전기를 꺼내 랜스를 불렀다. 위생팀 감독관인 랜스는 긴 머리를 하나로 묶은 마른 체격의 사내로 불결한 쪽 식당 근처에 작은 사무실을 갖고 있었다. 랜스는 라틴계 노동자들이 밤새 청소하며 비지땀을 흘릴 때 사무실에 틀어박혀 줄담배만 피웠다. 도축장의 많은 백인 간부들처럼 그는 힘쓰는 일을 기피했다. 문제가 발생했을 때에만 마지못해 현장에 나왔다. 그는 무전호출에 "바로 갈게"라고 응답하고는 한참 후 수세미 걸레 같은 것이 달린 긴 금속 막대를 들고 어슬렁어슬렁 나타났다. 기름이 좀 묻어 있다든지 피가 말라붙었다든지 하는 간단한 문제라면 직접 해결했다. 하지만 골치 아픈 문제는 아랫사람에게 떠넘겼고, 그러면 아랫사람 또한 손짓 발짓 해가며 난색을 표했다.

유지보수 제3조 감독관인 존은 더 고약한 인물이었다. 위생팀 인부들은 규정상 장비를 제거, 분해, 조립할 수 없었다. 그래서 청소를 위해 장비를 옮기거나 해체해야 할 경우에는 유지보수팀이 출동해야 했다. 문제는 유지보수팀이 필요한 그런 일이 매우 자주 있었다는 사실이었다. 거의 날마다 조명 덮개 안쪽에는 물이 고여 있었고(이 경우 불이행보고서를 받을 수 있다. 고인 물에서는 유해균이 번식할 수 있어 물기를 제거해야 했다), 윤활유나 유압식 장비에 사용되는 액체가 호스 밖으로 새어나와 컨베이어를 적시고 있었다(이것도 불이행보고서 감이었다). 우리는 무전기로 조명 덮개를 열어달

192

라고 하거나, 호스가 찢어졌으니 봐달라고 요청했다. 그러면 존은 "빌어먹을, 당신들이 직접 하란 말이야!"라고 외쳤다. 그리고는 5~10분쯤 후에 품질관리부 직원이 다른 장소로 이동했을 때 슬그머니 인부를 보내 일을 처리했다.

유지보수팀과 위생팀은 책임소재가 불분명할 때 앞다퉈 품질관리부 직원을 찾아와 하소연을 했다. 예를 들면 랜스는 유지보수팀이 깨끗이 청소해놓은 곳에다 윤활유를 칠해 다시 더럽게 만든다고 비난했다. 유지보수팀은 위생팀이 제대로 청소하지 않은 채 자기네들만 탓한다고 반박했다. 사실 45분이란 시간은 사전 검사 구역 두 곳을 눈으로 한 번 훑기에도 부족했다. 구역 내의 모든 장비를 손으로 더듬어가며 샅샅이 살핀다는 것은 거의 불가능했다. 한 구역에는 서로 다른 장비 60여 개가 놓여 있었고, 이를 살피는 데 주어진 시간은 22.5초에 불과했다. 이 지역에서 저 지역으로 이동하는 시간까지 고려하면 한 구역당 몇 초밖에 주어지지 않았다. 깔끔해 보이는 장비도 가까이 가서 손가락을 대면 기름이 묻어났다. 힘줄, 피, 윤활유, 유압식 장비 액체 등이 구석에 고여 있을 수도 있었고, 커다란 신장 조각이 벽이나 천장에 들러붙어 있을 수도 있었다. 가령 '185'번 세척장은 85도의 물을 이동 중인 사체에 분사하는 장치로 높이가 4.5미터 정도였다. 관 모양의 장치는 다양한 높이로 설치되어 있었는데, 여기에는 조명 장치도 없어 앞이 잘 보이지 않았다. 세척장 꼭대기는 먼지, 윤활유와 핏자국 등으로 지저분했다. 만약 이곳을 청소하려거나 검사하려고 한다면 사다리를 놓고 몇 분 동안 천천히 올라가야 했다.

질은 나에게 얼마 전까지 사전 검사 시간이 15분이었다고 말했다. 사전 검사 부분에서 불이행보고서가 자꾸 나오자, 빌과 로저가 검사 시간을 45분으로 늘렸다는 것이었다. 빌은 검사 시간을 연장해주면서 더 이상의 불이행보고서는 절대 안 된다고 선언했다. 품질관리부 직원들이 그 어느 때보다 부담감을 느끼며 검사관의 지적을 두려워하는 것은 이 때문이었다.

매일 오전 5시 40분이면 우리는 모두 무전기에 귀를 쫑긋 세웠다. 존이 농무부 사무실의 소등 소식을 타전하기 때문이었다. 도널드가 출근해 사무실이 점등상태가 되면 "우리는 걷고오오오오 있다. 우리는 걷고오오오오 있다"라는 말이 흘러나왔다. 그가 출근하지 않아 아직 소등상태이면 존은 "우리는 걷지 않고오오 있다. 우리는 걷지 않고오오 있다"고 반복했다. 그러면 모두 안도하며 마지막 마무리를 서둘렀다.

보통 아침 5시 45분이면 어김없이 "우리는 걷고오오오오 있다"는 말이 무전기에서 들렸다. 도널드가 사무실에서 나와 문서판 네 개를 들고 한 구역씩 검사를 시작할 것이라는 뜻이었다. 도널드의 검사지에는 장비와 장소들의 리스트가 있었다. 도널드는 임의로 한 구역당 세 곳을 선택하여 검사를 했다. 도널드가 검사하는 동안 유지보수팀은 이 세 곳의 전원을 차단했다(이는 제조업계에서 흔히 잠금 혹은 태그아웃(tag out)이라 일컫는 안전 조치였다).

도널드는 리스트에 적힌 첫 번째 장비 쪽으로 이동했다. 질과 품질관리부 직원, 랜스와 위생팀 인부 두 명, 그리고 존과 유지보수팀 인부들은 종종걸음치며 도널드를 뒤따라갔다. 도널드는 무엇이든 눈에 띄는 대로 불이행보고서를 여러 개 작성할 수 있었다. 포장될 고기가 놓이는 컨베이어 벨트에 묻은 유압 액체나 가드레일 아래쪽의 지방덩어리 등 트집 잡을 만한 것은 항상 많았다. 검사가 진행되는 동안은 모두의 신경이 날카로워졌다. 질은 킬 플로어 전체를 사전 검사했다는 내용의 문서에 사인했기 때문에 특히 더 그랬다. 만약 문제가 발견되어 불이행보고서가 발행된다면 로저와 빌은 유지보수팀과 위생팀보다 질과 품질관리부를 질책할 것이기 때문이었다. 그래서 질은 꼼꼼히 검사하지 못한 곳을 도널드가 볼라치면 그의 관심을 다른 곳으로 돌리려고 필사적으로 노력했다.

검사관은 킬 플로어에 있는 수백 가지 장비 중 12개, 즉 한 구역마다 3개씩 모두 12개를 무작위로 골라 검사했다. 약 45분간 12군데를 검사하는 것이니 한 군데에서 약 3분 45초간 머무르는 셈이었다. 이 정도면 품질관리부 직원이 미처 발견하지 못한 것을 충분히 찾아낼 수 있는 시간이었다. 검사 시간이 길어질수록 품질관리부 직원은 불리했고 검사관은 유리했다. 검사관은 이동 중에도 한눈을 팔지 않았다. 자리를 옮기다가 '우연히 발견한' 결함에 대해서도 불이행보고서를 작성했다. 도널드는 문제점을 찾아내는 데 선수였다. 그는 한 구역에서 한 장비만 계속 오래 살핀다 해도 도저히 발견해내기 어려운 문제점을 아주 쉽게 찾아냈다. 마치 우리가 놓친 문제점을 찾아내려면 어디를 검사해야 할지 알고 있는 것처럼 보였다.

사전 검사에서 자주 지적되는 곳은 4구역의 창자실이었다. 아무리 열심히 청소하고 아무리 꼼꼼히 검사해도 도널드의 날카로운 눈과 부지런한 손에는 뭔가 하나씩 걸렸다. 중요한 것은 도널드가 문제점을 발견하느냐 마느냐가 아니라 그것에 대해 불이행보고서를 작성하느냐 마느냐였다. 문제점은 항상 발견되었다. 하지만 구두경고만 하고 보고서를 쓰지 않는 경우도 많았다. 원칙대로라면 도축장이 채택한 위생표준작업과정Sanitation Standard Operating System, SSOP과 HACCP 때문에 도널드는 그가 발견한 모든 더러움에 대해 불이행보고서를 작성해야 했다. 규정상 킬 플로어 내 모든 표면과 장비는 항상 청결해야 했기 때문이다.

하지만 원칙을 그대로 지키자면 도널드는 날마다 수십 건씩 불이행보고서를 작성해야 할 것이다. 그것이 현실적으로 불가능했기 때문에 도널드는 일부 결함에 대해서만 보고서를 썼다. 어떤 문제점이 보고서 감이냐에 대해서는 특별한 기준이 없었다. 만약 도널드가 일관성 있고 체계적인 기준을 갖고 있었다면 품질관리부와 그렇게 자주 충돌하지 않았을 것이다. 도널드의 보고서 작성 기준은 그야말로 들쭉날쭉했다. 어느 날 질은 도널드가 고기에 직접 닿는 표면의 위생 상태를 심각히 여긴다고 말했다. 고기가 닿지 않는 표면은 크게 문제 삼지 않는다는 것이었다. 하지만 내가 품질관리부로 자리를 옮긴 첫 주에 도널드는 185번 세척장 위의 먼지와 윤활유 자국에 대해 불이행보고서를 작성했다. 세척장 꼭대기는 고기가 닿는 부분이 결코 아니었다. 질의 분석이 잘못된 것일까? 도널드는 머리 고기가 들어 있는 깔때기 안의 말라붙은 핏자국에 대해서는 구두경고를 했다. 무엇을 기준으로 삼고 있는지 헷갈리지 않을 수 없었다.

품질관리부 직원들은 도널드의 기분에 보고서 작성 여부가 달려 있다고 보았다. 도널드가 주말을 즐겁게 보내고 온 다음에는 검사가 일사천리로 후딱 끝났다. 그는 우리와 이야기를 나누며 기계를 건성으로 대충 보았다. 하지만 얼굴 표정이 심상치 않은 날이면 장비들을 하나하나 문질러가면서 까다롭게 굴었다. 나는 질이 하는 일 중 중요한 것이 검사 중인 도널드의 주의를 딴 데로 돌리는 것임을 곧 알아챘다. 질은 도널드에게 말을 걸고, 그의 팔을 만지거나, 그의 농담, 특히 음담패설에 억지로 웃음을 보이며 그의 비위를 맞추고 있었다.

청소 상태가 만족스러운 날에도 신경전은 예외 없이 펼쳐졌다. 도널드가 기계의 아래쪽을 검사하기 위해 허리를 굽힐 때 질의 얼굴은 대개 굳어졌다. 하지만 비웃음을 흘리는 날도 있었다. 도널드도 대충 검사하는 척하며 우리를 방심하게 해놓고 꼬투리를 잡아 불이행보고서를 작성했다.

내가 품질관리부로 발령난 지 얼마 안 되어 도널드가 창자실의 소의 제3위를 닦는 기계 아래쪽을 검사했다. 때마침 건전지가 다 된 도널드의 손전등이 꺼졌다. 질은 웃음을 터트리며 어깨를 으쓱해 보였다. 검사를 더 이상 진행할 수 없게 된 것이었다. 물론 나와 질의 허리 부근에는 잘 작동되는 손전등이 매달려 있었다. 나는 적대적 관계가 완화되었으면 하는 마음에서 나의 손전등을 도널드에게 건넸다. 그는 나에게 고맙다고 말한 다음 검사를 계속했다. 그날 도널드는 문제점을 발견했지만 기계를 "잘 관리하라"고 말했을 뿐 불이행보고서를 발행하지는 않았다. 나의 협력의 제스처가 그에게 먹혀들었던 것이다.

하지만 품질관리부 사무실로 돌아온 후 질은 나에게 불같이 화를 냈다.

"왜 그런 어리석은 짓을 했나요?"

그녀는 나를 몰아세웠다.

"도널드의 손전등이 꺼진 건 그가 해결할 문제지 우리가 상관할 바가 아니에요. 도널드는 우리 편이 아니라고요. 우리 일은 그를 돕는 게 아니에요. 다음부터는 절대 그런 짓 하지 마세요."

나는 불이행보고서를 받지 않았으니 전략이 성공한 것 아니냐고 항변했다.

"그래요, 아주 잘했어요."

속이 부글부글 끓는 모양인지 그녀는 이렇게 이죽거렸다.

"당신 생각엔 도널드가 감동한 나머지 우리 편이라도 될 것 같은 모양이죠? 당신 머리가 어떻게 된 거 아니에요? 도널드는 그런 사람이 아니라고요. 그는 우리를 이용하려들 뿐이에요."

내가 품질관리부에 몸담고 있는 동안 질뿐만 아니라 로저, 빌, 빨간 안전모를 쓴 감독관들 모두가 같은 말을 반복했다. 도널드와 우리의 관계는 전쟁 상태와 같았다. 교전 중에 적을 도와주거나 적에게 편의를

198

제공해서는 안 되는 것이었다. 나는 또 품질관리부 직원의 능력이 도축장의 위생 상태나 식품안전 여부가 아니라 불이행보고서의 발행 횟수로 평가됨을 곧 알았다. 아침 다섯 시부터 문서 작업을 마치고 퇴근하는 오후 대여섯 시까지 불이행보고서에 대한 두려움이 온종일 내 머릿속을 떠나지 않았다. 아침 일찍 품질관리부 직원이 불이행보고서를 받을라치면 로저는 부서 전체를 그의 사무실로 집합시켰다. "불이행보고서는 더 이상 안 돼!" 이보다 더 확실한 표현은 없었다. 품질관리부 직원인 나의 최우선 과제는 도널드를 잘 '요리'하는 것이었다.

로저와 빌은 불이행보고서에 민감했다. 프런트 오피스의 캐서린과 샐리가 불이행보고서의 횟수와 종류를 집계 중이었기 때문이었다. 불이행보고서를 받은 업체는 적절한 시정조치를 해야 할 법적 의무를 갖고 있었다. 사전 검사에서 문제점이 발견되었을 경우 회사는 대부분 해당 직원 혹은 해당 지역을 검사한 품질관리부 직원을 재교육할 것이라고 답변했다. 그러나 실상은 "좀 더 신경 쓰라"는 정도의 경고만 주었다. 그러나 문서상으로는 회사가 결함을 심각한 문제로 여기고 즉각 행동에 나선 것처럼 보일 필요가 있었다.

사전 검사가 종료되면 품질관리부 직원 한 명은 킬 플로어에 남아 하루 일과를 시작할 준비를 했다. 나머지는 냉각실로 가서 전날 도축된 소 중에서 여덟 마리를 골라 양지머리, 우둔살, 옆구리살을 조금씩 잘라 냈다. 품질관리부 직원들은 이들 샘플을 냉장고에 넣어두었다가 오후 늦게 머리, 볼, 식도 고기 샘플과 함께 도축장 주차장에 있는 트레일러 속 실험실로 보냈다. 세균 검사를 받기 위해서였다. 품질관리부 직원들은 교차오염을 피하기 위해 샘플 하나를 채취한 다음에 장갑을 바꿔 끼고, 모든 칼과 갈고리를 정성스럽게 살균하는 등 매우 조심을 했다. 전날 작성한 식품안전 관련 서류들을 복사하여 프런트 오피스의 샐리에게 갖다주는 일도 잊으면 안 되었다. 샐리는 서류에 오류는 없는지, 불이행보고서를 받을 수 있는 결함은 없는지 검토했다.

오전 6시 도축장의 하루 일과가 시작되면 품질관리부의 업무는 '중점관리기준Critical control point, CCP'검사가 중심이 되었다. 중점관리기준검사는 클린턴 행정부 시절 육가공업계가 채택한 HACCP 시스템의 핵심이었다. HACCP는 연방정부가 직접 육류를 검사하는 대신 도축업체 스스로 검사하고 보고하도록 규정하고 있었다. 이렇게 검사를 업체에 위임하고, 품질관리부에서 나온 서류 한 장만 검토하는 것이 바로 HACCP이었다. 그래서 도널드 같은 사람은 HACCP를 "커피나 한 잔 마시며 기도 해야지(have a cup of coffee and pray의 앞글자를 딴 말장난으로 대충 서류만 검토한 뒤 별 탈 없겠지 한다는 뜻이다-역주)"라고 비아냥거리기도 했다.

HACCP의 중점관리기준검사는 생산 공정의 주요 지점에서 무작위로 표본을 추출하여 전체 식품의 가공 상태를 평가했다. 도축장은 한 시간마다 세 곳, 그러니까 하루 스물네 번 킬 플로어에서 중점관리기준검사를 실시하기로 농무부와 합의했다. 중점관리기준검사-1은 트림 레일을 지나 세척장(원91 부근)으로 진입하는 사체에 실시되었다. 세척장 바닥 부근에서 8마리, 꼭대기 부근에서 8마리, 총 소 16마리를 임의로 선택하여 배설물, 소화된 음식(지푸라기), 우유, 윤활유 흔적이 있는 소에 대해 불합격판정을 내렸다.

중점관리기준검사-2는 머리, 볼, 식도 고기 40여 점을 눈으로 보고 손으로 만져서 오염물질이 있는지를 가려내는 것이었다. 중점관리기준검사-3은 185번 세척장의 수온을 측정하는 것으로 첫 번째 검사 직후 실시되었다. 품질관리부 직원은 모든 중점관리기준검사 결과를 정해진 양식에 기록해야 했으며, 이를 도널드가 매일 확인했다.

수습기간이 끝난 후 나는 질과 중점관리기준검사들을 번갈아가며 실시했다. 이번 주에 내가 첫 번째와 세 번째 검사를 맡으면 질이 두 번째 검사를 맡고, 다음 주에는 반대로 하는 식이었다. 나는 모든 검사가 약간 위험하다는 것과 검사할 때 리드미컬하게 해야 한다는 것을 알았다. 첫 번째 검사와 세 번째 검사는 실시 지점이 가까워서 한 번에 끝내버릴 수 있었다. 6초에 이분체 하나씩 검사하면 3분 만에 32개를 처리할 수 있었다. 나는 사체를 검사하기 위해 때로 유압식 리프트에 올라타야 했다. 갈고리로 머리 위 레일을 따라 휙 지나가는 사체를 쿡 찍어서 돌려놓기도 했다. 질은 중점관리기준검사 소홀이라는 이유로 불이행보고서를 받지 않으려면 사체를 꼼꼼히 살펴보아야 한다고 누누이 강조했다. 나는 무결점주의 원칙에 따라 배설물, 우유, 소화된 음식물 흔적을 발견하는 즉시 기록해야 했다. 하지만 그런 흔적이 도대체 어떤 것인지 감을 잡을 수가 없었다. 내가 질에게 어떻게 생긴 것을 찾아내야 하는지 잘 모르겠다고 말하면 질은 어이없다는 듯이 "그 빌어먹을 것이 어떻게 생겼는지 아직도 모른단 말이야?" 하고 쏘아붙였다.

그때까지 내가 아는 소의 배설물이란 바닥에 떨어진 커다란 덩어리, 엉덩이에 눌어붙은 둥글넓적한 것뿐이었다. 젖산 세척을 마친 사체들에는 군데군데 시커먼 화상 자국이 있어서 그중 어떤 것이 배설물인지 도무지 구별할 수 없었다. 미 농무부는 배설물을 섬유조직의 초록색 혹은 노란색 물질이라 정의해놓았다. 사체에 붙어 있는 가로세로 0.3~0.4센티미터의 작은 배설물도 용납하지 않았다. 나는 소화되다만 음식물, 즉 도살 시점에 소의 입이나 턱밑에 들어 있었던 지푸라기도 찾아내야 했다. 박피 도중 소의 유방이 손상되어 오염되었을 가능성이 크기 때문에 우유 또한 오염물질로 분류되었다. 품질관리부 직원들은 배설물, 지푸라기, 우유를 한데 묶어 'FMI'라고 불렀다. 레일의 윤활유와 먼지도 적발대상이었다. 윤활유가 지나치게 많이 칠해져 있을 때, 혹은 기계가 부드럽게 잘 돌아가지 않을 때 윤활유는 레일 아래쪽으로 흘러 사체에 묻었다. 말라버린 윤활유 찌꺼기인 레일 먼지는 바퀴들이 움직일 때 아래로 떨어져 사체에 들러붙었다.

품질관리부 직원들은 변색된 곳, 약간 이상하게 보이는 것들을 찾아내려고 눈에 불을 켰다. 지방층이 접혀 골을 이루거나, 울퉁불퉁한 힘줄이 많을 경우에는 그림자가 져서 잘 보이지 않았다. 중점관리기준검사-1을 실시할 때는 이 그림자에 특히 주의해야 했다. 젖산 세척 때문에 생긴 거뭇거뭇한 자국은 윤활유나 레일 먼지와 비슷했다. 너무나 똑같이 생겨서 선임자도 신입직원에게 그 특징을 설명해주지 못하고 "그 빌어먹을 것이 어떻게 생겼는지 아직도 모른단 말이야?"라고 타박할 수밖에 없었다. 미세한 차이는 거의 현미경 수준이었고, 노련한 경험자가 아니라면 식별이 거의 불가능했다.

언론에서는 '광우병'이 배설물을 통해 전염되는 것처럼 야단법석을 떨지만 사실 배설물 때문에 생길 수 있는 병은 따로 있었다. 그것은 식중독으로, 도널드가 우리에게 이따금 강조하는 부분이었다. 불행히도 배설물은 가장 제거하기 어려운 오염물질이었다. 검은색의 윤활유나 먼지 자국은 하얀색의 사체 위에서 도드라져 보였다. 하지만 배설물은 액체 상태와 유사해서 살점 속으로 파고들었다. 번져버리면 눈앞에 있다 해도 알아보기 어려웠다.

노동자 여섯 명과 검사관 두 명이 1차로 사체를 살핀 다음 실시되는 중점관리기준검사-1에서는 오염물질이 추가로 발견되는 일이 드물었다. 예리한 눈동자 10여 개가 벌써 사체를 샅샅이 훑었는데 무엇이 또 발견되겠는가? 워낙 빨리 지나가 오염물질을 놓쳐버린 경우라면 모를까.

그런 까닭에서인지 중점관리기준검사-1에서 오염물질이 나오면 현장 책임자는 노골적으로, 혹은 은근하게 모른 척 넘어가 줄 것을 요구했다. 그들이 압력을 넣으면 품질관리부 직원들은 검사용지에 'FMI 없음'이라고 적었다. 그리고 담당 감독관에게 몰래 가서 오염물질이 나왔다고 말했다. 그러면 감독관은 인부들에게 "좀 더 조심하라!"고 주의를 주었다. 이러한 행동은 식품안전 검사시스템 자체를 부정하는 것이었다. 샘플을 통해 전체의 위생 상태를 가늠하는 상황에서 한 사체의 더러움은 단순히 그 하나의 더러움을 의미하는 것이 아니었기 때문이었다.

원래 오염물질 발견 이후의 공식적인 절차는 라인을 중지하고 오염물질을 제거하는 것이었다. 불합격 판정을 받은 사체의 숫자와 시각도 검사지에 적어넣어야 했다. 그 다음에는 '중점관리기준 미달 요소의 회복Regaining control of ccp failure'이라는 과정이 시작되었는데 먼저 로저와 빌 슬로언, 빨간 안전모를 쓴 감독관들, 품질관리부 직원들이 모여 어디에서 자주 문제가 발생하는지 의견을 교환했다. 예를 들어 사체의 엉덩이 쪽에서 자주 더러운 것이 발견되면 킬 플로어의 불결한 쪽, 특히 꼬리 자르는 사람이나 첫 번째 다리의 가죽을 벗기는 사람이 잘못하고 있다고 추정해볼 수 있었다. 하지만 이는 어디까지나 추측일 뿐 확실한 것은 아니었다. 그런데도 회사 측은 농무부에 제출할 서류에 '오른쪽 엉덩이 부근의 배설물은 첫 번째 다리 가죽 벗기는 사람이 사용하는 칼이 위생적이지 못했기 때문'이라고 적어넣었다.

'미달 요소 회복'의 두 번째 단계는 경영진이 구체적인 지시를 내리는 것이었다. 회사 측은 사전 검사로 불이행보고서를 받았을 때와 마찬가지로 즉각적으로 시정 조치를 해야 했다. 하지만 그 시정 조치라는 것은 대개 서류에 '올바른 사용법에 대해 조언했다', '위생적인 칼 사용에 관해 재교육을 실시했다'고 적어넣는 것으로 끝냈다. '조언했다'는 것은 말했다는 뜻이니 더 이상의 증명서류가 필요 없었다. 하지만 '재교육을 실시했다'는 것은 사실 관계 증명을 위해 인부들의 서명이 담긴 서류를 요구했다. 회사 측은 인부들에게 서명을 받아 검사지에 첨부했다. 물론 '재교육'을 실시해도 같은 일이 재발할 수 있었다. 연거푸 세 번 같은 사람이 같은 잘못을 반복한다면 회사 측은 '징계', '근신', '해고'라고 서류에 적어넣어야 했다.

문제를 일으킨 인부에 대해 조치를 한 다음에는 '관리 복구Reestablishing control'가 시작되었다. '관리 복구'란 시정 조치를 한 뒤, 문제 발생 지점을 통과하는 첫 사체를 중점관리기준검사하는 것이었다. 품질관리부 직원은 시스템이 정상적으로 재가동되고 있는지 확인하기 위해 새로 검사를 실시했다. 이분체 32개가 모두 깨끗한 것으로 판명되면 HACCP가 정상 가동되고 있다는 것이 입증되었다. 한편 문제가 발견되기 전 마지막으로 중점관리기준검사-1을 통과했던 사체 이후의 사체들은 모두 냉각실로 보내져 개별적으로 재검사를 거친 뒤 제조실로 입고되었다. 라인 속도가 시간당 300여 마리로 매우 빠르기 때문에 재검사를 받아야 하는 사체는 보통 수백 개를 웃돌았다.

킬 플로어 현장 책임자는 중점관리기준검사-1을 통과하지 못하는 것을 매우 싫어했다. 대중에게 공개되는 문서에 오염 사실을 적어넣는 것 자체를 수치스럽게 여겼을 뿐 아니라 라인 정지, 사체 재검사 등의 절차를 거추장스럽게 여겼다.

품질관리부 직원들은 중점관리기준검사-2를 실시할 때도 검사지를 엉터리로 작성했다. 중점관리기준검사-2는 햄버거 고기로 이용되는 머리, 볼, 식도 고기에 대한 검사로 미 농무부가 업계의 반발을 누르고 의무화한 것이었다. 중점관리기준검사-1이 빠르게 이동하는 이분체를 눈으로 살피는 것이라면 중점관리기준검사-2는 머리 고기 등이 담긴 박스 하나를 테이블 위에 올려놓고 샘플 40여 점을 골라 배설물, 우유, 지푸라기가 있는지 확인하는 것이었다. 오염물질인 지푸라기의 길이는 보통 0.3~2.5센티미터였지만 8~10센티미터 되는 긴 것도 있었다. 어쨌든 모두 발견되어서는 안 되는 것들이었다. 지푸라기가 발견된 머리, 볼, 식도 고기는 불합격 처리되었고, 중점관리기준검사-1에 불합격했을 때와 동일한 과정이 시작되었다. 마지막으로 합격한 박스부터 재검사에 처음 합격한 박스 바로 이전까지의 나머지 박스들은 개별적인 재검사를 위해 냉동실로 보내졌다. 그 박스들은 일단 불합격으로 간주되었다. 품질관리부 직원들은 이들 2.7킬로그램짜리 고기 박스 12~15개를 하나하나 검사했다. 이렇게 중점관리기준검사-2를 통과하지 못하면 불이행보고서를 받을 뿐 아니라 많은 시간을 들여 재검사까지 해야 하니 손해가 이만저만 아니었다.

중점관리기준검사-2는 중점관리기준검사-1보다 시간이 오래 걸렸다. 중점관리기준검사-1에서 움직이는 사체를 살필 시간은 고작 몇 초밖에 안 되었지만 중점관리기준검사-2 때는 정지상태의 고기를 오래오래 들여다볼 수 있었다. 도널드가 어느 검사를 더 좋아했는지는 불보듯 뻔했다. 그는 품질관리부가 한 번 들여다본 박스까지 느긋하게 다시 개봉했다. 그리고 지푸라기라도 발견할라치면 오염물질에다 중점관리기준검사 소홀까지 불이행보고서를 두 개 작성했다.

도축장 경영진은 중점관리기준검사-2에서 불이행보고서를 여러 개 받는 것을 원하지 않았다. 그래서 품질관리부 직원들에게 노골적으로 허위 문서 작성을 요구했다. 오염물질을 발견해도 서류에 적어넣지 말고, 감독관에게 몰래 알려주라는 것이었다. 이러한 비공식적인 문제 처리 방식은 때로 상황을 악화시키기도 했다.

내가 품질관리부 직원이 된 다음 날과 그 다음 날 연달아 벌어졌던 일이다. 첫째 날 중점관리기준검사-2를 실시하던 질은 볼살 박스를 검사하다가 지푸라기 하나를 발견했다. 하필 도널드가 바로 질의 옆에 서 있었다. 질은 할 수 없이 지푸라기가 발견되었다고 서류에 적어넣은 다음, 지푸라기 옆에 자를 대고 디지털 카메라로 사진을 찍었다. 로저와 빌은 도널드가 지푸라기의 길이를 과장하고 있다면서 자를 대고 사진을 찍어 도널드의 주장을 반박하려 했다. 질은 사진을 찍고 난 뒤 머리 라인을 담당하는 감독관 엔리크를 만나 "관리가 잘 안 되고 있다. 인부들에게 주의를 주라"고 말했다.

엔리크는 현재와 같이 라인 속도가 빠른 상태에서는 소머리를 완

벽하게 씻어 지푸라기 하나 없이 하는 것은 거의 불가능하다고 하소연
했다. 인부들은 소머리 뒤편에서 약 12초간 수압이 높은 호스로 물을 뿌
려 입안의 지푸라기와 이물질을 제거했다. 결국 식도, 볼살 등에 지푸라
기가 남아 있냐는 확률게임에 불과했다. 12초간 물을 뿌렸을 때 지푸라
기가 모두 씻겨나갈 수도 있고 씻겨나가지 않을 수도 있었다. 아이러니
한 것은 HACCP 시스템이 '현상 유지'를 못하는 까닭은 관리가 소홀했
기 때문이라고 본다는 사실이다. 적어도 식도와 볼살의 경우 유지해야
할 현상 자체에 대한 관리가 제대로 이루어지지 않는 상황인데 말이다.

　다음 날 나와 질은 식도 고기 박스를 검사하고 있었다. 도널드는
1.2미터쯤 떨어진 유지보수팀 사무실 벽에 기대어 우리를 쳐다보고 있
었다. 나는 고기조각 3, 4개를 더듬다가 매끄러운 식도 표면에 뭔가 불
쑥 튀어나와있음을 느꼈다. 길이 2.5센티미터 정도의 지푸라기였다. 나
는 아직 수습사원이었기에 질에게 조언을 기대하며 질을 쳐다보았다.
하지만 질은 자기 박스만 주시할 뿐 내 쪽을 돌아보지 않았다. 나는 도
널드가 어디 있는지 확인하려 했지만 보이지 않았다. 도널드가 문제의
지푸라기를 봤는지 안 봤는지 확신할 수가 없었다.

　나는 서류에 지푸라기를 적기로 하고 식도 고기를 금속 검사 테이
블 위로 꺼내놓았다. 도널드가 즉시 다가왔다. "뭡니까?" 질은 한숨을
내쉬며 말했다. "맙소사, 팀!" 나는 질과 도널드에게 지푸라기를 가리켜
보였다. 그리고 검사용지에다 '식도 고기에서 지푸라기 발견'이라고 적
어넣었다. 나는 지푸라기의 길이를 재고 사진을 찍었다. 나의 모든 행동

은 전날 질이 했던 것과 똑같았다. 차이가 있다면 로저, 빌, 질은 내 행동을 불가피한 것으로 여기지 않았다는 사실이었다.

품질관리부 사무실로 돌아왔을 때 질은 박스를 합격시키지 않은 것에 대해 화를 냈다. 도널드가 멀리 떨어져 있었기 때문에 얼마든지 그냥 넘어갈 수 있었다는 주장이었다. "그는 지푸라기를 볼 수 없었어. 그 고기를 맨 아래 다른 고기 조각 밑에 넣고 박스를 봉했어야지." 나는 어제와 오늘이 똑같은 상황이었다고 반박했다. 어제 질이 지푸라기를 발견했을 때 도널드 때문에 불합격시킬 수밖에 없었던 것처럼 나도 어쩔 수 없었다고 설명했다. 그녀는 어제의 경우 도널드가 "목덜미에 숨결이 느껴질 만큼 가깝게 있었다"고 항변했다. 나는 만약 질의 말대로 통과시켜버렸다면 도널드가 박스를 재검사할 경우 불이행보고서 두 개를 받을 수도 있었다고 주장했다. 지푸라기 발견에 따른 불이행보고서뿐 아니라 품질관리부 검사 소홀로도 보고서가 발행되었을 것이란 뜻이었다.

"내가 검사를 끝낸 박스를 어떻게 하는지 못 봤어?" 그녀는 계속 말했다. "검사한 박스를 다른 박스들과 뒤섞어놓는 거야. 그러면 도널드는 내가 검사한 박스가 어느 것이었는지 정확히 알 수가 없어."

"하지만 그가 그 박스를 찾아내서 지푸라기를 발견하면 우리는 지푸라기와 검사 소홀 때문에 불이행보고서를 두 개나 받게 돼요."

"너도 이제 품질관리부 일이 뭔지 알 만큼 충분히 오래되었지? 우리는 어떤 상태의 제품이든 최대한 통과시켜야 해."

같은 날 오후 내가 중점관리기준검사-2를 하고 있을 때 빌 슬로언이 내게 다가왔다. 잠시 침묵이 흐르고 그가 마침내 입을 뗐다. "자네도 알다시피, 팀, 여기선 모든 게 100퍼센트 완벽할 수 없어. 만약 문제 있는 고기를 발견하면 가장 좋은 방법은 감독관에게 그 사실을 알려서 그들이 문제를 시정할 수 있도록 하는 거야. 질이 일을 잘한다는 건 자네도 알고 있겠지? 그녀는 제품을 검사할 때 손을 어떻게 놀려야 하는지 잘 알고 있어. 문제를 발견해도 검사관이 눈치채기 전에 재빨리 감추어 버리지. 검사관이 근처에 있다 해도 자연스럽게 넘어갈 수 있어야 해. 검사관들이 그녀를 주시하고 있을 때 검사관들의 주의를 다른 데로 돌리기 위해 어떻게 하는지 자네도 봤지?"

나는 문제의 지푸라기를 도널드가 봤는지 못 봤는지 확신할 수 없었다고 말했다. "만약 도널드가 바로 옆에 있었다면 지푸라기를 확실히 봤을 거야. 그럴 때는 선택의 여지가 없어. 우리는 네가 범법자가 되는 것을 원하지 않아. 하지만 그가 좀 떨어져 있다면 좀 더 자연스럽게 행동해야지. 질이 하는 것을 잘 봐. 어떻게 태연히 상황을 넘기는지 유심히 봐. 이런 식의 불이행보고서는 더 이상 받지 않았으면 해." 빌은 그렇게 말한 다음 자리를 떴다.

품질관리부 직원들과 킬 플로어 책임자들은 중점관리기준검사에서 오염물질을 발견해도 검사지에 적지 않는 오랜 관행을 잘못된 것이라고 생각하지 않았다. 질과 내가 중점관리기준검사-1을 하던 어느 날, 질은 배설물이 묻어 있는 고기 박스 몇 개를 통과시켰다. 질은 내게 고개를 돌리며 이렇게 말했다. "너도 알다시피, 우리가 이 고기를 검사하는 마지막 사람이라면 이렇게 하면 안 되겠지. 하지만 제조실 사람들이 마지막으로 이 고기를 한 번 더 볼 거야. 만약 무슨 일이 생기면(그것은 '더러운 고기를 먹고 누군가 아프게 된다면'이란 뜻이었다) 그들 책임이야."

내가 엉터리로 검사하는 게 아무렇지도 않느냐고 직설적으로 물었더니 그녀는 불쾌감을 감추지 않았다. "내가 거짓말을 한다 이거야?" 내가 최근 검사지에 적지 않고 넘어간 불합격 사례 몇 개를 열거하자 그녀는 더욱 화를 내며 어깨를 으쓱했다. "뭐, 그게 우리 일인걸. 너도 알잖아? 우리가 그걸 다 보고하면 이 직장을 얼마나 더 다닐 수 있겠어? 쫓겨나지 않으려고 우리가 어떤 일을 하고 있는지 빌과 로저는 모르고 있을 거야."

질은 현장 책임자들이 품질관리부 직원들이 어떻게 하는지 모를 것이라 했지만 사실 그들은 매우 잘 알고 있었다. 빌과 로저는 여러 차례 장난스럽게 말했다. "안 좋은 일이 생기면 우리 대신 감옥에 갈 사람은 너희야. 봐, 여기 네가 서명했잖아?" 그들은 또 여러 번 이렇게 말하기도 했다. "어떤 것도 100퍼센트 완벽할 수는 없어. 그러니까 유연하게 대처해야지. 우리는 최선을 다하고 있고, 철저하게 관리하려고 애쓰고 있어. 때로 큰 것을 위해 작은 것들을 그냥 묻어두기도 하지." 그들은 무결점주의는 비현실적이라고 덧붙였다. 무결점주의가 유행하기 전에는 지금보다 훨씬 더 많은 배설물이 발견되어야 라인을 정지시키거나 시정 조치를 했다는 것이었다. "어찌 되었든 고기는 예전보다 훨씬 더 깨끗해졌어."

현장 책임자들은 검사관 도널드에 대해 치를 떨었으며 때로 인신 공격도 서슴지 않았다. 엄청난 양의 불이행보고서를 쏟아내는 도널드는 로저, 빌, 감독관들, 품질관리부 직원들의 공공의 적이었다. 품질관리부 직원들은 한가할 때 도널드를 미행하며, 그가 검사하러 가지 못하도록 방해하는 일을 했다. 로저는 2층 사무실에 앉아서 도널드의 일거수일투족을 감시하며 무전을 했다. 빌과 빨간 안전모를 쓴 감독관들도 도널드의 위치, 표정, 몸짓을 무전기로 타전했다. "모두 조심해. 오늘 도널드는 자기 맘대로 못해서 뿔이 난 어린애 같으니까." 도널드와 그린 박사가 각기 다른 곳에서 동시에 검사를 진행할 때면 로저와 빌은 이렇게 말했다. "오늘도 그 유명한 원투 펀치를 날리고 있구먼. 이보게들, 정신 바짝 차리라고."

도널드는 합리적이지도, 회사 측에 '협조적'이지 않았다. 그는 지난날 도축장이 알아서 처리했던 작은 결함에 대해서도 불이행보고서를 남발했다. 빌과 로저가 중점관리기준검사 무사통과를 위해서는 약간의 '노력'이 필요하다고 말하는 것도 이 때문이었다. 만약 도널드가 좀 더 융통성 있게 굴었다면 회사는 중점관리기준검사 때문에 그토록 신경을 곤두세우지 않았을 것이다. 거꾸로 회사가 불합격 사례들의 문서화를 흔쾌히 받아들였다면 도널드도 까다롭게 굴지 않았을지 모른다.

질과 나는 프런트 오피스의 샐리와 캐서린이 현실과 문서의 차이를 '인지'하고 있는지 궁금했다. 품질관리부에서의 첫 2개월간 나는 매일 오후 3시 프런트 오피스로 가서 품질보증부 부장인 샐리에게 '훈련'

을 받았다. 훈련이란 2층 회의실에 앉아서 미국 육가공협회와 로비그룹들이 제작한 식품안전 HACCP 비디오를 시청하는 것이었다. 지루하기 짝이 없는 비디오를 날마다 보는 일은 정말 고역이었다. 나는 또 우리 도축장의 HACCP 프로그램과 선행요건들, 예를 들면 표준위생관리기준(Sanitary Standard Operating Procedure, SSOP, 위생적인 제품 생산을 위해 식품업체가 지켜야 할 기준, GMP와 더불어 반드시 구축되어 있어야 한다—역주)이나 우수의약품제조관리기준(Good Manufacturing Pratice, GMP, 의약품 제조업체가 원료 입고부터 완제품 유통까지 전 과정에서 지켜야 할 품질관리기준—역주) 등에 대해서 이야기를 나눴다. 샐리는 비디오와 킬 플로어의 현실이 판이하다는 것을 눈치채지 못한 것 같았다. 눈치는커녕 킬 플로어가 공식대로 잘 돌아가고 있다고 착각하고 있는 것 같았다.

로저와 빌은 샐리에게 훈련받는 것이 시간 낭비라고 했다. 프런트 오피스가 요구하니까 어쩔 수 없이 응해주는 것일 뿐이라고, 진짜 훈련은 질이 일하는 것을 보고 따라하는 것이라고 말했다. 로저는 내가 프런트 오피스에서 돌아올 때마다 거기서 배운 것은 100퍼센트 완벽한 세계에나 적용되며, 여기 '진짜 현실'에서 사는 '우리는' 예상치 못한 일에 유연하게 대처해야 한다고 강조했다.

샐리는 가끔 흰색 프록코트와 안전모를 쓰고 킬 플로어로 내려와 '감사'를 하기도 했다. 그녀는 규정대로 품질관리가 이루어지고 있는지 체크리스트 수백 개에 표시를 했다. 특히 그녀는 라인 인부들이 고기를 자른 다음 칼을 위생적으로 관리하는지, 화장실에 다녀오거나 휴식시간을 가진 다음에 손을 잘 씻는지 등을 유심히 관찰했다. 샐리가 킬 플로어에 내려올 때면 로저, 빌, 빨간 안전모를 쓴 감독관들은 "오, 이런 또 오네. 이보게들, 그녀에게서 눈을 떼지 말게"라고 무전을 주고받았다.

하루는 질이 소 16마리에 대해 척추검사를 하고 있을 때 샐리가 킬 플로어에 왔다. 척추검사는 중점관리기준검사는 아니었으나 광우병이 척추 등을 통해 감염된다는 것이 밝혀진 다음 중요시되고 있었다. 사실 로저와 빌은 30개월 이상 소들에게 관심을 기울일 뿐 30개월 미만 소에 대해서는 척추를 완전히 제거하라고 지시를 내리긴 했지만 그다지 신경을 쓰진 않았다. 우리는 위반 사례를 일일이 기록하지 않는다는 비공식적인 규정에 따라 척추가 완전히 제거되지 않은 소를 발견해도 감독관에게 몰래 알려줄 뿐 문서화하지는 않았다.

그런데 질이 척추를 검사하고 있을 때 샐리가 아직도 척추 일부가 붙어 있는 사체를 발견하고 말았다. 다행히 그 사체에는 30개월 이상이라는 꼬리표가 붙어 있지 않았다. 우리만 있었다면 무사 통과시켰을 사체였다. 하지만 샐리는 원칙대로, 즉 HACCP와 GMP 규정대로 근처의 레버를 잡아당겨 라인 전체를 정지시켰다. 잠시 후 노란 안전모를 쓴 인부가 와서 남아 있는 척추를 완전히 제거했고, 라인은 재가동되었다. 하지만 로저와 빌은 샐리가 라인을 정지시킨 것에 분통을 터트렸다. 아니 문제 발생 사실을 서류에 적게 만들었다는 것에 대해 격노했다.

한번은 또 샐리와 안전 코디네이터인 릭이 '감사' 중에 불결한 쪽 인부들과 청결한 쪽 인부들이 칼 가는 기계를 같이 쓰고 있다는 것을 알왔다. 인부들은 소독도 하지 않은 숫돌에다 계속 칼을 갈고 있었다. 릭은 로저에게 "청결한 쪽과 불결한 쪽 인부들이 칼 가는 기계를 공유하다니요"라고 무전을 쳤다.

릭이 교차오염을 걱정하자 로저는 빈정거리며 대답했다. "릭, 당신 세상이 어찌 돌아가는지 알아? 우리는 여기 아래층, 진짜 세상에서 살고 있어. 진짜 세상에선 모든 게 당신 뜻대로 돌아가지 않아. 여긴 진짜 세상이라고!" 릭과 샐리가 계속 체크리스트를 들고 킬 플로어를 휘젓고 다니자 빌은 나에게 다가와서 볼멘소리를 했다. "젠장, 릭은 너무 사소한 걸 트집 잡는단 말이야. 킬 플로어에 와서 한 7시간만 돌아다녀 보라지. 그리고도 문제점을 50가지 이상 찾아내지 못하면 바보일걸. 라인 앞에서 20분만 있어보라고 해. 머리가 완전히 멍해져서 1분 1초가 10시간처럼 길기만 할 거야. 시계를 쳐다보면, 제길, 5분밖에 안 지나 있고 정말 미칠 노릇이지. 릭 같은 사람도 이런 경험을 좀 해봐야 해. 종일 맑은 정신으로 일에 집중하는 것은 어려워. 그렇게 할 수 있는 사람이 있다면 머리가 어떻게 된 사람일 거야. 킬 플로어에서 살아남고 싶거든 정신의 스위치를 꺼버려야 해. 실수도 많을 수밖에 없지. 그게 사람다운 거야. 날 봐. 나도 그렇잖아?"

품질관리부 직원들은 프런트 오피스의 비디오와 서류들, 지침서들과 킬 플로어의 실제 관행 사이에서 갈팡질팡할 수밖에 없었다. 그들의 목표는 라인을 최대한 빠르게 유지하는 것과 불이행보고서를 받지 않는 것 두 가지뿐이었다. 농무부 검사관과의 충돌도 불가피했다. 샐리,

로저, 빌의 권력관계로 미루어보건대 샐리에게는 이 오랜 관행을 근절시킬 권한이 없었다. 그렇다면 캐서린은 어떨까? 킬 플로어에 내려오는 일이 거의 없는 그녀의 생각은 무엇일까? 면접 당시 캐서린은 충성심을 강조하며 한 가족처럼 일하자고 했다. 어쨌든 나는 잘못된 관행을 프런트 오피스에 폭로할 용기가 없었다. 날마다 허위 문서 작성에 동참하면서 어느새 나도 공범이 되어 있었기 때문이었다. 거짓으로 서류를 꾸밀 수밖에 없는 현실도 이해가 되었다. 이런저런 생각을 하면 머릿속이 혼란스러워져, 차라리 프런트 오피스와 킬 플로어의 괴리가 극에 달하는 날이 어서 오길 바라는 마음이 되었다.

문제 발생의 1차 책임자인 라인 노동자들도 이러한 사태를 어렴풋이 알고 있었다. 하지만 오염물질이 발견되었을 때 자기 잘못이라고 이실직고하는 인부는 드물었다. 오염물질을 완벽히 제거해야 했고, 더러운 것을 묻히지 않도록 주의했어야 했기 때문에 책임 추궁을 겁내는 것이었다. 어설프게 라인 속도가 너무 빨라서 실수했다고 변명하면 불평불만 분자로 낙인 찍힐 수도 있었다. 하지만 모두 입을 다물고 있는 중에도 예외는 있었다.

11월 초의 어느 날 나는 여느 때처럼 '분뇨, 우유, 지푸라기 없음'이라고 중점관리기준검사-1 용지에 적어넣었다. 그때 미구엘이라는 인부가 등에 분뇨를 잔뜩 묻히고 들어오는 이분체 하나를 가리켰다. 그는 사체에 꼬리표를 붙이고, 저울 앞으로 끌어당겨 무게 다는 일을 하는 사내였다. 나는 얼굴을 찌푸리며 고개를 가로저었다. 마치 "오, 이건 너무

216

심하구먼"이라고 말하려는 것처럼 말이다. 이런 제스처는 오염물질을 발견한 노동자 혹은 감독관의 전형적인 몸짓으로 자기 잘못이 아니라는 뜻을 드러내는 것이기도 했다. 미구엘은 나처럼 머리를 좌우로 흔드는 대신 문서를 작성하는 흉내를 냈다. 그리고 나에게 자기 쪽으로 오라고 손짓한 다음 이렇게 말했다. "당신, 내일 여기저기 모든 곳에 똥이 너무 많이 있다고 적어."

나는 화들짝 놀란 얼굴로 미구엘을 쳐다보았다. 그는 나를 향해 미소 짓더니 깔깔 웃었다. "그렇게 쓰면 다음 날 이렇게 되겠지?" 그는 손으로 열 십자모양을 만든 다음, 턱밑에 대고 교수형 당하는 모습을 흉내 냈다. "그래, 나도 알아. 그렇게 쓰면 바로 죽음이지." 나는 목이 댕강 잘려나가는 시늉을 하며 이렇게 말했다. 미구엘은 박장대소했다. 나도 미구엘을 따라 마음 놓고 하하 웃음을 터트렸다. 우리는 라인 뒤에 숨어서 사체들에 오염물질이 하나도 묻어 있지 않다고 주장하는, 이 터무니없는 억지를 마음껏 비웃어주었다. 그날 이후 나는 미구엘과 친해졌다. 둘 중 하나가 오염물질을 발견할라치면 문서에 적고 문서를 제출하는 시늉을 하며 서로 낄낄거렸다.

농무부 검사관과 킬 플로어 현장 책임자, 품질관리부 직원들 사이에 충돌을 일으키는 주범은 중점관리기준검사였다. 하지만 갈등을 일으키는 또 다른 중요한 문제들도 있었다. 그중 꼬리 처리 문제와 물방울 문제는 심각했다. 먼저 꼬리는 높은 단상 위에 선 노동자가 '거두어 들였다.' 그런데 바로 아래쪽에서 또 한 노동자가 동시에 항문을 절개했다. 이때 작은 똥 덩어리가 꼬리에 묻는데 이 똥은 꼬리를 자르는 노동자가 닦아야 했다. 하지만 사체가 빨리 이동하고 단상도 좁아서 똥 닦을 시간도 공간도 부족했다. 꼬리 자르는 사람은 꼬리를 잘라 머리 위 레일에 거는 일만으로도 바빴다.

최고참 검사관인 그린 박사는 도널드보다 지위가 높았다. 하지만 도널드처럼 킬 플로어를 누비며 불이행보고서를 작성하는 데 열을 올리지 않았다. 그렇지만 꼬리에 묻은 배설물에 관해서는 무척 까다롭게 굴어서 걸핏하면 불이행보고서를 작성해댔다. 그린 박사는 여러 차례 나를 불러 꼬리 자르는 인부가 한 번 사용한 칼을 뜨거운 물에 담가 소독을 하지 않는다고, 꼬리에 묻어 있던 오염물질이 또 다른 꼬리에 묻을 수 있다고 강조했다.

그린 박사가 경고할 때마다 나는 빨간 안전모 혹은 노란 안전모를 쓴 감독관을 불러 그린 박사가 보는 앞에서 그가 제기한 문제를 다시 한 번 강조했다. 감독관은 진지한 표정으로 경청하며 도저히 묵과할 수 없는 어처구니없는 일이라고 맞장구쳤다. 그리고는 당장 꼬리 자르는 인부가 일하는 단상 위로 뛰어올라가 꼬리를 자르고 난 다음에는 칼을 물에 넣어 소독하라고 '충고'하는 열성을 보였다. 감독관은 꼬리 자르는 사람을 뒤로 물러나게 한 다음 직접 시범을 보이기까지 했다. 짧은 연극 한 편이 진행되는 동안 사체 5, 6개가 휙 지나가버릴 수도 있었으므로 감독관은 초인적인 속도로 일을 처리했다. 꼬리 자르는 사람도 감독관이 했던 것처럼 할 수는 있었다. 하지만 그건 15분간 가능한 것이고, 하루 9시간을 감독관의 시범대로 일할 수는 없었다. 그래도 꼬리 자르는 사람은 일단 이해했다는 듯 고개를 끄덕거리고 뉘우치는 표정을 지었다. 그가 고개를 푹 숙이면 감독관은 나와 그린 박사를 향해 양쪽 엄지를 힘차게 들어 올렸다. 문제가 다 해결되었다는 뜻이었다. 감독관은 다시 계단을 총총히 내려와서 우리 앞에 이르렀다. "좋았어, 이제 그가 알아들은 것 같군요." 그린 박사는 무뚝뚝한 표정으로 머리를 끄덕거리며 "이번 한 번만은 봐주겠어요. 제대로 될 것 같으니까. 이 문제에 계속 신경 써주세요"라고 말했다. 품질관리부 직원과 감독관은 약속이나 한 듯이 그린 박사에게 허리를 굽히며 각별히 신경 쓰겠다고, 앞으로도 잘 감독할 테니 믿어달라고 간청했다.

한마디로 눈 가리고 아웅인 이 짧은 연극은 꼬리 자르는 사람, 감독관, 품질관리부 직원, 심지어 그린 박사조차 현재의 라인 속도와 단상의 면적으로 볼 때 매번 칼을 소독하는 것은 거의 불가능하다는 것을 잘 알고 있다는 사실 때문에 더욱 우스웠다. 꼬리 자르는 사람은 그린 박사가 쳐다볼 때마다 칼을 자주 소독하고 민첩하게 움직였다. 하지만 하루 10시간, 일주일에 50시간 내내 그린 박사를 의식하며 긴장하고 있을 수는 없었다. 꼬리 자르는 사람이 5~6번 칼질한 후 소독하다가 들킬 경우 앞서 이야기한 웃지 못 할 촌극이 다시 한 번 재연되었다.

그린 박사는 꼬리 씻는 일에 대해서도 지대한 관심을 보였다. 도축장 측은 머리카락 등 이물질을 제거하기 위해 인부들에게 꼬리를 물이 담긴 금속 수조에 넣으라고 지시했다. 세탁통처럼 생긴 수조가 빙빙 돌며 꼬리를 깨끗이 닦았고, 세척된 꼬리는 박스에 담겨 창고로 보내졌다. 그린 박사는 이 꼬리 씻는 일을 극구 반대했다. 분뇨 같은 오염물질이 물에 희석되어 문제가 악화된다는 주장이었다. 그린 박사는 분뇨가 조금이라도 묻어 있는 꼬리를 물에 담그면 그 물이 오염되어 멀쩡한 다른 꼬리까지 오염된다고 일주일에도 몇 번씩 강조했다. 맨눈에는 깨끗해 보일지라도 실상은 더럽다는 설명이었다. 그가 보기에 꼬리 씻는 일은 한마디로 배설물에 목욕하는 일이었다.

하지만 그는 자신의 주장을 뒷받침할 만한 증거를 제시하지 못했다. 인부들이 꼬리를 수조 안에 던져버리면 배설물 흔적도 사라지고 말았기 때문이다. 그래서 그린 박사는 더러운 꼬리가 물속으로 '풍덩' 하기 전에 더러운 꼬리를 손에 넣으려고 수조 앞에서 꼬리만 주시했다. 그린 박사가 출동했다는 무전을 받은 나와 질은 즉각 현장으로 달려갔다. 우리는 그와 나란히 서서 그보다 먼저 분뇨 묻은 더러운 꼬리를 발견하려고 안간힘을 썼다. 만약 우리가 먼저 찾아내면 불이행보고서를 피할 수 있었다. 문제의 꼬리를 갈고리에서 떼어내어 오염물질을 제거만 하면 되기 때문이었다. 하지만 그린 박사가 먼저 발견하면 불이행보고서 혹은 "이번 한 번만 봐주겠어" 정도의 구두경고를 받아야 했다.

그린 박사의 유별난 행동에 관해 구구한 억측이 난무했다. 그가 꼬리에 집착하는 까닭은 예전에 다른 도축장에서 회사 측과 싸우다 꼬리 문제로 반격에 성공했기 때문일 거라고들 말했다. 빌과 질은 이에 솔깃했지만 로저와 감독관들의 생각은 좀 달랐다. '그린 박사는 자기보다 지위는 낮지만 더 유능한 도널드를 시샘하고 있다, 그래서 여러 문제에 끼어들고 싶지만 어설프게 끼어들었다가 도축장 측에 밀릴 수도 있으므로 자신이 잘 아는 꼬리 문제만 집중적으로 거론하는 것'이란 주장이었다. 확실히 꼬리를 자르고 씻는 일에 관한 한 그린 박사의 지적이 항상 옳았다. 한편 로저와 빌은 그린 박사와 한 판 붙을 때마다 그가 변태라고 주장했다. 꼬리뿐 아니라 심장, 간 등 다른 장기들도 검사할 때마다 한 번씩 만진다는 것이었다. "검사할 때 그린 박사를 잘 봐." 빌과 로저는 이렇게 무전을 쳤다. "장갑 벗는 걸 얼마나 좋아하는지 몰라. 맨손으로 장기를 주물럭거리고 싶었던 거라고."

킬 플로어의 물방울은 또 다른 골칫거리였다. 습도가 높은 킬 플로어의 천장과 레일에는 물방울이 잘 생겼고, 바닥으로 잘 떨어졌다. 문제는 고여 있는 물에 유해균이 서식할 수 있다는 사실이었다. 농무부 검사관들은 물방울을 보는 즉시 보고서를 작성했고, 물방울이 사체 위로 떨어지는 것을 볼 때에는 라인을 중단시켰다. 품질관리부 직원들은 물방울을 보는 즉시 유지보수팀이나 현장 책임자에게 보고했다. 경사로의 꼭대기 같은 곳에는 커다란 환풍기가 설치되어 물방울이 생긴다 해도 바닥으로 떨어지기 전에 금방 말라버렸다. 하지만 185번 세척장 부근 중점관리기준검사-1 실시 지점은 휴식시간에 스펀지 달린 쇠막대로 천장을 닦는 것 외에 별 뾰족한 방법이 없었다. 이곳에 물방울들이 너무 많이 생기면 빌과 로저는 유지보수팀 인부에게 레일 위로 올라가라고 지시했다. 사체들이 레일에 매달려 빠르게 이동하고 있는데도 레일 위로 올라가서 천장을 닦아야만 했다. 인부들이 사체가 매달린 레일 위를 걷는 것은 위험할 뿐 아니라 장화에 묻은 오염물질이 사체에도 옮겨질 수 있기 때문에 비위생적이었다. 만약 검사관이 봤다면 사체 오염뿐 아니라 위생 규정 및 GMP의 고의적 위반으로 불이행보고서를 작성할 것이 뻔했다.

불이행보고서를 받든 안 받든 물방울은 날마다 계속 생겼다. 결국 검사관들이 물방울을 발견하지 못하도록 방해하는 수밖에 없었다. 품질관리부 직원은 도널드와 그린 박사의 동태를 살피다가 그들이 물방울 근처에 바짝 다가갈 경우 빨간색 레버를 당겨 전체 라인을 정지시켰다. 도널드나 그린 박사가 천장 쪽을 흘낏 쳐다보면서 손전등을 비출 때도 레버를 당겼다. 이렇게 하면 회사 측이 먼저 물방울을 발견하고 조치를 취한 것이 되므로 보고서는 받지 않아도 되었다. 사전 검사, 중점관리기준검사, 꼬리 등을 둘러싸고 재연되는 이러한 촌극은 교활한 간계, 술책, 눈속임, 미행 등으로 이루어져 있었다. 내가 품질관리부에서 일하는 동안 질은 자주 이렇게 말했다. "우리의 임무는 검사관들에게 한 방 먹이는 거야. 라인을 지켜내는 거지."

품질관리부 직원의 업무 내용 중 이론적으로 주목해야 할 부분은 식품안전 위반 사례가 너무나 많다는 사실이 아니다. 현장 책임자, 감독관, 품질관리부 직원이 검사관의 눈을 피하기 위해 변조, 눈속임, 주의를 흩트리는 기술 등을 다양하게 체계적으로 구사하고 있다는 점도 아니다. 프런트 오피스의 공식적인 규정과 현장의 비공식적인 일처리 기준과의 괴리도 아니다. 라인 노동자들조차 무결점주의의 비합리성을 인식하고 있다는 사실도 아니다.

중요한 것은 회사 측이 식품안전을 강조함에 따라 노동자들은 도살행위 자체에 관심을 갖기보다 위생과 관련된 기술적 문제들에 온 관심을 쏟게 된다는 사실이다. 농무부 검사관에게 보여줄 연극 1편에 신경 쓰다 보면 산업화된 도축장에서 어떤 일이 일어나고 있는지를 경험하고 인식할 기회는 사라져버린다. 품질관리부 직원은 두 글자로 된 약어와 각종 검사, 통계의 끝없는 행렬에 치이고 만다. HACCP, CCP-1, CCP-2, CCP-3, SSOP, GMP, 젖산 농축, 미생물검사를 위한 표본추출, 소머리 고기 샘플을 위한 살균, 사전 검사, 시정 조치 등등에 묻혀버린다. 이런 문제를 둘러싸고 품질관리부 직원, 검사관, 프런트 오피스 간부, 킬 플로어 현장 책임자, 위생팀 인부, 유지보수팀 노동자들, 감독관, 라인 인부들은 수시로 충돌하며 수시로 이합집산한다.

흰색과 회색 안전모를 쓴 라인 노동자는 정해진 공간 밖으로 나갈 수 없다. 하지만 품질관리부 직원들은 킬 플로어를 종횡무진하며 전 과정에 접근할 수 있다. 그렇지만z 관료적이고도 기술적인 각종 요구 사항을 처리하느라 녹초가 되어 눈앞에서 벌어지는 폭력적인 도살행위를 잊고 만다. 단순작업을 반복하는 라인 노동자만큼이나 완벽하게 격리되고 파편화되는 것이다. 품질관리부 직원에게 보여짐은 곧 감춤이다. 모든 것이 다 잘 보이는 상황에서도 은폐와 격리는 가능하다.

8장
총체적 불신의 악순환

작업 121번, 생산과 관련 없는 청소 및 세탁

화장실과 식당과 사무실을 청소하고 빨래를 한다.

식품안전 관련 업무를 다루는 품질관리부는 노동자들과 동물(고기)을 관리한다는 점에서는 내부지향적이지만 시장에 내다팔 제품을 관리한다는 측면에서는 외부지향적이다. 품질관리부 직원은 노동자와 동물의 몸을 관리한다. 격리 공간을 비롯해 다양한 구역을 자유롭게 돌아다니며 인간과 동물을 감시하고, 기록하고, 보고한다.

내가 품질관리부 직원으로 승진한 다음 도축장 내 나의 지위는 완전히 달라졌다. 나는 흰색, 회색 안전모 대신에 눈에 잘 띄는 초록색 안전모를 쓰게 되었다. 티셔츠 대신에 내 이름이 수놓아진 깔끔한 제복도 입었다. 킬 플로어의 책임자, 감독관들과 언제든지 교신할 수 있는 무전기도 지급되었다. 또 나는 회사의 공식 문서들을 열람할 권리와 작성할 의무를 지니게 되었다. 이제는 라인에 얽매여 같은 일을 반복할 필요가 없었고, 화장실도 가고 싶을 때 갈 수 있었다. 나는 고위 간부 혹은 외부 방문객에게 주어지는 특권도 갖게 되었다. 하루에도 여러 차례 철제 대들보 위로 올라가 아래에 있는 라인 노동자들을 훔쳐볼 수 있게 된 것이었다.

신참 시절 나의 눈높이는 제한되어 있었으나 품질관리부 직원이 된 이후엔 다양한 눈높이가 제공되었다. 덕분에 나는 높은 곳에서 아래를 내려다보고 킬 플로어의 공간 및 노동 분업을 현미경 수준으로 자세히 도표화할 수 있었다. 3장에 실려 있는 그림들은 이와 같은 관찰의 결과다. 라인 노동자 시절 나는 검사관과 감독관이 한패라고 생각했지만 품질관리부 직원이 된 다음 자세히 살펴보니 그들은 한패가 아니었다. 검사관과 킬 플로어 현장 책임자, 현장 책임자와 프런트 오피스 간부들은 같은 편이 아니었다. 그들은 자주 언쟁을 벌였고 반목했다. 그러한 사실은 냉각실에 남아 있었다면 결코 알지 못했을 것들이었다.

나는 품질관리부 직원이 된 다음에도 예전의 동료였던 라인 노동자들과 계속 좋은 관계를 유지하고 싶었으나 뜻대로 되지 않았다. 나를 잘 아는 라몬 같은 사람들은 점심시간에 같이 밥 먹자고 나를 부르는 등 따뜻하게 대해주었다. 하지만 함께 밥을 먹을 때도 분위기는 예전과 달랐다. 출퇴근 시간이 바뀐 나는 더 이상 라몬과 같이 차를 타지 않았다. 밥 먹을 때 라몬은 오늘 하루 얼마나 많은 사체들이 냉각실 바닥으로 떨어졌는지, 얼마나 많은 지방덩어리를 던지며 놀았는지 우스갯소리를 하지 않았다(내가 품질관리부로 옮겨온 지 한 달 반쯤 지났을 때 라몬은 불결한 쪽의 두 번째 뒷다리 가운데 관절을 처리하는 일을 하게 되었다. 머리 위 레일은 미친 듯 빨리 돌아갔고, 냉각실과 달리 감시가 심해서 라몬은 완전히 녹초가 되어버렸다. 그래서 근무한 지 1년도 못되어 회사를 떠났다. 한 자리에 서서 같은 동작을 반복했더니 무릎과 손이 욱신거린다고 했다. 그는 도축장에 취직하기 전에 했던 타일 붙이는 일을 다시 알아봐야겠다고 했다).

많은 라인 노동자들이 나를 슬금슬금 피하며 나의 푸른색 제복을 흘끗 쳐다보았다. 그들끼리 이야기할 때 내가 등장하면 갑자기 조용해지기도 했다. 킬 플로어에서는 나를 볼 때마다 필요 이상으로 굽실거리는 이도 있었다. 나는 라인 노동자들과 격의 없이 지내려고 노력했으나 내가 애쓰면 애쓸수록 라인 노동자들과 사이가 멀어지는 것 같았다.

품질관리부 직원인 나의 최우선 과제는 라인을 빠르게 유지하는 것이었다. 빌과 감독관들이 가장 끔찍하게 여기는 것은 불이행보고서가 아니라 라인 정지였다. 라인이 중단되면 노동자들이 놀면서 돈을 받아가기 때문이었다. 동일한 노동비용을 지급하고 있는 상태에서 시간당 생산되는 고기 양이 감소하면 생산비용은 증가한다. 매주 작성되는 결산보고서를 1년치 합산하면 연간 생산량의 감소와 노동비용의 낭비가 확실히 드러난다. 킬 플로어의 현장 책임자는 최소의 노동비용으로 최대의 생산량을 얻어내기 위해 분투했다.

라인이 정지된 시각과 재가동된 시각, 그리고 정지 지점은 킬 플로어에 설치된 장치를 통해 로저의 사무실 컴퓨터에 자동 입력되었다. 1주일이 끝날 무렵 로저는 감독관들을 불러 해당 구역의 라인 정지 시간을 알려주었다. 라인 정지가 잦았던 감독관은 질책을 당했고, 라인 정지가 드물었던 감독관은 칭찬을 받았다.

라인 노동자들에게 라인 정지는 반가운 일이었다. 그들은 라인에서 벗어나서 끼리끼리 모여 꿀맛 같은 휴식을 즐겼다. 계단과 테이블에 앉거나 기둥에 몸을 기댄 채 미소를 지었다. 노동자들은 괴물 같은 시스템이 드디어 고장 나서 잠시라도 자유의 시간이 생긴 것을 기뻐했다. 라인이 중단되면 모든 것이 거꾸로 되었다. 빌, 로저, 품질관리부 직원인 나, 자주색 안전모를 쓴 유지보수팀 노동자들은 걱정스러운 마음으로 종종걸음치지만 흰색과 회색 안전모를 쓴 노동자들은 희희낙락했다. 노동자들은 우리가 바삐 움직이는 것을 물끄러미 쳐다보기만 했다.

라인이 정지되면 일상과는 다른 풍경이 펼쳐지기도 했다. 한번은 아침 8시가 되기도 전에 사이드 풀러 근처의 유압식 호스가 찢어졌다. 윤활유가 새어나와 근처에 있는 사체들로 튀었다. 질과 나는 부랴부랴 현장으로 달려가 윤활유가 묻은 사체들에 '재검사 필요'라고 적힌 노란색 카드를 붙였다. 도널드가 보기 전에 카드를 붙여야 불이행 보고서를 면할 수 있었기 때문이다. 문제의 심각성을 인지한 나는 무전기로 '메이데이'를 외쳤다. 곧 스패너와 망치와 드라이버로 중무장한 유지보수팀 노동자들이 벌떼처럼 몰려들었다. 윤활유 특유의 독한 금속성 냄새가 코를 찔렀다. 로저와 빌 슬로언은 걱정스러운 얼굴로 팔짱을 낀 채 불결한 쪽과 소머리 테이블을 가르는 벽에 등을 기대고 섰다. "얼마나 걸릴 것 같아? 얼마나 더 기다려야 해?" 그들은 계속 무전을 치며 수리를 재촉했다.

한 8분쯤 지났을 때 빌은 지금 아침 휴식시간을 선언하라고 감독관들에게 무전을 쳤다. 원래 아침 휴식시간은 9시부터였으나 한 시간 앞당겨 8시쯤 갖도록 한 것이었다. 현장 책임자는 손해를 본 시간을 노동자들의 휴식시간에서 공제하는 방식으로 라인 정지에 따른 손실을 최소화했다. 심한 경우 노동자들의 점심시간을 한 시간이나 앞당기기도 했다.

그날 유압식 호스를 고치는 일은 간단치 않았다. 시간이 오래 걸리자 나는 자리를 떠나 사이드 풀러 부근을 돌아다녔다. 흰색 돌기들이 촘촘히 나 있는 배커의 컨베이어 벨트 앞에서 나는 멈춰 섰다. 너비 90센티미터, 길이 1.8미터쯤인 컨베이어 벨트는 머리 위 레일이 정지한 상태임에도 계속 움직이고 있었다. 머리 위 레일에는 사체 세 개가 거꾸로 매달려 있었고, 축 늘어진 혀는 컨베이어 벨트에 질질 끌리고 있었다. 컨베이어 벨트의 하얀 고무 돌기들은 혀를 잡아서 앞으로 밀어냈다. 그 덕분에 정지된 머리 세 개는 조금씩 계속 흔들렸다. 흐리멍덩한 눈 여섯 개는 램프 불빛에 희미하게 빛났다. 혀가 앞으로 밀려나갔다가 다시 뒤로 물러나는 동작이 약 7초간 지속되었다. 라인은 정지되었지만 배커의 컨베이어 벨트 앞의 이 기묘한 '춤'이 계속 반복되었다. 이윽고 혀에서는 한줄기 피가 흘러나왔고, 짙은 갈색으로 변한 피는 곧 응고되어 언덕과 계곡과 평원이 있는 작은 풍경화를 만들어냈다.

새하얀 진줏빛 이분체 세 개가 흔들흔들 춤추는 모습이나 적갈색의 아름다운 풍경화는 라인이 정지되었을 때나 볼 수 있는 진풍경들이다. 킬 플로어는 하루에 소 2,500마리가 죽어나가는 살벌한 곳이지만 그곳에도 예상 밖의 그로테스크한 아름다움이 존재했다.

미학이 아니라 노동자 관리를 중시하는 킬 플로어의 현장 책임자는 '생산성'을 높이기 위해 많은 부분을 감독의 재량으로 결정하도록 했다. 생산 공정의 특정 부분을 책임지는 감독관들은 주로 '노동' 문제들에 대해 재량권을 행사했다. 예를 들어 노동자들의 화장실 출입은 시간당 생산량에 영향을 주었으므로 항상 허락되지는 않았다. 노동자들의 가족이 아프거나 죽어가고 있을 때도 노동자가 결근하면 시즌 생산량이 줄어들게 되니 항상 너그러울 수 없었다. 만약 멕시코 인부들이 어느날 갑자기 고향인 오악사카oaxaca나 치와와Chihuahua로 돌아가 버린다면 감독관은 나머지 노동자들을 데리고 야간 근무라도 해서 연간 생산 목표량을 달성해야 했다. 피로와 부주의로 인한 실수, 고의적인 태업, 무능력, 언어 미숙, 노동자들 간의 경쟁과 질투, 두통과 인후통, 근육통, 피부의 상처, 숙취, 게으름, 무딘 칼날, 부러진 칼날, 제대로 작동하지 않는 장비, 책임 추궁 등도 감독관이 알아서 처리해야 할 문제들이었다.

사실 이런 문제들 때문에 감독관과 노동자들 간에는 보이지 않는 신경전이 벌어지고 있었다. 예를 들어 라인 노동자가 3분 지각하면 다음 날 감독관은 그에게 화장실 갈 시간을 주지 않았다. 노동자가 사체를 놓치면 칼을 갈 시간을 주지 않았다. 노동자가 말을 듣지 않는다고 판단되는 경우에는 그가 아무리 부탁해도 휴가를 주지 않았다.

이런 신경전은 겉으로 잘 드러나지 않지만 드물게 표면화되기도 했다. 9월의 어느 날, 불결한 쪽 책임자인 길은 분뇨 묻은 소를 처리하던 노동자에게 3일간의 근신을 명령했다. 길에 따르면 그 노동자는 "1주일 내내 길의 말을 듣지 않았다"고 했다. 라틴계인 사내는 마른 체격에 얼굴이 길쭉했고 콧수염이 축 늘어져 있었다. 길이 그에게 라인의 다른 곳으로 가서 일하라고 지시하자 사내는 그의 자리를 대신할 사람을 찾기 전에는 자리를 떠날 수 없다면서 명령에 불복했다.

길의 입장에서 사내의 행동은 용납할 수 없는 것이었다. 명령 불복종은 그에 대한 도전을 의미했기 때문이었다. 노동자는 감독관의 명령에 복종해야 했으며 토를 달거나 의문을 제기할 수 없었다. 화가 난 길은 로저에게 무전을 해서 상황을 요약 보고한 다음 "이런 식의 태도를 보이는 인부와는 함께 일할 수 없다"고 선언했다.

로저는 "네가 하고 싶은 대로 하라"고 대답했다. 로저에게 허락을 받은 길은 무시무시한 3일 근신을 명령했다. 특히 이번 경우에는 3일 중에 1년에 몇 안 되는 유급 휴일인 노동절이 포함되어 있어서 사내로서는 손해가 이만저만이 아니었다. 노동절 전날과 다음 날 근무를 한 노동자만이 노동절에 대한 급여를 받을 수 있었기 때문에 3일 근신이 아니라 사실상 4일 근신이었던 것이다. "3일간 돈을 못 받고 유급 휴일까지 놓쳐버리면 그도 내게 반항했던 것을 후회할 거야." 길은 흡족한 듯

웃음 띤 얼굴이었다.

감독관들이 항상 이렇게 고압적인 것은 아니었다. 노동자들과 적당히 타협하면서 작은 실수나 위반을 눈감아주기도 했다. 노동자들의 화장실 출입도 감독관의 재량사항이었는데 빌은 감독관들이 화장실 출입에 너무 관대하다고 생각했다. 하루는 척추 제거 라인의 한 여성 노동자가 화장실에 자주 들락날락하는 것을 보고 빌은 흥분했다. 노동자가 화장실 가느라 자리를 비우면 그 자리를 공익요원이 와서 메워주었는데 빌은 그 공익요원에게 무전으로 이렇게 말했다. "그 여자 대신 그 자리에 서지 마시오. 일해줄 필요 없어요. 내일은 아예 화장실을 못 가게 하세요. 참았다가 9시와 2시 휴식시간에 가면 돼요."

품질관리부 직원들은 경영진과 라인 노동자 사이에 끼어 있는 존재로 해고 여부는 전적으로 로저 슬로언에게 달려 있었다. 그들은 분명 간부진이 아니었고, 라인 노동자처럼 시간당 급여를 받았다. 하지만 감독관들의 지시를 받지 않으며, 빌과 로저 슬로언에게 직접 보고를 하고, 프런트 오피스와도 바로 이야기할 수 있다는 점에서 라인 노동자와 구분되었다. 원칙적으로 품질관리부 직원은 '품질' 제고를 위해 노력하는 사람이었다. 노동자와 감독관을 관리하는 것은 분명 그들의 업무가 아니었다. 그러나 로저와 빌은 품질관리부 직원들에게 노동자와 감독관들을 감시하라고 요구했다.

품질관리부 직원, 감독관, 현장 책임자들 사이에는 영원한 적도 영원한 친구도 없었다. 노동자들 위에 군림하는 감독관들도 가끔 노동자들과 짜고 현장 책임자를 골탕 먹였다. 장비 소독 문제가 대표적인 경우였다. 킬 플로어 노동자는 규정상 85도로 데워진 물에 장비(대부분의 경우 소형 칼이지만 유압식 관절 절단 기계와 같은 대형 장비도 있었다)를 최대한 자주 담가야 했다. 이는 교차오염을 막기 위한 조치로, 사체 몇 개를 처리한 다음에 소독해야 하는지에 관한 명확한 규정은 없었지만 대체로 사체 한두 개를 처리한 다음 소독하는 것이 바람직하다고 여겨지고 있었다. 하지만 그렇게 자주 장비를 소독하기란 매우 어려운 일이었다. 장비를 뜨거운 물에 담그려면 수조로 시선을 돌려야 했고, 몸을 굽혀야 했고, 소독 후 얼른 제자리로 돌아와야 했다. 동작 하나만 봤을 때는 매우 간단하게 생각되었지만 사체와 다음 사체 사이의 짧은 휴식시간이 사라져 하루를 종합해보면 꽤 많은 휴식시간이 없어지고 말았다. 거의 최면상태나 다름없는 정신으로 일하고 있었던 노동자는 라인에서 눈을 떼어 수조를 바라보는 행위를 통해 각성상태가 되었다. 즉 무감각해져 있을 때는 그런대로 참을 수 있었지만 소독을 하느라 정신을 차리게 되면 더없이 지루해서 못 견디는 것이었다. 이러한 사정을 누구보다 잘 아는 감독관들은 장비 위생 문제에 관해서 노동자들에게 관대했다.

하지만 로저와 빌의 생각은 달랐다. 노동자들이 사체 몇 개를 손질하고 장비를 소독하는지 정확히 보고하라고 노발대발했다. 품질관리부 직원들은 수조 앞으로 갔고, 라인 노동자들은 품질관리부 직원들이 나타날 때마다 보란 듯이 소독을 하면서 우쭐댔다. 감독관들도 빌이나 로저에게 야단맞는 것을 원하지 않았기에 품질관리부 직원이 온다는 것을 노동자들에게 몰래 알려주었다.

이에 로저와 빌은 품질관리부 직원들에게 일일 의무 보고량을 할당했다. 품질관리부 직원이 장비위생불량 등 위반 사항을 하루에 몇 건씩 보고하지 않으면 "왜 이리 조용하냐? 본 것을 보고해야 할 것 아니냐"는 불호령이 떨어졌다.

그 결과 초록색 안전모를 쓴 품질관리부 직원과 빨간색, 회색, 흰색 안전모를 쓴 연합팀 사이에 일대 전쟁이 벌어졌다. 품질관리부 직원은 운이 좋을 경우 아무 생각 없이 기계적으로 몸을 놀리다가 소독을 건너뛰는 노동자를 적발해낼 수 있었다. 하지만 대부분의 경우 노동자들은 초록색 안전모가 나타나면 긴장하고 소독을 잘하기 때문에 위반 사항을 적발해내기 어려웠다. 그럴 때는 기둥 뒤에 숨어 엿보거나 다른 쪽을 보는 것처럼 속이는 등의 트릭이 필요했다. 이도 저도 안 되면 품질관리부 직원들은 천장 근처 철제 대들보 위로 올라갔다. 빌, 로저, 그리고 품질관리부 직원 두 명은 높은 대들보 위를 걸어다닐 수 있는 권한을 갖고 있었다. 품질관리부 직원들은 맡은 바 일을 잘하고 있다는 것을 빌과 로저에게 알리기 위해 다음과 같은 대화를 무전으로 나누기도 했다.

"길. 길. 들려요? 길."

"잘 들려, 계속해."

"길, 나 지금 천장 부근 대들보 위에 올라와 있는데 두 번째 레거가 칼을 살균하지 않고 사체를 열 개째 만지고 있어요."

"알았어, 내가 가서 말할게."

길의 목소리에는 불쾌한 기색이 역력했다. 모든 사람이 다 듣는 무전으로 이와 같은 메시지를 전해 들었으니 그럴 수밖에 없었다. 만약 똑같은 지적을 다시 받게 된다면 비난의 화살은 길에게 쏟아질 터였다.

프런트 오피스의 샐리는 나를 훈련하는 기간 동안 효과적인 감시 방법에 대해서도 언급했다. 그녀는 위생 규정이 준수되지 않는 이유가 훈련 부족이라고 믿고 있었다. 한번은 이야기 끝에 비디오를 뒤지기 시작하더니 몇 개를 찾아내어 킬 플로어에 가서 틀라고 했다. 비디오에 노동자들이 '정확히 제대로' 일하는 모습이 담겨 있으니 노동자들이 보고 따라하면 될 것이라고 했다. 샐리는 규정을 알면서도 지키지 않는 노동자들을 혼내주려면 몰래카메라를 설치해야 한다고도 주장했다. 아무도 보지 못했다고 생각하니까 제멋대로 행동한다는 것이었다.

간혹 샐리와 나는 교육용 비디오를 보면서 이야기를 나누기도 했다. 미 육가공 협회가 제작한 비디오에는 동물학 교수들이 HACCP 규정을 성의 없이 읽어내려 가거나, 유해균이 번식할 수 있는 온도에 대해 쓸데없이 길게 설명하는 것도 많았다. '식품안전지대'라는 제목의 한 시리즈물은 도축장 인부 두 명의 일상을 다룬 것으로 제1편 '개인위생'에서는 백인 남성 노동자의 아침 일과가 자세히 묘사되어 있었다. 비디오에는 주인공이 목욕탕 안에서 비누로 상체를 닦는 모습까지 담겨 있었다. 올바른 샤워 방법에 대한 설명, 즉 항균 비누와 뜨거운 물을 잊지 말라는 충고도 있었다. 내레이터는 교차오염을 일으킬 수 있는 부분은 더 신경 써서 닦아야 한다고 말했다. 비디오에 따르면 피부에 상처가 나거나 따끔거릴 때는 반드시 반창고를 붙여야 했다. 반창고가 상처를 완전히 덮어야 했고, 진물이 흘러나오면 안 되었다. 주인공이 샤워를 마치고 나오며 재채기를 하자 내레이터는 식품생산업체에서 일하는 노동자는 아플 때는 반드시 쉬면서 치료를 받아야 한다고 말했다. 병원균이 식품에 옮겨질 수 있기 때문이라는 설명이었다. 나는 실소를 금할 수 없었다. 도축장 인부가 아프다며 결근한다면 십중팔구 근신 아니면 해고였기 때문이다.

'깨끗하게 살고, 깨끗하게 일하자'라는 캐치프레이즈를 내건 이 비디오에는 올바른 손 씻기 7단계도 소개되어 있었다. "화장실에서 일을 본 다음에는 꼼꼼히 손을 닦으세요." 내레이터는 낭랑한 목소리로 말했다. "배설물의 일부가 손에 묻어 있거나 손톱 밑에 끼어 있다가 식품에 묻을 수도 있으니까요." 내레이터는 헤어캡, 구레나룻 덮개, 장화, 프록코트, 개인보호 장비도 꼭 착용하라고 강조했다.

제2편 '기초 미생물학'은 미생물에 대해 배우게 되어 얼마나 기대되는지 모른다는 주인공의 너스레로 시작되었다. 그녀는 소비자들이 그녀의 제품을 먹고 탈이 나면 안 되기 때문에 식품생산업체 근로자로서 맡은 바 사명이 매우 중요하다고 생각한다고 말했다.

그러나 비디오를 보면 볼수록 현실과 비디오와의 괴리는 더 크게 느껴졌다. 그도 그럴 것이 비디오 속의 사람들은 잘 먹고 충분한 휴식을 취한 이들이었다. 아침마다 밝게 웃으며 벌떡 일어나 오늘 하루가 얼마나 즐거울까 생각하는 사람들이었다. 그들은 출근 전에 샤워를 하고, 반창고를 붙이고, 일터에서는 볼일을 본 다음에 손을 꼭 씻었다(이는 화장실 가는 것조차 눈치를 봐야 하는 현실과 동떨어진 것이었다). 영화 속 노동자들은 오직 한 가지, 그들이 생산한 제품을 소비할 그 누군가의 안녕과 건강만 유념한 듯 보였다. '식품생산업체 근로자라는 것은 얼마나 행복한 일인가? 이 세상 사람들의 허기진 배를 채워주는 중요한 일을 내가 맡다니 나는 정말 행운아다. 너무나 특별하고 너무나 영광스러운 일이다!'라는 식이었다.

샐리는 비디오에 완전히 심취해서 주요 부분을 반복 재생할 정도였다. 노동자들이 출근 전에 샤워를 하는지, 반창고를 붙이는지 체크할 수는 없겠지만 화장실에서 나올 때 손을 씻는지는 검사할 수 있지 않느냐고도 했다.

"화장실 근처에 숨어서 엿보는 거예요. 참, 당신은 여자 화장실을 감시 못하겠군요……." 샐리는 정말로 아쉬워하는 듯 보였다. "아니구나." 잠시 후 그녀는 무릎을 탁 치며 이렇게 말했다. "여자 화장실은 질이 하면 되잖아?"

샐리는 화장실 감시로도 모자라 퇴근하는 노동자들의 칼을 검사하라고 지시했다. 칼이 깨끗하지 않을 경우 칼 세척기에 넣어 살균한 다음 퇴근시키라는 것이었다. "다들 위생관념이 없어서 말이에요." 샐리는 이렇게 말했다. 노동자들은 칼 검사에 노골적으로 불만을 표시했다. 사실 대부분의 칼은 깨끗했고 가끔 손잡이에 머리카락과 기름이 묻어 있는 정도였다.

그런데도 모든 노동자에게 칼을 칼집에서 꺼내라고 명령하는 것은 지나친 감이 없지 않았다. 그것은 합리적이지 않았고, 관리를 위한 관리에 불과했다. 샐리는 한 술 더 떠서 퇴근 전 노동자의 앞치마와 장화에 항균 거품세정제를 뿌려야 한다고 했다. 세정제 호스는 청결한 쪽 출입구에 하나, 불결한 쪽 출입구에 하나뿐이었다. 노동자들은 온종일 파김치가 되도록 일한 뒤 항균제 살포를 위해 퇴근도 못하고 길게 줄을 서서 기다렸다. 칼 검사와 항균제 살포는 지나친 인신 구속이었으나 품질관리부 직원인 나는 어쩔 수 없이 샐리의 명령대로 했다.

한편 품질관리부 직원은 유지보수팀 노동자들도 '관리'해야 했는데 킬 플로어 곳곳의 온도와 압력을 수시로 확인하는 일이 바로 그것이었다. 품질관리부 직원들은 사체에 살포될 젖산 농축액의 농도도 측정했다. 젖산 농축액은 이등분 직전의 사체에(3장 그림 원54) 한 번 뿌렸고, 경사로를 타고 냉각실 쪽으로 내려가기 직전(원97)에 한 번 더 뿌렸다. 미농무부는 미생물 번식을 막기 위해 젖산 살포를 의무화했는데 농도는 1.0~4.5퍼센트여야 했고 0.5퍼센트 이상이나 이하는 용인되었다. 하지만 로저는 세균 수 초과로 검사에 불합격되는 일이 없도록 젖산 농도를 5퍼센트대로 유지하라고 명령했다.

젖산액의 농도를 검사하려면 시험관에 1제곱센티미터의 젖산 용해액을 넣고 페놀프탈레인 한 방울을 섞었다. 그리고는 수산화나트륨을 한 번에 한 방울씩 떨어뜨리면서 시험관을 흔들면 시험관 속 액체가 분홍색으로 변한다. 수산화나트륨을 한 방울 더 넣었을 때 분홍색으로 변하면 그 농축액의 젖산 농도는 0.1퍼센트인 것이다. 만약 10방울을 떨어뜨렸을 때 투명한 용해액이 분홍색으로 변했다면 용해액의 농도는 1퍼센트다. 만약 45방울을 떨어뜨렸을 때 분홍색으로 변했다면 용해액의 농도는 4.5퍼센트인 것이다.

젖산 혼합실의 벽에는 젖산 농도를 자동 관리할 수 있는 디지털 장치가 부착되어 있었다. 하지만 유지보수팀은 그 작동법을 알지 못했다. 유지보수팀 감독관을 비롯한 모든 인부들은 하나같이 말했다. "그거 작동 안 되는데." 그래서 나와 질은 젖산 농도에 문제가 있을 때마다 일일이 손으로 검사하고 무전기로 지시를 내렸다. 우리의 무전을 받은 유지보수팀 노동자들은 드라이버로 혼합저수조에 들어갈 젖산의 양을 조절하는 밸브를 조이거나 풀었다.

무전기로 대화를 나누는 바람에 문제가 생기기도 했다. 하루는 내가 유지보수팀 인부인 스티븐에게 무전기로 젖산 수치가 너무 낮다고 말했다. 그런데 느닷없이 로저가 우리의 대화에 끼어들었다.

"팀, 지금 수치가 얼마지?"

나는 사실 그대로 대답했다.

"2퍼센트입니다."

"뭐라고? 2퍼센트!" 로저는 으르렁거리며 이렇게 말했다. "스티븐, 당장 수치를 높여놓지 않으면 근무 태만으로 해고야!"

그날 오후 질은 내게 젖산 농도는 무전기로 이야기하면 안 된다고 충고해주었다. "오늘 봤지? 스티븐이 어떻게 되는지⋯⋯. 직접 가서 말하든지 아니면 직접 농도를 조절하도록 해."

유지보수팀 노동자들은 때로 젖산을 너무 많이 넣는 실수를 범하기도 한다. 그래서 혼합저수조 속 용해액의 농도가 때로 6, 7퍼센트에 육박할 때도 있다. 질은 수치가 허용범위를 크게 넘어서더라도 그 수치를 기록에 남겨서는 안 된다고 말했다. 거짓으로 허용범위 내의 숫자를 기입해넣은 다음 유지보수팀에 가서 살짝 귀띔해주라는 것이었다. 그런 다음 젖산 농도가 정상 범위가 될 때까지 기다렸다가 재검사를 하면 된다고 했다. 그녀는 농도를 4퍼센트 이하라고는 절대 적지 말라고 주의를 주었다. 빌과 로저가 호통칠 것이 뻔했기 때문이다. 4퍼센트 이하일 때에도 서류에는 4퍼센트라고 적고, 유지보수팀 노동자를 찾아가서 젖산 수치를 높이라고 말해주라는 것이었다.

질은 도널드 등 검사관들 앞에서도 위기상황을 능수능란하게 잘 넘겼다. 검사관들은 젖산 농도가 너무 높다 싶을 때, 가령 젖산이 살포된 사체에 검은 반점이 많이 눈에 띄거나 젖산 분무액에 눈이 따끔거릴 때 농도를 의심하며 품질관리부 직원에게 다가왔다. 검사관들 앞에서 테스트를 해서 젖산 농도가 5퍼센트 이상으로 나오면 불이행보고서를 받게 되었다. 질은 이런 상황에 대비하여 서로 다른 수산화나트륨이 들어 있는 병 두 개를 갖고 다녔다. 상표가 붙어 있는 첫 번째 병의 주둥이는 정상이었고, 보통 때, 그러니까 진짜 농도를 알 필요가 있을 때 이 첫 번째 병이 사용되었다. 두 번째 병은 육안으로 볼 때는 첫 번째 병과 똑같았지만 주둥이의 구멍이 더 커서 한 방울에 떨어지는 양이 첫 번째 병보다 컸다. 도널드 등이 자기가 보는 데서 젖산 농도 검사를 해보라고 요구할 때면 질은 구멍이 더 큰 두 번째 병으로 검사했다. 그러면 몇 방울 떨어뜨리지 않아도 금세 시험관 내 액체가 분홍색으로 바뀌었다. 이 변화는 농도가 낮다는 뜻이었다.

질은 이런 속임수가 그릇된 것이라는 생각을 전혀 하지 못하는 것 같았다. 젖산 농도를 속이는 것이 식품안전상 어떤 의미가 있는지 그녀는 단 한 번도 고민해보지 않은 것 같았다. 한 걸음 나아가 그녀는 내게 그 속임수를 가르치고자 했다. 그녀에게는 스파이짓을 강요하는 킬 플로어 현장 책임자와 그녀가 보호하고 싶어하는 유지보수팀 노동자들, 그리고 그녀의 잘못을 찾아내어 한 건 올리려는 농무부 검역관들의 틈바구니에서 살아남느냐 못 살아남느냐가 중요했다. 그녀의 '진짜' 임무는 제품의 품질을 관리하는 것이 아니라 관리의 품질을 높이는 일이었다. 미셸 푸코가 말했던 "총체적 불신의 악순환, 악의의 총합에 기반을 둔 가장 완벽한 형태의 감시"를 하고 있었던 것이다.

품질관리부는 사람뿐만 아니라 동물도 '관리'했다. 품질관리부는 주 1회 동물에 대한 자체 검사를 실시했는데 그 결과는 소고기를 구매하는 사람들에게 소들에 대한 처우가 인간적이었음을 보여주는 자료로 제시되었다. 업체들은 그 검사지를 들고 소비자들에게 이 고기는 인도주의적으로 대접받고 도살된 소의 고기라고 자랑을 했다.

검사지는 5개 항목으로 되어 있었는데 그 첫 번째 항목은 노킹박스 안으로 들어가기까지 소들에게 가해진 전기충격 횟수를 적는 것이었다. 이 항목의 '권장' 횟수는 소 100마리당 5회 미만이었다. 검사지에는 1번부터 100번까지 숫자가 매겨져 있었고 품질관리부 직원은 활송 장치 부근에 서서 전기충격을 받지 않고 지나가는 소를 발견할 때마다 숫자 아래에 O표를 그렸다. 전기충격을 받은 소의 숫자 아래에는 X표를 그렸다.

나는 활송 장치에서 근무한 적이 있기 때문에 소들에게 얼마나 많은 전기충격이 가해지고 있는지 누구보다 잘 알고 있었다. 서너 마리에 한 번꼴로 무지막지한 전기충격이 행해졌다. 사실 인부들도 교육용 비디오를 봐서 100마리당 3~4마리꼴로 전기충격이 허용되고 있다는 것을 잘 알고 있었다. 하지만 그들은 검사관이나 품질관리부 직원이 지켜볼 때만 규정대로 행동했다. 아니 그럴 때조차도 전기충격 횟수는 10~20회로 권장 수준을 훨씬 웃돌았다. 노동자들이 제멋대로 휘둘러도 품질관리부 직원은 다른 모든 서류처럼 적당히 거짓으로 검사지를 메꾸었다.

동물 검사의 두 번째 항목은 울부짖는 소들의 숫자를 표시하는 것이었다. 저주에 찬 비명을 지르는 소가 100마리 중 1마리면 다행이었다. 허용범위가 1퍼센트이기 때문이었다. 품질관리부 직원은 일주일에 한 번씩 활송 장치 앞에 10여 분 정도 서서 소 100여 마리를 지켜보았다. 사람이 동물의 울음소리를 들으며 그것에 담긴 의미와 고통을 이해하려고 노력하는 것은 극히 이례적인 일이다.

세 번째 항목은 노킹박스에 도착하기 전에 쓰러지는 소들의 숫자를 체크하는 것이었다. 이 세 가지 항목은 활송 장치 부근의 소들을 대상으로 했다. 품질관리부 직원은 보통 같은 소 100마리에 대해 세 가지 항목을 동시에 체크했다.

네 번째 항목은 가축 총을 맞은 소들이 한 방에 기절하느냐 마느냐에 관한 것이었다. 품질관리부 직원은 노커 뒤에 서서 한 방에 바로 정신을 잃은 소에게는 O표, 한 방에 기절하지 않은 소에게는 X표를 했다. 100마리당 3마리가 X표를 받는다면 권장 범위 안이었다. 사실 소의 기절 여부는 노커의 기술, 총의 상태, 총에 가해지는 공기의 압력, 소가 얼마나 버둥거리느냐 등에 따라 달라졌다. 나는 총을 네 번 맞고서야 고꾸라지는 소도 본 적이 있었다. 총알이 빗맞거나 두개골 깊이 관통하지 못했을 경우 소들은 의식을 잃지 않았다. 하지만 다른 모든 문서의 체크리스트처럼 수치는 '권장 범위' 이내로 조작되었다.

한 번은 샐리가 직접 검사지를 들고 노커의 옆에 선 적이 있었다. 그녀가 다른 직원이 작성한 이전 검사지를 복사해서 옆구리에 끼고 검사를 시작했다. 감독관 길은 내게 이렇게 말했다. "저 빌어먹을 여자는 자기가 지금 무슨 일을 하고 있는지 알고나 있는 거야?"

10여 분 후 샐리는 우리 쪽으로 와서 그녀의 검사지를 가리키며 "노커들이 정통으로 맞추질 못하는 것 같네요. 소들의 머리 약간 위쪽을 쏘아야 하는데……"라고 말했다. 길은 눈동자를 이리저리 굴리며 딴청을 부렸다. 그리고는 노커가 맡은 일을 잘 해내고 있다고 답변했다. 길은 20년간 킬 플로어에서 잔뼈가 굵은 베테랑이었다. 샐리는 검사지를 톡톡 두드리며 길에게 한번 보라는 식으로 말했다. 결국 화가 난 길은 샐리에게 이렇게 쏘아붙였다. "이봐요, 문제가 있는 것 같으면 로저나 빌에게 보고하면 될 것 아니오."

　동물 검사의 마지막 항목은 스티커 앞에 도착한 소들의 의식 유무에 관한 것이었다. 교육용 비디오에 따르면 거꾸로 매달린 소가 자유로운 뒷다리로 발길질하는 것은 불수의근의 반사행동으로 의식이 있다는 증거는 아니었다. 하지만 소가 자극에 대해, 가령 펜을 눈앞에서 흔들어 보이거나 손가락으로 눈을 찌르려고 할 때 눈을 끔뻑이면 의식이 있다는 증거였다. 거꾸로 매달린 상태에서 자세를 바로잡으려고 버둥거리는 것도 기절하지 않았다는 증거였다.

　나는 질이 활송 장치와 노킹박스에 가지도 않고 미리 거짓으로 검사지를 작성한 것을 보았다. 내가 그녀에게 이유를 묻자 그녀는 이렇게 말했다. "이런 서류는 아무도 보지 않아. 실제로 무슨 일이 일어나든 우리는 권장 범위 이내의 숫자를 적어야 해. 그러니 아무 상관없잖아? 게다가 거기까지 가서 소들이 죽는 것을 보는 건 너무 슬퍼."

　동물 검사는 한 마디로 요식행위였다. 5개 항목으로 되어 있는 검사지는 다른 모든 서류처럼 너무 쉽게 위조할 수 있었다. 인도주의적인 도살의 증거로 활용되는 이들 검사는 생명체를 죽이는 물리적 과정을 수치 측정이라는 기술적 절차로 바꿔버렸다. 수치들만 권장 범위를 벗어나지 않으면 윤리적이지 않은 것들이 윤리적인 것으로 둔갑해버렸다. 품질관리부 직원들은 동물들 앞에 서서 그들의 소리에 귀 기울이지만 그것은 평가를 위한 것이었다. 그들에게 소는 데이터를 만들어내는 하나의 대상일 뿐이었다. 어느 날 이런 기술적 과정의 냉정함을 잘 보여주는 사건 하나가 벌어졌다.

그날 오전 11시쯤 무전기에서 칙칙 소리와 함께 "길, 듣고 있어요? 길?" 하는 말이 들렸다. 트럭에서 소들을 끌어내려 우리에 넣는 존 슬로언의 목소리였다.

"네, 들려요. 말해요."

"길, 나 여기 농무부 검사관과 함께 있는데 약간 문제가 생겼어요. 도축장에 들어가야 할 소 중 한 마리가 우리 안에서 새끼를 낳았어요. 검사관이 태반이 다 빠져나올 때까지 꼼짝 말라는군요. 이 소는 죽어야 할 소인데 그렇게 될 수 없을지도 모르겠어요."

나는 활송 장치 앞에서의 경험으로 미루어 지금 존이 어미 소를 활송 장치에 태워 노킹박스로 이동시킬 수 없음을 알려주고 있다는 것을 눈치챘다.

그때 존의 형인 빌 슬로언이 불쑥 끼어들어 짜증을 냈다. "거기서 좀 더 시간을 끌면서 네가 직접 태를 끄집어내면 안 되겠어? 그리고 소를 활송 장치에 태우면 되잖아?"

한참 후 존이 대답했다. "그건 안 돼, 빌, 여기 검사관이 그렇게 하도록 내버려두지 않을 거야. 태가 빠져나오길 기다려야 해."

"그다음에는 확실히 검사관들이 어미 소를 내줄 것 같아?"

"응, 그럴 거야." 존은 잠시 침묵하다가 말을 이었다.

"어쩌면 그 문제로 검사관들과 한판 붙어야 할지도 몰라. 결국엔 어미 소를 우리한테 주겠지. 그 소가 활송 장치에 올라타게 되면 무전할게."

그 소는 그날 '죽기로 되어 있는', 아니 죽어야만 하는 소 2,452마리 중 가장 마지막으로 처리되었다. 갓 태어난 송아지가 어찌 되었는지는 더 이상 알려지지 않았다. 라인의 흐름을 방해하는 송아지는 불청객이며, 어미 소는 완제품 생산을 위해 입고되는 원료에 불과했다. 검사관과 감독관은 출산한 어미 소를 죽일 것이냐 말 것이냐, 죽인다면 언제 죽일 것이냐 등을 놓고 자주 충돌했다. 소는 '죽어서 고기가 되어야만 하기' 때문이었다(같은 이유로 사람들은 활송 장치 위의 살아있는 소를 '소고기(beef)'라고 불렀다. "이보게들, 고기가 넘어졌구먼." 이런 식이었다).

품질관리부의 동물 검사는 소들을 위한 것이 아니었다. 소들이 쓰러지지 않는지 주의 깊게 살피고, 울음소리에 귀 기울이는 까닭은 고통받는 동물에 대한 연민과 관심 때문이 아니었다. 생산 공정에 투입되는 원료, 그 원료가 차질 없이 계속 공급되어야만 하기 때문이었다. 소에 대한 인도주의적인 처리를 요구하는 이 모든 서류는 원활한 수급을 원하는 생산자 중심의 사고에서 나온 것뿐이었다. 그들은 총을 맞기 전, 피도 흘리지 않은 소를 이미 소고기라고 부르지 않는가?

그러나 동물들의 상태를 주의 깊게 관찰하는 이러한 동물 검사는 오히려 동물에 대한 관리 소홀이라는 결과를 낳기도 했다. 질의 경우만 보더라도 그녀는 소들을 보러 활송 장치 쪽으로 아예 나가지 않았다. 그리고 검사지 어디에도 기록할 데 없는 '슬프다'는 반응만 보였다. 5개 항목으로 구성된 검사지에는 "소들을 보러 나가는 일은 슬퍼"라는 질의 고백이 담길 수 없었다. 그녀는 현장에 나가지도 않고 혼자 거짓으로 검사지를 채워버림으로써 이러한 엉터리 검사를 없애기보다 정착시키는 데 기여하고 있었다.

품질관리부 직원들은 식품의 질뿐만 아니라 인간과 소의 몸뚱이를 관리하는 일을 했다. 사람들은 다양한 동기를 가진 다양한 사람들에 의해 계속 서로 감시당했다. 도축장에는 권위주의도 위계질서도 있었지만 절대적인 것은 아무것도 없었다. 라인 노동자를 감시하는 감독관들은 품질관리부 직원들에게 감시를 당했다. 현장 책임자들은 매주 결산 보고서를 작성해 최소 비용으로 최대 매출을 올리고 있다는 것을 증명해야 했다. 도축장은 한 사람 혹은 한 집단이 지배하는 곳이 아니었다. 거대 규모의 산업화된 도축장은 도처에 존재하는 감시의 눈길 때문에 유지된다 해도 과언이 아니었다.

품질관리부 직원이 모든 곳을 자유롭게 돌아다닌다 해서 도살의 전 과정을 이해할 수 있을 만한 통찰력이 생기는 것은 아니었다. 그들이 감시하는 모든 것은 해체되고 분할되어 있기 때문에 전체적인 조망은 어려웠다. 품질관리부 직원들은 노동자들과 소들을 감시하기 위해 천장 부근 높은 철제 대들보 위에까지 올라갔다. 그러나 거기서 아래를 내려다본들 현상만을 볼 뿐 이면을 꿰뚫어보지는 못했다. 품질관리부 직원들은 킬 플로어의 모든 공정을 두루 알고 있었지만 체계적으로 이해하지 못했다. 예를 들어 노동자들을 볼 때 품질관리부 직원은 칼을 소독하지 않은 잘못만 찾아냈다. 품질관리부 직원들은 소들의 소리에 귀를 기울였지만, 넘어지고 미끄러지고 울부짖는 횟수에만 관심을 쏟았다. 도륙행위를 근절시키기보다 정착시키는 데 필요한 기술적 과정의 양적 데이터 수집에만 신경을 썼다. 품질관리부 직원들은 삼엄한 감시 속에서 활동했다. 그들을 보면 총체적 가시성이 확보된 상태에서도, 아니 총체적 가시성이 확보되었기 때문에 모든 것이 더 잘 은폐되고 격리됨을 알 수 있다.

9장
세상을 바꾸는 힘

18세기 후반 사람들은 두려워했다. 사물, 인간, 진리에 대한 총체적인 통찰을
가로막는 우울, 그리고 암흑은 공포의 대상이었다.
사람들은 어둠의 장막을 찢고, 사회의 그늘진 곳을 없애려고 애썼다.
자의적인 정치행위, 변덕스런 군주제, 종교적인 미신, 독재자와 성직자의 음모,
무지에 대한 환상 등을 낳는 불 꺼진 방은 모두 사라져야 했다.

– 미셸 푸코

"우리는 지금껏 당신을 쭉 지켜보았소." 어느 날 도널드가 불쑥 이렇게 말했다. 아침 6시, 사전 검사를 막 끝낸 나는 현장 책임자의 사무실이 보이지 않는 진공청소기 부근에 있었다.

"오랫동안 당신을 관찰했지." 그는 같은 말을 되풀이하고 나서 이렇게 말했다. "당신이 썩 좋은 사람이라는 결론을 내렸소."

"그래서요?" 나는 조심스럽게 물었다.

"당신도 알다시피 여긴 문제가 좀 많은 곳이오, 그렇잖소? 우리는 당신이 회사에서 일어나는 일에 대해 증언을 좀 해주었으면 좋겠소."

나는 잠자코 있었다.

"당신도 아이가 있잖소? 당신 자녀들이 이런 고기를 먹길 바라는 거요? 한번 생각해봐요. 그런 거요? 오늘 밤 9시에 데이브 펍에서 한 번 만납시다. 그때 자세한 이야기를 하도록 하고……."

그날 종일 무슨 생각을 했는지 지금은 기억이 나지 않는다. 나는 품질관리부에서 3개월째 근무 중이었고, 사람들이 식품안전 및 노동자 관리 규정을 무시하는 것에 심히 못마땅해하던 터였다. 나는 원래 킬 플로어에서 12개월 정도 일할 작정이었다. 하지만 냉각실에서 활송 장치로, 다시 품질관리부로 부서를 옮기는 동안 애초에 알고 싶어했던 모든 것을 거의 다 알아냈다. 냉각실에서 1년을 보낼지도 모른다는 걱정과 달리 일찍 다양한 경험을 할 수 있었던 것이다. 한편 나는 고된 노동에 지쳤고, 양심의 가책 때문에 괴로웠다. 계속 현장에 남아 킬 플로어를 관찰해야 할 이유가 없었다. 농무부 검사관은 그런 나에게 내부고발자가 되라고 유혹까지 했다.

그날 밤 나는 도널드를 만나 내가 산업화된 도축장에 관해 글을 쓰려고 하는 정치학자임을 밝혔다. 당황한 도널드는 믿을 수 없다는 반응을 보였으나 내가 모든 것을 설명하자 곧 상황을 이해했다. 그리고는 도축장 안에서 일어난 일들에 관해 증언해주었으면 좋겠다고 다시 부탁했다. 나는 곤란하다고 거절했다. 처음부터 나는 집필 계획을 숨기고 취직하되 글을 쓸 때는 모든 이름을 익명으로 하기로 마음먹었기 때문이었다. 하지만 나는 식품안전 감시가 좀 더 철저히 이루어지기를 바라는 마음에서 품질관리부 직원들이 특정 작업을 할 때 어떤 식으로 속이는지 조금 알려주었다. 도널드가 상황을 개선할 수 있는 구체적인 조치를 취할 수 있기를 기대하면서 말이다. 몇 시간 후 우리는 우호적인 분위기 속에서 헤어졌다.

다음 날 나는 회사를 그만두었다. 라몬 등 가까운 동료 몇몇은 퇴직 후에도 서로 연락하자며 어깨를 두드렸다. 도축장 규정에 따르면 '근로자나 회사는 어느 때든, 통보를 하든 안 하든 회사를 사직, 혹은 근로자를 해고할 수' 있었다. 나는 간단히 사직서를 적어서 두 부 복사한 다음, 퇴근 무렵 킬 플로어 현장 책임자 사무실과 인사과에 제출했다. 사직서에는 예고 없이 떠나 미안하다는 말과 라커룸에 두고 가는 나의 장비 목록을 적었다. 직원 신분증, 주차증 한 개, 사무실 열쇠 네 개, 안전모 두 개, 가죽 부츠 한 켤레, 고무장화 두 켤레, 디지털 온도계 한 개, 스톱워치 한 개, 검은색 네임펜 한 개, 손전등 한 개, 칼 두 개, 칼 가는 도구 한 개, 주황색 갈고리 한 개, 플라스틱 칼집 한 개, 안전장갑 한 켤레, 무전기 한 개, 세탁되지 않은 제복 등등.

장비들의 기나긴 리스트는 거대 규모의 산업화된 도축장이 매우 복잡하게 돌아가고 있음을 보여주는 증거였다. 도축장은 은폐하면서 감시하고, 감시하면서 은폐했다. 모든 것을 복잡하게 만듦으로써 이 위험하고 비천한 일을 그 수혜자로부터 최대한 멀리 떨어뜨려놓았다. 나는 '시선의 정치학'— 정치적·사회적 변화를 이끌어내기 위해 감추어진 진실을 드러내고, 현실적·상징적으로 폐쇄된 공간들을 없애려는 조직 운동 —으로 이러한 공조체제를 무너뜨리고자 한다.

1장의 발문에 나오는 조르주 바타유의 저주받은 배는 물리적·언어적·사회적으로 고립되었다는 점에서 도축장과 유사하다. 많은 학자들 또한 대상으로부터 일정 거리를 두고 있지만, 나는 그 거리를 없애고 싶었다. 저주받은 배 안으로 들어가서, 즉 도축장 안으로 직접 들어가서 '거리두기'와 '감추기'가 도축장을 사회로부터 격리시킬 뿐 아니라 도축장 노동자들 또한 서로 소외시키고 있다는 것을 보여주고 싶었다.

나는 공간분할과 분업에 대해 자세히 묘사하는 한편 내부 지도도 공개했다. 도축장의 물리적·언어적·현상학적 내부 장벽들은 사회와 도축장을 격리시키는 외부 장벽만큼 위력적이다. 조감도를 보면 도살의 책임이 이 사람 혹은 저 사람, 이 부서 혹은 저 부서에 있다고 여기는 것이 어불성설임을 깨닫게 될 것이다.

이 책은 프런트 오피스에 대한 묘사로부터 시작된다. 프런트 오피스에는 버튼다운 셔츠에 카키색 옷을 입은 세일즈맨들이 있다. 그들은 가죽의자에 앉아 최신 컴퓨터를 두드리거나 핸즈프리 휴대전화로 누군가와 이야기한다. 블라인드가 내려진 작은 창문이 있는 회의실도 있다.

제조실에서는 흰색 프록코트와 흰색 안전모를 착용한 노동자들이 라인별로 모여 일하고 있다. 인부들은 움직이는 컨베이어에서 사체를 집어내어 칼질을 한 다음 다시 컨베이어에 올려놓는다. 제조실 옆에는 거꾸로 매달린 사체들이 빼곡히 들어차 있는 거대한 냉각실이 있다. 사체들은 '덜컹' 소리를 내며 흔들흔들 내려간다. 그리고 이어 묘사되는 킬 플로어의 공간 분할은 놀랍도록 정교하다. 킬 플로어의 흰색, 회색, 초록색, 노란색, 빨간색, 자주색 안전모를 쓴 노동자들이 일사불란하게 맡은 바 일을 해낸다. 복부를 절개하는 사람, 배커, 소 모는 사람cattle drivers, 심장을 제거하는 사람, 프리스티커, 먼저 창자를 제거하는 사람 pregutter, 제1위를 꺼내는 사람, 음경을 제거하는 사람, 비품실 직원, 척수를 제거하는 사람, 발굽을 자르는 사람, 힘줄을 끊는 사람, 창자를 포장하는 사람, 꼬리를 자루에 담는 사람, 위저드칼을 용접하는 사람, 식도를 제거하는 사람 등등. 작업 121개를 맡은 인부들이 킬 플로어라는 이름으로 한데 뭉쳐 있다.

나는 구직 활동과 가슴 떨리던 면접에 관해서도 기록했다. 취직 이후 경험한 세 가지 업무는 모두 도살행위와 밀접히 연관된 것이었으나 각각의 내용은 판이했다. 흰색 안전모를 쓴 냉각실 노동자는 도살과 무관한 일을 하는 듯 보였다. 높은 데서 내려오는 간을 수레에 옮기는 단순작업이 무한 반복되었기 때문이다. 나는 냉각실에서 동료들과 지방 덩어리를 던지며 장난친 것, 자만심으로 똘똘 뭉친 카를로스 패거리에게 승리를 거둔 일을 잊을 수 없다. 냉각실 노동자는 살아있는 소와 씨름하지 않았고, 모락모락 김이 나는 간의 주인 따위는 안중에도 없었다.

내가 활송 장치 노동자로 일한 시간은 짧았으나 무척 의미 있는 경험이었다. 도축장 노동자 800여 명 중에서 살아있는 소를 볼 수 있는 인부는 고작 8명에 불과했으니 나는 운이 좋았던 셈이다. 나는 120+1중의 1인 노커가 되어보는 행운도 누렸다. 전기충격기를 휘두르며 노커와 별반 다를 것도 없는 인부들조차 살아있는 소에게 일격을 가하는 노커만이 '킬러killer'라고 믿고 있었다. 121개의 작업 중에서 도살은 노커의 바로 '그' 일격뿐이라고 착각하고 있었다. 소들은 장장 150미터에 달하는 긴 라인에 걸쳐 서서히 죽었다. 어디에서 의식을 잃는지, 아니 의식이 있는지 정확히 알 수 없었으며, 어느 시점에서 사망한다고 딱 꼬집어 말할 수도 없었다.

내가 품질관리부 직원이 된 것은 위계상 분명 승진이었다. 나는 라인에서 해방되어 라인 노동자에게 공개되지 않았던 곳을 자유롭게 돌아다니며 분업과 공간 분할의 실상을 자세히 살필 수 있었다. 아침 일찍 도축장을 한 바퀴 돈 다음, 지하실로 내려가서 젖산 농도를 체크하고, 다시 활송 장치 쪽으로 가서 소들의 울부짖음에 귀 기울이고, 분뇨가 묻었는지 안 묻었는지 중점관리기준검사를 실시한 뒤, 다운 풀러 옆에 서서 가죽이 벗겨지는 것을 지켜보는 등 오후 늦게까지 킬 플로어를 종횡무진했다. 이런 수평적 자유 이외에 수직적 자유도 주어졌다. 나는 천장 가까이에 있는 철제 대들보 위로 올라가서 까치발을 한 채 아래에서 일하는 노동자들을 엿보았다.

하지만 이런 총체적 가시성이 도살 작업에 대한 총체적인 이해를 바로 가능케 하지는 않았다. 물론 나는 품질관리부 직원이 된 덕택에 라인 노동자가 그려낼 수 없는 지도를 만들 수 있었다. 무전기 덕분에 현장 책임자와 감독관의 대화도 엿들을 수 있었다. 프런트 오피스의 간부들과 이야기를 나눌 수 있었고, 검사관들과도 자주 대화할 수 있었다. 하지만 약어들로 점철된 지루하기 짝이 없는 기술적 절차들과 관료주의적 요구 조건들을 충족시키느라 지쳐 있었던 것도 사실이다. HACCP, NR(불이행보고서), CCP-1, CCP-2, CCP-3, 사전 검사, 젖산 농도 검사, 사체 표본 추출, 노란색 꼬리표 붙이기, 치열 확인, 울부짖음·미끄러짐·쓰러짐 검사, 의식 유무 확인, 한 방에 기절하는지 확인하기 등 각종 검사의 끝없는 행렬에 나는 두 손을 들었다. 철제 대들보에 올라서 아래를 내려다보며 나는 감시와 은폐의 예상치 못한 공조를 확인했다. 그것은 1장에서 언급한 바 있는 푸코의 '총체적 불신의 악순환'이었다. 완벽한 가시성이라는 이상적인 상태에서 총체적 불신은 더 강력해졌다. 총체적 가시성은 거리두기와 감추기를 근절시키기보다는 감시를 강화시키는 데 일조하고 있었다.

폐쇄와 감금은 산업화된 도축장의 중요한 특징이다. 우선 도축장이 사회 전체로부터 격리되어 있고, 도축장 내부 또한 부서별로 공간이 분할되어 있다. 부서원들도 업무가 분담되어 있다. 이러한 구별은 도축장을 사회의 일반적 구성원들로부터 격리시킬 뿐 아니라, 가장 폭력적인 장소인 킬 플로어에서조차 도살행위를 다른 노동자들로부터 격리시킨다.

그렇다면 어떤 대안을 제시할 수 있을까? 거리두기와 감추기가 없는 세상, 모든 장벽과 보안검색대가 사라진 곳, 더럽고 위험한 일 덕분에 이익 보는 사람들이 직접 그 일을 하는 세상, 말이 진실을 드러내는 세상, 법학·의학·과학 전문가들이 권위를 내세우며 뒤로 물러나지 않고 적극적으로 나서는 세상. 상상해보라, 물리적·사회적·언어적·방법론적 거리를 제거하기 위해 애쓰는 세상을!

이런 세상에서 사람들은 제비뽑기로 사형집행인을 선출한다. 전 국민을 상대로 다섯 명을 골라내는 이 제비뽑기에서 어쩌면 당신이 뽑힐 수도 있다. 사형집행인 중 한 명은 죄수 가족에게 형 집행 사실을 알린다. 허름한 아파트의 비좁은 계단을 올라가 죄수의 가족들에게 한 달 후에 죄수가 독극물 주사를 맞거나 전기의자에 앉을 것이라고, 총살이나 교수형 당할 것이라고 전한다. 두 번째 사람은 죄수의 마지막 식사를 만들고, 세 번째 사람은 화학약품, 전깃줄, 밧줄, 총알 등을 준비한다. 네 번째 사람이 감방문을 열고 죄수를 사형장으로 인도하면, 다섯 번째 사람이 죄수를 꽁꽁 묶어 사형장 안으로 집어넣는다. 사형집행인 다섯 명이 모두 모인 가운데 사형이 집행된다.

이런 세상에서 시민권자는 특권, 가령 인종학살 전날 가장 먼저 대피할 수 있는 권리나 대학입시에서의 가산점 등을 요구하기에 앞서 시민권자 아닌 사람의 삶을 경험해보라는 명령을 받는다. 시민권자는 비(非)시민권자가 되어봄으로써 태어난 장소로 시민권을 결정하는 것이 얼마나 어처구니없는 것인지 깨닫게 될 것이다. 그리하여 인종학살 직전에 구조헬기에 탑승해야 한다면 그 자리를 시민권자 아닌 사람에게 양보할지도 모른다. 시민권자들은 이민 문제를 논의하는 당사자가 될 수 없다. 시민권자는 이민 정책을 결정하는 회의실에 들어가는 대신 일용직 노동자들과 잔디밭에 꽃을 심으러 가야 한다. 하청업체에 고용되어 그날그날 현금으로 일당을 받는 사람들과 함께 일해야 한다.

이런 세상에서 군은 용병제가 아니라 징병제다. 의사결정권을 갖고 있는 고위층 인사와 군수업체 경영진의 자녀들이 1순위, 세금을 많이 내는 부자들의 자녀들이 2순위로 군대에 가야 한다. 소득이 적은 가난한 사람들의 자녀는 마지막 순위가 된다.

이런 세상에서는 '특별 송환(extraordinary rendition, 미국 정보기관이 테러 혐의자를 무단으로 다른 나라로 보내버리는 것—역주)'을 위한 공간이 존재하지 않는다. '강화된 심문 기술(9·11 이후 부시 행정부와 CIA에서 승인한 고문 방법들—역주)은 어두운 밀실이 아닌 우리의 거실과 광장에서 선보이게 될 것이며, 정치인이 아닌 우리의 승인을 받아야 한다. 우리가 잠들어 있는 새벽에 청소차가 몰래 와서 쓰레기를 가져가지도 않을 것이다. 환자, 노인, 광인들은 전문용어가 난무하는 폐쇄 병동에 감금되지 않으며, 사람들은 시설 안에서 태어나고 죽지 않는다. 생산 시설 또한 소비 현장 가까운 곳에 있어서 청바지를 살 때는 그것의 솔기를 꿰맨 사람의 손을 만져볼 수 있다. 고기를 먹는 사람은 도살자와, 도살행위, 죽임당하는 동물에 대해 잘 알고 있으며, 도축장은 지금 우리가 보는 산업화된 도축장과는 완전히 다른 모습일 것이다.

정치적 변화는 무언가를 '볼' 때 일어난다. 사회적·정치적 변화를 위해 물리적·사회적·언어적·방법론적 거리를 없애고자 하는 '시선의 정치학'은 푸코가 언급한 팬옵티콘을 이상적인 모델로 여긴다. 무제한의 감시가 허용된 팬옵티콘의 목표는 감시자 위주의 통제와 처벌이 아니라 총체적 가시성과 변화 가능성이다. 푸코는 장 자크 루소Jean-Jacques Rousseau의 평등주의적 관점과 벤담의 규율을 비교하면서 '시선의 정치학'을 정초했다.

　많은 혁명을 추동했던 루소주의자들의 이상의 실체는 무엇이었던가? 그것은 바로 투명한 사회, 누구나 그 안을 훤히 들여다볼 수 있고, 그에 관한 글을 읽고 이해할 수 있는 사회에 대한 꿈이었다. 암흑 공간도, 절대권력의 특권지대도, 특혜 기업도, 무법지대도 없는 사회였다. 어느 계층의 누구든 전체 사회를 들여다볼 수 있고, 서로 허심탄회하게 대화할 수 있으며, 그러한 꿈을 방해하는 어떤 것도 용납하지 않는 사회였다. '여론opinion'에 의한 이러한 통치(요즘에 자주 거론되고 있는)는 누구든 한 번만 보면 바로 알 수 있는, 단순한 사실fact을 기반으로 한다. 여론에 근거한 통치에는 어두운 부분이 없다. 벤담의 팬옵티콘이 흥미로운 까닭은 그것의 건축 원리인 '조명illumination'과 '투명성을 통한 권력power through transparency'이 사회의 다른 영역에 적용될 수 있기 때문이다.

　감시자 입장에서 통제와 처벌을 중시하는 벤담의 팬옵티콘은 '모든 동료를 감시자로 만드는' 시스템이라고 할 수 있다. 이와 달리 보편화된 팬옵티콘 모델은 현대사회에 만연해 있는 격리와 은폐를 없애기 위한 것으로 '감시자를 동료로 만드는 것'을 목표로 한다. 보편화된 팬옵티콘에서는 감시자가 누리는 것과 똑같은 권력을 감시자에게 행사할 수 있다. 이는 사회적·정치적 변화가 필요하다고 여기는 다양한 정치 성향의 사람들이 벌이는 많은 운동의 핵심적인 전략이다.

SF 소설가 어슐러 르 귄Ursula Le Guin은 1974년에 출간된 그녀의 소설 《빼앗긴 자들》에서 이상사회에 관한 구체적 이미지를 제시했다. 르 귄의 소설 속에 나오는 주인공 쉐백은 유능한 물리학자로 무정부주의적인 행성 아나레스에 살고 있다. 쉐백은 아나레스의 무정부주의자들이 100여 년 전 떠나온 우라스를 방문하게 되는데 우라스의 쇼핑센터에 갔다가 충격을 받는다.

> 악몽 같은 거리에 팔리기 위해 전시된 그 많은 이상한 물건은 거기서 만들어진 것이 아니었다. 그 물건들은 다만 거기서 팔리고 있을 뿐이었다. 물건을 만드는 공장과 작업장, 농부, 장인, 광부, 방직공, 약사, 조각가, 염색공은 어디 있을까? 기계를 움직이는 사람들, 디자인한 사람들은 어디에 있나? 눈에 보이지 않는 어딘가에, 벽 뒤에 있을 것이다. 가게 안의 모든 사람은 판매자이면서 구매자다. 그들은 전시된 물품들과 아무 상관없으며 단지 그 물건을 소유할 뿐이다.

생산을 소비로부터 격리하고 은폐하는 이와 같은 소유관계는 쉐백의 고향인 '아무것도 숨기지 않는' 행성 아나레스에서는 상상할 수 없는 일이었다. 아나레스의 공간들은 정반대의 원리로 구성되어 있었다.

광장, 소박한 거리, 낮은 빌딩, 담장 없는 작업장에 생기가 흘러넘친다. 쉐백은 길을 걸으며 사람들이 일하고, 걷고, 말하고, 소리치고, 수다 떨고, 노래 부르고 있는 것을 본다. 그들은 살아있고, 무엇인가를 하고 있고, 걷고 있다. 광장 옆에 있는 공장들, 앞마당이 탁 트인 작업장들, 열린 문을 통해 유리공장 노동자가 요리사처럼 액체 상태의 유리를 한 국자 퍼올리는 것을 볼 수 있다. 또 다른 노동자는 건설용 발포 석재를 만드느라 바쁘다. 먼지투성이 흰색 작업복을 입은 덩치 큰 여인이 주물 붓는 것을 감독하며 소리를 지른다. 그 옆에는 철사공장, 세탁소, 현악기 수리점, 도매상, 극장, 타일공장 등이 있는데 그곳에선 모두 멋진 일들이 벌어지고 있다. 근처에서 뛰놀던 아이들 중 몇몇은 어른 일에 끼어들기도 한다. 발로 진흙을 짓이겨 파이를 만드는가 하면 여러 가지 게임을 하며 즐거워한다. 어떤 아이들은 학교의 지붕에 앉아 책을 읽는다. 철사공장의 쇼윈도는 알록달록 철사로 포도 넝쿨이 장식되어 있다. 세탁소의 열린 문을 통해서 뜨거운 김과 왁자지껄한 소리가 새어나온다. 잠긴 문도, 닫힌 문도 없다. 어떤 속임수도 어떤 광고도 필요치 않다. 도시의 활기찬 모습이 모든 사람의 눈과 손을 향해 열려 있다.

상반된 모습의 우라스와 아나레스는 볼 수 있는 것과 볼 수 없는 것, 드러난 것과 감추어진 것, 개방된 것과 폐쇄된 것 등의 이분법을 극명하게 보여준다. 이러한 이분법 덕분에 혐오스러운 행위들은 감추어지고, 참아줄 만한 것으로 바뀐다. 사회적 · 정치적 변화를 원한다면 이 폐쇄구역을 없애고 혐오행위를 노출시키는 것부터 시작해야 한다. 르 귄의 아나레스, '모든 것이 거기 있고, 모두가 거기서 일하며, 도시의 모든 삶이 모든 손과 눈을 향해 열려 있는 세상'은 너무나 매력적이다. 르 귄은 물리적 · 사회적 · 언어적 · 방법론적 거리두기와 감추기가 사라진 세상으로 우리를 초대한다. 르 귄의 소설 속 주인공인 쉐백은 생산과 소비가 분리된 우라스의 생활방식에 충격을 받았다. 그렇다면 '모든 것이 모든 손과 눈에 개방된 아나레스 같은 사회'에서 죽이는 일은 어떤 식으로 처리될까? 아이들이 도축장 안을 맘대로 돌아다닐까? 복부 절개자의 일을 거들까? 동물의 뱃속에서 끄집어낸 간을 주물럭거리며 놀까? 음식 저널리스트이자 버클리대 교수인 마이클 폴란Michael Pollan 은 도축장 벽을 유리로 하면 투명성이 높아질 것이라고 말한다. 폴란은 버지니아의 한 노천 닭 도축장을 방문한 다음 그와 같은 구상을 하게 되었다고 한다.

이것은 돈키호테적인 발상으로 보일 수도 있다. 하지만 우리는 죄악에 빠져 있는 이 나라 육가공산업을 구하기 위해 도살장과 각종 집중가축 사육시설Concentrated Animal Feeding Operations, CAFO의 콘크리트와 강철 벽을 유리로 대체하기 위한 법을 제정해야 한다. 우리가 가져야 할 새로운 형태의 권리가 있다면 그것은 볼 권리Right to look일 것이다. 이 지구상에서 미국처럼 동물을 잔인하게 사육하고 도살하는 나라는 없다. 육가공업체들의 벽은 유리처럼 투명해져서 현실적 · 상징적으로 속이

훤히 들여다보여야 한다. 현재와 같은 방식은 곤란하다. 만약 모든 담장이 유리로 바뀐다면 아마 '테일 도킹(tail docking, 말, 돼지, 양의 꼬리를 고무줄로 묶어 피가 통하지 않게 하는 것. 저절로 꼬리가 떨어져 나간다. 엉덩이에 파리가 꼬이지 않도록 이렇게 한다-역주)', '소우 크레이트(sow crate, 암퇘지를 가로 2미터, 세로 60센티미터의 철제 상자에 넣어 키우는 것. 암퇘지는 평생 여기에 갇혀 다리도 펴지 못한 채 지내다가 죽는다. 임신한 암퇘지끼리 자주 싸우기 때문에 이렇게 한다고 한다-역주)', '비크 클리핑(beak clipping, 닭, 칠면조, 오리 등 가금류의 부리를 자르는 것-역주)' 등은 하루 만에 완전히 사라질 것이다. 한 시간 동안 소 400마리를 죽이는 일도 없어질 것이다. 누구든 그걸 본 사람은 도저히 견딜 수 없을 테니까 말이다.

아나레스의 공장들과 투명성을 강조한 폴란의 유리도살장은 거리두기와 감추기라는 권력 메커니즘에 정면 도전하는 시설들이다. 도살장에서 끔찍한 일이 계속 진행되는 이유는 그곳이 폐쇄구역이기 때문이다(그리고 미국만큼 잔인하게 동물들을 도살하는 곳도 없다). 만약 도살장의 벽을 현실적, 상징적으로 투명하게 한다면 이 관행은 하루아침에 사라질 것이다. 다시 말해 폐쇄구역을 개방하여 모든 것을 눈앞에서 보게 하는 것만으로 정치적 변화가 일어날 수 있다는 말이다. 그것을 눈뜨고 볼 수 있는 사람은 아무도 없기 때문에 그러하다. 폴란의 유리도살장은 그러한 믿음에 근거하고 있다.

'도대체 누가 아무렇지도 않게 그 끔찍한 장면들을 대할 수 있겠는가' 하는 질문에는 혐오, 충격, 동정, 공포의 감정을 느낄 수밖에 없다는 표준화된 의견이 전제되어 있다. 중요한 것은 그들이 느끼는 것이 정확히 무엇이냐가 아니라 그 느낌이 산업화된 도축장을 변화시킬 수 있는 정치적 혁명을 추동할 수 있다는 사실이다. 폴란의 유리도살장은 푸코의 팬옵티콘에서 드러난 '투명성을 통한 권력'과 '여론에 의한 통치' 사이의 관계를 구체적으로 보여준다. 폴란이 암시하고 있듯이 끔찍한 일들은 외딴곳에서 은밀히 이루어지기 때문에 계속되는 것이다. 밝은 조명이 비춰지면 더 이상 지속될 수 없다. 우리의 혐오, 우리의 공포, 우리의 연민은 혁명의 도화선이 되어 모든 것을 바꿔놓을 것이다.

아이러니하게도 도살장의 현상유지를 위해 분투하는 사람들, 즉 끔찍한 일을 은밀히 처리하는 사람들은 '투명성을 통한 권력'을 잘 알고 있다. 최근 아이오와 주의회(플로리다에서도 입법 고려 중이다)가 도축장과 사육시설의 은밀한 부분을 캐려는 사람들을 범죄자로 규정한 것은 그들 역시 보이지 않는 부분을 보이게 하려는 노력이 정치적이고 사회적인 변화를 야기할 수 있음을 인지하고 있다는 증거다. 아이오와 주의 입법가들은 식품생산 과정 내 폐쇄구역을 유지하고 창조함으로써 '시선의 정치학'에 맞선다. 감추어진 진실을 폭로하는 기록물 — 여기서 기록물은 시청각 정보를 종이든 전자기기든 유형의 물체에 저장한 것, 혹은 실명으로 출판한 것을 일컫는다. 그러므로 넓은 의미에서 지금 당신이 읽고 있는 이 책도 포함된다 — 을 제작, 소유, 배포하는 행위를 범죄로 규정함으로써 입법부는 아이러니하게도 '시선의 정치학'의 핵심적인 가정이 옳다는 것을 그들 스스로 시인하고 있다.

도축장 내부가 눈앞에 공개된다면 변화를 요구하는 사람이든 현상을 유지하려는 사람이든 우선 연민(혹은 공포, 혐오, 충격)을 느낄 것이다. 연민을 비롯한 여러 감정은 혁명 의지에 불을 댕길 수 있다. 루소는 사회 변혁운동에서 연민의 역할에 관해 이렇게 말한 적이 있다. "자연이 인간의 이성을 돕도록 연민을 보내주지 않았다면 인간은 괴물이 되고 말았을 것이다……. 자비, 관용, 인도주의가 대체 뭐란 말인가? 약자, 죄인, 그리고 인류에 대한 연민이 없다면 어찌 되었겠는가? 우리가 고통받는 이를 도우려는 까닭은 분명 연민 때문이다. 자연 상태에서 연민은 법, 도덕, 미덕보다 높은 곳에 있다. 이 부드러운 목소리에 대적할 수 있는 사람은 아무도 없다. 온갖 복잡한 이론과 주장이 쓸데없다. 우리가 악행을 혐오하는 이유는 교육 등 다른 어떤 것 때문도 아니며, 바로 연민 때문이다."

우리는 루소의 시대를 뛰어넘는 일반적 진술과 다소 상반되는 노르베르트 엘리아스Norbert Elias의 주장에 주목해야 한다. 엘리아스는 《문명화 과정》에서 국가가 물리력을 독점하며, 일상생활의 전 영역에서 위생을 강조함에 따라 '혐오스러운' 것도 재정의되었다고 말했다. 혐오스러운 것들의 범위는 확대되었고, 혐오스런 것에 대한 사람들의 대응도 달라졌다.

엘리아스에 의하면 일상으로부터 폭력적인 일이 격리되고 은폐됨에 따라, 끔찍하다고 여겨지는 것들의 범위가 확대되었다. 그에 따라 루

소의 연민 혹은 동정, 앤서니 기든스Anthony Giddens의 실존주의적 고민을 야기하는 감정, 한나 아렌트Hannah Arendt의 '육체적 고통을 당하는 보통 사람들을 보았을 때 느끼는 동물적 연민', 막스 호르크하이머Max Horkheimer의 '생명체의 연대감', 레프 톨스토이Lev Tolstoy의 '동물이 죽어가는 것을 볼 때 인간은 공포를 느낀다. 인간됨의 정수가 빠져나가는 듯한 느낌, 더 이상 존재하지 않는 듯한 느낌에 사로잡힌다'는 글에서 암시되고 있는 감정이 점점 더 강해진다.

톨스토이의 시대를 뛰어넘는 보편적 인간을 현대사회의 '원시인, 그리고 인간과 동물에 대한 폭력에 관대했던 수세기 전의 인간과 비교해보자. 그러면 근대 이후 거리두기와 감추기가 활발해지면서 그 보완적인 형태로 혐오스런 행위의 범위가 넓어지고 있음을 알 수 있다. 아래에 예시된 두 글은 '문명'이 시대와 공간에 따라 달리 정의되고 있는 것을 보여준다.

16세기 파리, 하계 축제의 절정은 살아있는 고양이 12~24마리를 화형시키는 것이었다. 이 의식은 아주 유명해서 수천 명이 운집할 정도였다. 엄숙한 음악이 울려퍼지는 가운데 거대한 장작더미 위에 교수대가 세워진다. 고양이를 넣은 자루 혹은 바구니를 교수대에 걸면 검은 그을음이 피어오른다. 고양이들은 불구덩이에 떨어져 타죽고 군중은 고양이 흉내를 내며 즐거워한다.

요즘 같은 현대에도 사냥꾼들은 대체로 동물의 고통에 무관심하다. 예를 들어 칼라하리 사막의 긱위 부시먼Gikwe Bushmen은 호전적이지 않으며 외부인들에게도 친절하다. 하지만 그들은 동물들에게는 심지어 배가 고프지 않을 때에도 전혀 자비롭지 않다. 인류학자이자 소설가인 엘리자베스 토머스Elizabeth Marshall Thomas는 그녀의 저서 《악의 없는 사람들The Harmless People》에서 사냥꾼들이 양심의 거리낌 없이 동물을 학대하고 죽인다고 말한다. 가이라는 한 사내는 어린 아들 나흐왁위의 거북이를 구워먹는다. 먼저 가이는 뜨거운 부젓가락으로 거북이의 아랫배를 찌른다. 깜짝 놀란 거북이는 머리를 쑥 내밀고 오줌을 싼다. 불에 지져진 배딱지가 갈라지면 가이는 그 안으로 손을 쑥 집어넣는다. 거북이는 계속 발버둥친다. 가이는 거북이의 배를 칼로 가른 다음 내장을 꺼낸다. "거북이는 이제 등딱지 속으로 최대한 숨은 다음 앞발 사이로 머리를 내밀고 전방을 살핀다. 가이는 아직도 쿵쾅거리는 거북이의 심장을 손으로 꺼내 바닥에 홱 거칠게 내동댕이친다. 가이는 자기 곁으로 다가오는 어린 나흐왁키에게 말한다. "거북이는 아주 느린 동물이라서 이렇게 심장을 떼어버려도 움직여." 나흐왁위가 두 손을 이마에 대고 숨으려는 거북이를 귀엽게 흉내 낸다. 나흐왁위는 거북이처럼 보인다.

위의 글들은 '문명화된' 사람들에게 적대감을 불러일으킨다. 고양이와 거북이 죽이기에서 톨스토이가 묘사한 '두려움', 루소가 암시한 '동정', 호르크하이머가 말한 '생명체의 연대감'을 찾아볼 수 없기 때문이다. 문명화의 핵심인 거리두기와 감추기 때문에 이전보다 많은 것을 끔찍하다고 여기게 된 현대인들은 육체적·도덕적 혐오감을 표현한다. 연민을 법과 도덕 위에 있는 자연이라 주장한 루소와 달리 엘리아스에게 연민은 혐오, 충격, 공포와 같은 하나의 감정일 뿐이다. 연민은 끔찍한 것들의 범위가 확장됨에 따라 더 커질 수밖에 없다. 문명화가 더 빨리 더 많이 진행될수록 끔찍한 것들의 범위는 더 늘어나고, 감추기도 더 잦아진다. 고양이 화형식이 축제의 일부였던 16세기, 가이가 사는 칼라하리 사막이 아닌 다른 곳에 사는 현대인들은 위의 글을 읽고 연민과 혐오와 충격을 느꼈을 것이다. 하지만 이를 근절시키려고 노력하지 않은 채 단지 눈앞에서 치워버리기만 한다면 끔찍한 일은 무한 반복될 것이다. 이 책에서 묘사하고 있는 도살 작업이 바로 대표적인 사례다.

여기서 다시 감시와 격리의 예상치 못한 공조가 드러난다. 얼핏 보기에 모순적인 이들의 관계는 사실 매우 밀접하다. 권력은 지배관계를 강화하기 위해 감시하면서 격리하고, 격리하면서 감시한다. "그걸 누가 차마 볼 수 있겠어?" 이 질문은 '여론의 통치'라는 맥락에서만 역사적으로 이해될 수 있다. 여론은 '반복된' 은폐와 격리, '지속된' 혐오스런 것들의 분류에 기초하고 있다. 사람들은 거리두기와 감추기 때문에 특정 행위를 혐오스럽다고 여기게 되었고 연민을 느낄 수 있게 되었다. 그런데 이 연민은 거리두기와 감추기를 없애려는 시선의 정치학의 출발점이다. 그러니까 거리두기와 감추기 때문에 연민이 생겨났고, 연민 때문에 거리두기와 감추기를 없애야겠다는 생각이 나타나게 되었다. 이러한 구조로 볼 때 '시선의 정치학'은 그것이 근절하고자 하는 거리두기와 감추기에 의존한다고 볼 수 있다. 이렇게 감시와 격리의 관계는 복잡하다. 일종의 공생관계라 할 수 있을 정도다.

그러나 거리두기와 감추기에 대한 해결책은 더 많은 거리두기와 더 많은 감추기가 결코 아니다. '시선의 정치학'을 공유하는 많은 조직이 물리적 · 사회적 · 언어적 · 방법론적 은폐와 격리를 근절하기 위해 활동하고 있다. 위키리크스Wikileaks, 국제투명성기구Transparency international, 동물을 인도적으로 사랑하는 사람들People for the Ethical Treatment of Animals, PETA, 구조작전Operation resque, 국제인권단체Human Rights Watch, HRW, 국제사면위원회Amnesty international, 국경 없는 의사회Doctors Without Borders, 미국동물보호단체Humane Society of the United States, 인도주의적 축산협회Humane Farming Association, HFA, 스마일트레인Smile train, 구순열 치료를 위한 어린이 자선단체, 열린사회연구소Open Society Institute 등의 조직은 유리도살장 같은 세상을 꿈꾸는 수많은 단체 중 일부다. 이들의 정치적 입장은 제각각이며, 심지어 반대되는 경우도 있다. 하지만 이들 단체는 폐쇄구역을 없애자고 공공연하게 혹은 은연중에 주장해왔고, 표어 선택, 이미지와 미디어 활용에서 '시선의 정치학'을 표방해왔다. 폐쇄구역이 개방되면 분노, 연민, 혐오, 동정, 충격, 공포 등의 감정이 '여론'을 자극하여 정치적 행동에 나서게 할 것이다. 그것을 꾹 참고 볼 수 있는 사람은 아무도 없을 테니 말이다.

그러나 격리와 감시가 동시에 일어나고 있는 상황에서 연민에 의

존하는 것은 위험하며 결과 또한 불확실하다. 수전 손택Susan Sontag에 따르면 "고발을 위한 사진, 변화를 위한 사진은 충격적이어야만 하기" 때문이다. 충격은 계속 충격적이기 위해 더욱더 자극적이어야 한다. 그 결과 애당초의 목표는 끔찍한 것을 없애자는 것이었으나 끔찍한 정도 가 점점 심해지는 꼴이 될 수도 있다. 사람들은 작은 충격에 점점 무반 응 상태가 되며, 감시와 격리의 공생관계는 더욱 강해진다.

　　이 책에 담긴 살육에 관한 묘사는 단순한 이분법, 예를 들면 '보이 는 것/안 보이는 것', '드러난 것/숨겨진 것'. '개방된 것/폐쇄된 것'을 넘어선 시선과 격리의 복잡 미묘한 관계를 잘 보여주고 있다. 개방을 사 회적 · 정치적 변혁의 전술로 택할 때 그것은 기존과 다른 좀 더 효과적 인 은닉을 가능하게 할 수도 있다. 우리는 이미 도축장 품질관리부 직 원이 총체적 가시성 속에서도 격리되고 고립되는 것을 확인했다. 어쩌 면 유리도살장은 돈 받고 사람들을 입장시키거나 체험료를 받고 대량 살상을 경험하게 하는 이윤 추구 기업으로 변할지도 모른다. 사형집행 인을 제비뽑기로 선정하는 세상에서는 국가의 묵인 아래 죽음을 관찰 할 수 있는 권리, 즉 당첨제비를 사고파는 암시장이 형성될지도 모른다. "누가 그걸 차마 볼 수 있을까?" 하는 질문은 끔찍한 일을 멈추게 해야 겠다는 생각을 낳을 수도 있다. 하지만 불행한 사람을 보고 연민을 느 끼는 기쁨으로부터 돈 벌 기회를 엿보는 이들에게 악용될 가능성도 크 다. 자꾸 더 끔찍한 일을 찾아내려다 보면 사람들은 무감각해질 수도 있다. 끔찍한 것을 볼 때 우리는 즐겨 찾는 관객이 되거나 차마 그것을 바라보지 못하는 겁쟁이가 된다. 고난을 영광스럽게 묘사한 많은 작품 속의 주인공들을 보라. 끔찍한 일에도 끄떡하지 않는 강심장들이 대부분이다. 걸작으로 여겨지는 많은 미술 작품들에는 끔찍한 장면들이 많다. 관람객들은 이런 끔찍한 그림을 즐겨 보기도 하지만 때로 눈을 돌린다. 중요한 것은 사람들이 본다고 해서 끔찍한 일이 바로 중단되지는 않는다는 점이다. 세상에는 거기에 관심을 보이는 사람도, 관심을 보이지 않는 사람도 있다.

물리적·사회적·언어적·방법론적 거리두기가 제거된 세상을 다시 상상해보자. 그런 세상이 바람직한가? 그런 세상이 가능하기나 한가? '모호한 유토피아'는 어슐러 르 귄이 쓴 아나레스에 관한 글의 소제목이다. 모호한 유토피아는 모든 이의 눈과 손에 모든 것이 개방된 무정부주의적인 세상이다. 투명성은 그것이 제거하고자 했던 은폐와 격리와 밀접히 연관되어 있었다. 그 상태 또한 매우 모호하다. 대중의 시선이 가진 위력에 대해 어떤 사람들은 함정일 뿐이라고 무시해버릴지도 모른다. 어떤 사람들은 여론과 초시간적인 연민의 힘을 믿으며 모든 어둠을 없애고 감추어진 것을 드러내려 할 것이다. 이상적인 투명성에 내재한 모호함 때문에 많은 경험적 연구가 필요하다. 오늘날 전개되는 다양한 정치운동에 내재된 '시선의 정치학'은 그 연구 과제다. 이 연구는 어떤 조건과 맥락과 형태의 폭로가 정치적 변화를 추동할 수 있는가, 반대로 어떤 조건과 맥락과 유형의 폭로가 새로운 형태의 격리와 은폐를 창조해내는가를 구체적으로 밝히는 것을 목표로 한다.

산업화된 도축장에 대한 생생한 묘사를 담고 있는 이 책은 '시선의 정치학'의 실천편이라고 할 수 있다. 나는 이 책을 통해 독자를 도축장으로부터 떼어놓는 물리적 · 사회적 · 언어적 · 방법론적 거리를 없애려고 했다. 또 감춤과 드러냄이 어떻게 공존하는지, 도륙의 현장에서 어떻게 도륙으로부터 격리될 수 있는지 설명하려 했다. 거리두기와 감추기가 지배 메커니즘으로 계속 작동하는 한 폐쇄구역을 없애려는 '시선의 정치학'은 정치적 변화의 기폭제가 될 수 있다. 하지만 '시선의 정치학'은 총체적 가시성이 확보된 상태에서도 은폐가 가능하다는 것을 인정한다. 그리고 거리두기와 감추기가 더욱 횡행할 수 있는 역사적 조건에 대해서도 주의를 기울이고 있다.

시선의 정치학에는 가능성과 함정이 모두 존재한다. 사회적 · 정치적 변화를 위해 현실적으로 또 상징적으로 폐쇄구역을 해제하고 요구하는 운동은 성공할 수도 있지만 눈에 띄지 않는 위험성도 갖고 있다. 그러므로 이를 잘 인식하는 맥락에 민감한 '시선의 정치학'이 필요하다. 나는 이 책에서 산업화된 도축장이 사회 전체로부터 격리되고 있다는 것을, 심지어 종사자들까지도 도살행위로부터 격리되고 있다는 것을 자세히 설명함으로써 '시선의 정치학'의 발판을 제공했다. 이를 토대로 도축장과 유사 혐오시설이 세상에 보여지는 방식뿐만 아니라 작업 방식에 있어서도 달라지길 기대해본다.

인류의 육식문화를 다시 생각하다

육식 제국

초판 1쇄 발행 2012년 9월 24일
개정판 1쇄 발행 2016년 1월 27일

지은이 티머시 패키릿
옮긴이 이지훈
펴낸이 이범상
펴낸곳 (주)비전비엔피 · 애플북스

기획 편집 이경원 박월 윤자영 강찬양
디자인 최희민 김혜림 이미숙
마케팅 한상철 이재필 김희정
전자책 김성화 김소연
관리 박석형 이다정

주소 우) 04034 서울특별시 마포구 잔다리로7길 12 (서교동)
전화 02) 338-2411 | **팩스** 02) 338-2413
홈페이지 www.visionbp.co.kr
이메일 visioncorea@naver.com
원고투고 editor@visionbp.co.kr

등록번호 제313-2007-000012호

ISBN 979-11-86639-15-3 (03300)

이 도서의 국립중앙도서관 출판시도서목록(CIP)은 e-CIP홈페이지(http://www.nl.go.kr/ecip)와 국가자료공동목록시스템
(http://www.nl.go.kr/kolisnet)에서 이용하실 수 있습니다.(CIP제어번호: CIP2016000447)